Gisela Graichen, geboren in Stendal, studierte an der Universität München Volkswirtschaft. Seit 1975 begegneten ihr bei zahlreichen Auslandsaufenthalten (u. a. in Haiti, Schwarzafrika und am Amazonas) traditionelle Glaubensvorstellungen und Naturreligionen. Sie beschäftigt sich mit dem neuen Heidentum in Europa.

Von Gisela Graichen ist außerdem erschienen:

*»Die neuen Hexen«* (Band 3908)

Vollständige Taschenbuchausgabe August 1991 der aktualisierten gebundenen Ausgabe
Droemersche Verlagsanstalt Th. Knaur Nachf., München

Umschlaggestaltung Adolf Bachmann
Umschlagfoto Stadler/Silvestris
Druck und Bindung Elsnerdruck, Berlin
Printed in Germany 5 4 3 2
ISBN 3-426-04054-9

# Gisela Graichen:

# Das Kultplatzbuch

Ein Führer zu den alten Opferplätzen, Heiligtümern und Kultstätten in Deutschland

»Wir spielen mit dunklen Kräften, die wir mit unseren Namen nicht erfassen können, wie Kinder mit dem Feuer spielen, und es scheint einen Augenblick, als hätte alle Energie bisher ungebraucht in den Dingen gelegen, bis wir kamen, um sie auf unser flüchtiges Leben und seine Bedürfnisse anzuwenden. Aber immer und immer wieder in Jahrtausenden schütteln die Kräfte ihre Namen ab und erheben sich, wie ein unterdrückter Stand, gegen ihre kleinen Herren, ja nicht einmal *gegen* sie –, sie stehen einfach auf, und die Kulturen fallen von den Schultern der Erde, die wieder groß ist und weit und allein mit ihren Meeren, Bäumen und Sternen.«

R. M. Rilke in »Worpswede«

Mit Dank für Ermutigung und Unterstützung an die Akademie der Wissenschaften in Göttingen – Kommission für die Altertumskunde Mittel- und Nordeuropas, Prof. Dr. Herbert Jankuhn (†) und seine Mitarbeiter, namentlich Dr. Henning Seemann für die Manuskriptdurchsicht.

# Inhalt

## Vor- und frühgeschichtliche Kultplätze, Opferstätten und Naturheiligtümer 131



## Anhang

Suche nach den Wurzeln
Ein Abenteuer in Deutschland

Wie weiland Rumpelstilzchen sprang ein renommierter bayerischer Wissenschaftler durch sein Studierzimmer, tanzte von einem Bein aufs andere und fuhr mich mit hochrotem Kopf an: »Sie denken doch nicht, daß ich Ihnen jetzt meine Plätze sage!« Dabei schwenkte er nach geräuschvollem Wühlen in Stößen von Papier und Stapeln von grauen Kartons einen drei Meter langen Papierstreifen durch die Luft. Handschriftlich hat er hier Deutschlands Opferhöhlen aufgelistet. Wo sie genau liegen, verrät er niemandem, auch nicht den Fachkollegen. Oh, wie gut, daß niemand weiß . . .
Da wurde mit der Polizei gedroht, für den Fall, daß nun jemand mit diesem Buch in der Hand beim Buddeln an alter Stätte erwischt wird. »Ein Handbuch für Raubgräber« sei das, was ich vorhätte. Und wenn dann jemand in einen Felsspalt stürzt, »wollen die noch eine Entschädigung von Vater Staat«. Zu sehen sei an den Plätzen doch sowieso nichts mehr, wollte man mir meine Recherchen ausreden, da sei doch »nur« Natur.
Ein anderer Professor sah die Gefahr, daß »Esoterik-Freaks« dort jetzt »unheimlich was machen«. Gerade mittags habe sein Freund, Archäologe in Oxford, bei ihm angerufen und sein Leid über das megalithische Heiligtum von Stonehenge geklagt, über die »Druiden«, die sich da treffen und Feuer anzünden. Monumentenverbrauch sei das, in ein paar Jahren hätten die alles vernichtet: »Wir wollen hier kein Stonehenge!« (So wird z. Zt. überlegt, für die »Völkerwanderung« dorthin den unvergleichbaren englischen Rundbau drei Kilometer entfernt noch einmal aufzubauen.)
Und dem Trierer Professor für Vor- und Frühgeschichte, Dr. Wolfgang Binsfeld, sind »Heiligtümer unter der Erde« am liebsten, denn »dort sind sie am besten aufgehoben«.
Schnell werden die wichtigsten Funde gehoben, ins Museumsarchiv gebracht, der Fundplatz mit 30 cm Muttererde wieder zugedeckt und eine Fichtenschonung angepflanzt. Die Reste des alten heiligen Bezirks liegen also wohlbewahrt unter der Erde – nur dem sich damit beschäftigenden Wissenschaftler bekannt.
Vorchristlicher Kult sei nicht zu beweisen, wird argumentiert, alles reine Spekulation. »Schon bei dem Wort Kultstätte stehen

mir die Haare zu Berge«, meinte ein junger Prähistoriker in Schleswig-Holstein und forderte mich auf, durch das Telefon seine gerunzelte Stirn zu betrachten.
Was nicht zu beweisen ist, gibt es eben nicht. So leugnete auch ein hessischer Archäologe erst einmal, daß überhaupt eindeutig erkannte alte Kultplätze existieren. Bis auf einen, »seinen« Seeopferplatz. Aber nennen will er ihn nicht, er arbeite gerade daran. Außerdem: »Sie locken damit nur die Skinheads an, die dann dort ihr Nationalheiligtum errichten.«
Archäologen und Kultplätze – das ist offenbar wie mit den Igeln, wenn sie sich lieben: gaaanz vorsichtig!
Kultplatz – ein Reizwort für etablierte Wissenschaftler? Einer gab zu: »Heiligtümer und Kultplätze sind bei den Archäologen eine Ideologienfrage wie bei den Ärzten die Euthanasie.« Ein anderer schrieb mir: »Ohne meine eigene Faszination leugnen zu wollen, rate ich zu möglichst viel Distanz.« Und der emeritierte Tübinger Ordinarius für Vor- und Frühgeschichte, Prof. Dr. Wolfgang Kimmig, opferte einen langen Nachmittag, um mir eindringlich klarzumachen, wie gefährlich mein Vorhaben sei: »Das ist ein heißes Eisen. Ich habe immer die Finger davon gelassen, obwohl mich Religion und Kult brennend interessieren. Ich kann Sie nur warnen!«
Warnungen bekam ich zur Genüge. »Geradezu todesmutig« sei ich, bescheinigte mir ein Ausgräber in Rheinland-Pfalz, ein solch heikles Thema anzupacken, an das sich keiner heranwage. Am deutlichsten drückte es Dr. Heinz-Joseph Engels, Leiter der Bodendenkmalpflege in Speyer, aus: »Sie kommen mir vor wie jemand, der in einem Zimmer tanzt, einem ganz normal großen Raum, in dem 3000 Fettnäpfchen stehen. Die Chance ist gleich Null, nicht in etliche hineinzutreten!«
Solcherart ermutigt, machte ich mich auf den Weg.

## Reizende Plätze

Fast zwei Jahre wühlte ich in alten Ausgrabungsberichten – von Berlin bis Bayern. Denn ein Sacharchiv »Heiligtümer« oder »Opferplätze« gibt es in den Abteilungen Bodendenkmalpflege der einzelnen Länder nicht, erst recht nicht für die ganze Bundesrepublik. Meine Listen der – aufgrund der Fundumstände vermuteten – vor- und frühgeschichtlichen heiligen Stätten legte ich den jeweils zuständigen Wissenschaftlern vor. So manchen paßte überhaupt nicht, was ich da herausgefunden hatte, andere Plätze, vor allem jene, deren Ausgrabung schon Jahrzehnte zurückliegt, waren ihnen überhaupt nicht bekannt. Manchmal feilschten wir: »Gibst du mir deinen Platz, bekommst du meinen.« Was dazu führte, daß ich einige Orte nicht mit aufgenommen habe, weil wichtige Ausgrabungen angesetzt sind, die nicht gestört werden sollen. Dafür bekam ich dann einen Hinweis auf ein neu entdecktes, noch nicht veröffentlichtes Heiligtum.

Was folgte waren 30 000 km im Geländewagen durch Deutschland. Denn mich interessierten nicht (nur) die Funde, die in den Vitrinen oder – zu 90 Prozent – in den Magazinen der Museen lagern, mich interessierte der *Fundort.* Haben sich noch Spuren erhalten von den alten heiligen Stätten in der Natur, von den Quell- und Moorheiligtümern, den »Heiligen Hainen« der Kelten und Germanen, von denen Tacitus und Caesar berichten, den Kulthöhlen und -felsen, die unseren Vorfahren »von Natur aus« heilig waren und von denen wir aus antiken Überlieferungen wissen? Oder sind sie, die missionarischen Eifer überlebten, inzwischen verschwunden unter Neubausiedlungen, Supermärkten und Autobahnen?

Und tatsächlich, auch in der Bundesrepublik gibt es sie noch, die alten heiligen Plätze. Überwachsen von Gestrüpp vielleicht, überwuchert von Moos, versteckt am Rande eines Moores, behütet von einer alten Quelle.

Aber warum sind diese Orte, an denen unsere Altvorderen ihren Kult, ihre Religion ausübten, für die heutigen Wissenschaftler ein solches Reizthema?

Da ist einmal das romantische 19. Jahrhundert. Alles, was nicht zu erklären war, galt eben als »kultisch«. Dann kam das Dritte Reich mit seiner Stiftung Deutsches Ahnenerbe, Schirmherr Reichsführer SS Himmler (der auch das umfassendste Archiv der historischen Hexenverfolgung anlegen ließ). Jeder römische Steinbruch wurde damals zu einem germanischen Heiligtum, jede Wandkritzelei eine Rune, Kultstätten sprossen nur so aus dem Boden, und heilige Ortungslinien umspannten deutsche Gaue, von – angeblich – germanischem Kultplatz zu Kultplatz. Teudts »Germanische Heiligtümer« wurde *das* Standardwerk. Zeitweilig erwogen die Herren, etliche Kirchen abzureißen, da diese auf alten Kultstätten erbaut seien, die es auszugraben gelte.

Wir können uns heute kaum noch vorstellen, welchem Druck die Vorgeschichtler bei der Interpretation ihrer Funde ausgesetzt waren. Die Briefwechsel mit den entsprechenden Anweisungen des »Ahnenerbes« und der folgenden »Selbstkritik« der Ausgräber liegen noch in den Landesarchiven der Bodendenkmalpflege. Einsicht zu nehmen wurde mir nicht erlaubt. »Bitte nicht daran rühren!« Ein Hamburger Ordinarius sagte mir: »Ich kenne kein Fach, das seine NS-Vergangenheit so wenig aufgearbeitet hat, wie die Vor- und Frühgeschichte.«

Solchermaßen durch eine braune Vergangenheit belastet, kam nach dem Zweiten Weltkrieg die – ebenfalls überspitzte – Gegenbewegung. »Wenn ich etwas nicht beweisen kann, werde ich nicht ernst genommen. Und das kann sich ein Wissenschaftler nicht erlauben.« Sicher ist der Grundriß einer ausgegrabenen römischen Villa oder einer germanischen Hofanlage leichter zu rekonstruieren als die Geisteswelt, der Glaube unserer Vorfahren, ihr Kult, ihre Religion, ihre Rituale.

Man stelle sich vor, im Jahre 5000 werden seltsame Funde gemeldet, die Grundrisse von merkwürdigen Gebäuden werden freigelegt. Offensichtlich waren sie in einer Art Kreuzform ostwestlich orientiert, wobei der Eingang meistens im Westen lag, während sich im Osten sperrige halbrunde Ausbuchtungen anschlossen. Siedlungsspuren wurden nicht entdeckt, auch keine Feuerstellen. Dafür liegen häufig in und um diese alten Anlagen Gräber. Eine profane Nutzung kann man also ausschließen. Im Schutt der Gemäuer, die zum Teil recht prunkvoll gewesen sein müssen, finden sich Spuren von Wandmalereien und schöne behauene Steine. Aufgrund der wertvollen Kultgefäße mit bildlichen Darstellungen können Speise- und Trankopfer vermutet werden. Heiliges Wasser muß eine Rolle gespielt haben. Ab und zu haben sich die Reste eines Kreuzes erhalten, an das offen-

sichtlich ein Mensch genagelt war. Da sind Leute erkennbar, denen die Brust aufgeschlitzt ist oder ein Pfeil im Körper steckt: Zweifellos muß es sich hier um einen grausamen Kult gehandelt haben, um einen blutrünstigen Menschenopferkult.
So oder ähnlich muß der Ausgräber im Jahre 5000 über die freigelegten Kirchen urteilen, wenn er keine Schriftzeugnisse über das Christentum besitzt. Vor analogen Schwierigkeiten stehen Wissenschaftler, die sich mit der schriftlosen Vorgeschichte befassen.
Das beste Beispiel geben die Menhire der Megalithkultur. Sicher hatten sie einen kultischen Bezug – »man hat sie ja nicht aus Jux und Dollerei dahin gestellt« –, aber welcher Glaube genau dahinterstand, »werden wir wohl nie erfahren«.
Oder die spätkeltischen Heiligtümer, die »Viereckschanzen«, mit ihrem zweifelsfrei kultischen Hintergrund. Aber wir wissen noch nicht einmal, warum das Eingangstor bei allen – bisher 500 – entdeckten Anlagen niemals im Norden lag.
Der technische Fortschritt hat den Prähistorikern in den letzten Jahren durch die Nutzung chemisch-physikalischer Analysen, durch Luftbildarchäologie, Infrarot-Späher der NASA-Satelliten und durch die Auswertung von Bodenmagnetismus eine Fülle neuer Funde und Erkenntnisse gebracht. Doch die Interpretation des geistigen Hintergrunds bleibt auf Phantasie und Spekulation angewiesen. Warum aber sollte sich ein junger Wissenschaftler nach dem Zweiten Weltkrieg auf das Glatteis der Religion begeben – und dabei womöglich ausrutschen wie manche der Väter.
Erst langsam legt sich die »überspitzte Angst vor allem Kultischen«. Durch das Göttinger Symposium »Vorgeschichtliche Heiligtümer und Opferplätze« 1968 (herausgegeben von Prof. Jankuhn) und das »Opfer«-Kolloquium an der Universität Münster 1983 (herausgegeben von Prof. Hauck) wurden klare Möglichkeiten zur Identifizierung und Interpretation von Heiligtümern und Opferfunden aufgezeigt.
Doch da nahte in den letzten Jahren der nächste Schrecken. Das blanke Entsetzen ist manchen Herren ins Gesicht geschrieben, wenn sie darüber berichten: die Esoterik-Szene, die Spirituellen, die New-Age-Anhänger auf der Suche nach der »mythologisch

verschwommenen« alten Religion, nach den »uralten Orten der Kraft«.
Tatsächlich sind »starke Plätze« das neue Schlagwort in der Szene, ihr Aufsuchen ein Muß in den einschlägigen Esoterik-Workshops.
Und auch die Germanen kommen langsam wieder zu Ehren . . .

## »Mutter Erde e. V.«

Auf der Suche nach den eigenen Wurzeln entdeckt Deutschlands Alternativszene die Vor- und Frühgeschichte. Zwar ist nach wie vor das Erlernen von »Pendeln unter Palmen« oder der »Urschrei auf Sri Lanka« (»Die Zeit«) gefragt, haben sich rund 50 Reiseveranstalter etabliert, die »esoterischen« Urlaub an den »alten Inka-Kraftplätzen am Amazonas«, bei indianischen Schamanen und balinesischen Zauberern offerieren, folgen Gläubige auf Korfu den Spuren Pans, des Hirtengottes, werden auf Malta alte matriarchale Kulte nachempfunden und die megalithischen Heiligtümer von Carnac in der Bretagne und dem südenglischen Stonehenge immer mehr zu einem »Inferno touristischen Spektakels«. Denn »Verschmelzen mit der Natur« und »Einswerden mit kosmischen Energien« üben einen immer stärkeren Reiz nicht nur auf »die Szene« aus.
Nachdem »traditionelle Indianer« europäischen Wahrheitssuchenden 1973 erklärten, die Beschäftigung mit unseren eigenen heiligen Plätzen sei (über-)lebensnotwendig, werden nunmehr nächtens »Opferspaziergänge« auch durch heimische fackelerhellte Wälder veranstaltet, können »Druiden«-Lehrlinge auch auf deutschem Boden ihre Ausbildung antreten und findet der »planetarische Tanz, das Friedensangebot an Gaia, an Mutter Erde« nicht nur am Mount Tamalpais in Kalifornien – »einem der heiligsten Plätze der Welt« –, sondern ostersonntags bei Sonnenaufgang auch in Frankfurt statt.
»Connexions New Age«, das Branchenbuch der spirituellen Szene, fördert das deutschsprachige Netzwerk des Neuen Zeitalters. 2000 Adressen sind hier aufgelistet: Von »Rapunzel-Nußmusherstellung«, »Institut für schamanistische Studien«,

»Freunde der Erde AG«, »Deutscher Druiden-Orden« in Berlin und der österreichischen »Schule der Druiden e. V. zur Förderung und Bewahrung druidischen Wissens«, vom Zentrum für Vollmondnächte bis zu »Mutter Erde e. V.«, der sich wörtlich vorgenommen hat: »Über den Weg des Herzens versuchen wir eine Brücke zu schlagen zwischen Wissenschaft und Religion, Kultur und Natur, Ost und West.« Vom Ratzeburger Domkloster und »au-pair im Benediktiner-Kloster« der Neresheim-Abtei bis zu Gruppierungen, die eindeutig dem neuen Satanskult zuzuordnen sind. So schreiben die Herausgeber des Branchenbuchs auch selbst in ihrem Vorwort: »Es ist nicht alles Gold, was glänzt«, und fordern den Leser auf, »kritisch und eigenverantwortlich seinen Weg durch den Adreßwald zu beschreiten«. Wie soll er denn, der Ärmste, der hilflos mit eng bedruckten 300 Seiten konfrontiert wird? Wonach soll er die – sowieso subjektive – Unterscheidung zwischen glänzendem »Gold« und »Mist« treffen? (Wobei Mist zum Überleben manchmal wichtiger ist als Gold.)
Natürlich fehlt auch nicht die Vermittlung »keltischer Astrologie«. Eine Flut von Veröffentlichungen für den »esoterisch gebildeten Menschen« (Buchanzeige) zeugt von einem Keltenboom, der sogar die jährlichen In- und Outlisten anführt (selbstverständlich die In-Spalte).
Nicht nur in Galicien und anderen Ländern, in denen sich Reste keltischer Stämme erhalten haben, wird das keltische Erbe hochgehalten: Weise Frauen, Fruchtbarkeitssteine, heilende/heilige Quellen und die Naturheilkunde sind auch bei jungen Menschen wieder gefragt. Gruppen mit keltischer Musik auf den alten mit Ziegenfell bespannten Instrumenten ziehen durch deutsche Lande, und von Kassetten erklingt »kosmische Ekstase«. In Süddeutschland will ein griechischer Archäologe eine Fabrik für »antike Marmelade« errichten. Die Rezepte hat er in monatelangen Studien in der Bibliothek des Deutschen Archäologischen Instituts herausgefunden. Wichtigstes Naturprodukt ist dabei Honig, der wie im griechischen Götterkult auch beim Göttertrank der Germanen eine bedeutsame Rolle spielte.
Denn nicht nur die Kelten, auch die Germanen kommen wieder zu Ehren. In Gaststätten wird aus Trinkhörnern Met »nach alten

Rezepten der Germanen« angeboten und flaschenweise auf Wochenmärkten verkauft. Vereine für Wikingerkultur schießen aus dem Boden und veranstalten »feucht-fröhliche Wikingersausen« mit Met – auch hier selbstverständlich aus Hörnern –, Bier, Sonnenwendfeuern und Tanz »auf dem Thingplatz nach Wikingermanier«. In Jugendseminaren wird die Bedeutung der Runenschrift erklärt, als neues Gesellschaftsspiel »raunen Runen rechten Rat«. Die CDU lädt zur »Sonnenwendfeier« ein, und die »Gemeinschaft für Germanische Brauchtumsforschung und -pflege« veranstaltete 1987 die »Ersten Großen Kölner Germanen-Festspiele«. Die waren von »Goten«, »Chatten«, »Warägern«, Hohenpriestern und Barden gut besucht. Die Sitten ihrer Vorfahren haben sie ins Privatleben übernommen, berichtete »Die Welt«: Heilbehandlung durch Kräuter, der Genuß von selbstgebackenem Brot und auch rohem Fleisch seien durchaus üblich; zu den heidnischen Festtagen werde am Altar zu Hause zelebriert und den germanischen Göttern geopfert.
Sonnenwendfeiern mit dem Abbrennen ritueller Feuer waren auch in einem archäologischen Förderkreis beliebt. Als Tieropfer vollzogen werden sollten und die Rede auf »Menschenopfer« kam, reichte es dem Leitenden Direktor und Landesarchäologen: Kurzerhand warf er die gesamte Gruppe aus dem offiziellen Förderkreis hinaus.
Beim Spekulieren mit Blutriten ist schnell die Grenze zur »neuen Jugenddroge« erreicht, dem Satanskult mit schwarzen Messen, Teufelsanbetung und Sexualmagie – bis hin zum geplanten Opfertod von Menschen. 200 000 Jugendliche sollen in Deutschland bereits an schwarzen Messen teilnehmen, wie die Jugendschutzkonferenz in Herne im Sommer 1988 feststellte. Die Kriminalpolizei ermittelt in diesem Zusammenhang bei einigen »Ritualmorden«.
Scotland Yard hält es für möglich, daß etliche Vermißte in England auf das Konto des dortigen Teufelskults gehen – geschätzte Zahl der Mitglieder: 100 000 –, nachdem die rituelle Tötung eines 13jährigen Mädchens bekannt wurde. Die Schülerin, die nur mit einer Vogelmaske und einem Umhang bekleidet war, wurde »um Mitternacht auf einem Friedhof mit einem Opferdolch« erstochen.

Die Rechten machen sich die Szene zunutze, behauptet Dr. Hartmut Polenz, Amt für Bodendenkmalpflege in Münster, der es wissen muß, schließlich ist er für die Externsteine zuständig. Ein »neues Germanentum bei Gruppen jeden Alters« hat der Berliner Landesarchäologe Prof. Adriaan von Müller festgestellt, als »Reaktion auf die Unterdrückung von allem, was mit dem Dritten Reich zusammenhängt«.
Der Münchener Theaterregisseur Bonger Voges nimmt »trotz und wegen deren Vereinnahmung durch das Dritte Reich« (Deutschlands Zeitschrift für Zeitgeist »Wiener«) »auf der Suche nach Neuer Deutscher Identität« keine Rücksicht »auf das herrschende Denkverbot« und inszeniert germanische Mythen: »Ich möchte die Auseinandersetzung mit unseren Wurzeln provozieren und mit unserer Mythologie so wertfrei umgehen, wie dies andere Völker dürfen und machen.«
In den USA bekommen die Anhänger der heidnischen Wicca-Religionen in einigen Teilen des Landes – etwa Kalifornien – offiziell von ihrem Arbeitgeber als religiösen Feiertag frei. Und in einem europäischen Land ist eine Religion vorchristlicher Gottheiten bereits wieder zu amtlichen Ehren gekommen: Im Mai 1973 wurde in Island der Asatru, der Glaube an die Asen, die alten nordischen Götter, offiziell als gleichberechtigte Religion neben der protestantischen Staatskirche anerkannt. Der 64jährige Sveinbjörn Beinteinsson ist Hoherpriester des Odinismus, wie der Glaube in Deutschland genannt wird. Wie der Pfarrer in der Kirche nebenan kann er ohne Standesamt rechtsgültige Trauungen und Scheidungen vollziehen. So vermählte er vor kurzem auch seinen Sohn Pétur entsprechend den überlieferten vorchristlichen Riten mit seiner englischen Braut: »Wir wollen den Menschen eine Wahlmöglichkeit geben, indem wir ihnen die alte Religion anbieten. Die Religion, die es auf Island vor dem Christentum gab. Die im Jahre 1000 verboten wurde, aber im Volk immer lebendig blieb. Das einfache Volk hat immer an die Natur geglaubt.« Vor einer Statue Thors werden die »blods«, die Opferfeste, gefeiert. Einmal im Jahr treffen sich die Gläubigen am alten Thingplatz, lesen Strophen aus der Edda und trinken Met auf das Wohl der Götter. Als besondere Aufgabe ihrer Religion wollen sie die Verbindung des Menschen zur

Natur wiederherstellen, damit der Mensch sich wieder bewußt als Teil der Naturkräfte und ihres Kreislaufs empfindet.
Auch in der Bundesrepublik wird heute offen gegen »die fremde Lehre aus dem Süden mit ihrer Unterwürfigkeit und ihrem Sündengerede« gewettert. So in einer »Totensprache« am 22. März 1988 in der Feierhalle des Friedhofs von Cuxhaven: »Geh' ein zu den Göttern unserer Ahnen, denen du zutiefst verbunden. Mein toter Freund, Mjölnir, der Hammer Thors, leuchte auf deiner letzten Fahrt.«
Der clevere Ehapa-Verlag (Asterix) hat den Trend erkannt und eine Wikinger Comic-Serie auf den Markt gebracht. Und in der gleichzeitig neuerschienenen Comicreihe »Birbad – das Germanendorf« werden erst einmal für den mit germanischem Wissen unbelasteten Leser das germanische Thing und die »geheimnisvollen« Runen beschrieben. Vollblutgermane Birbad trägt zwar keine Hinkelsteine umher, doch in einen Topf ist er auch gefallen: Als Baby hat er in Bier gebadet. Deshalb der Name. In sieben Sprachen ist der neue Comic inzwischen übersetzt worden.
Und noch eine Neuerscheinung tauchte 1988 auf dem deutschen Markt auf: »Der Hain, Zeitschrift für Heidentum und Naturreligion«. In der ersten Ausgabe wird der Name erklärt: »Ein ›Hain‹ war in alten Zeiten ein heiliger Wald, ein Platz, wo man die Naturkräfte besonders spüren konnte, wo man mit den Göttern in Verbindung trat, ein Ort der Kraft und der Heilung.«
Auch wenn manchem Wissenschaftler da die »Haare zu Berge stehen«, wie es der Schleswiger Vorgeschichtler ausdrückte, so einfach kann man die Neuen Heiden, die Esoterik-Szene und New-Age-Bewegung nicht vom Tisch wischen. Wer Leute wie die Kölner Akteure der Germanen-Festspiele oder des »Friedenstanzes der Mutter Erde« allzu schnell als »ewig Gestrige« oder als »Spinner« abtut, macht es sich zu leicht. Die Unterscheidung des jeweiligen Hintergrunds – zwischen »Gold« und »Mist« – ist das Problem. Die mythische Verschwommenheit der »Alten Religion« – nicht zuletzt aus mangelnder Aufklärung resultierend –, bedingt die Gefahr des Abgleitens in Kulte wie den Okkultismus, Satanismus oder das Neonazitum. Aber viele von ihnen sind »Spinner« im durchaus

guten Sinn: Sie spinnen sehr ernsthaft in einer Zeit schlimmster Naturschändung ihren Gedanken, Sehnsüchten und Visionen von einem »gesunden Geist in einer gesunden Welt« nach, die sie für sich in einem naturreligiösen Glauben erfüllt finden. Und Menschen, die so »spinnen«, gibt es immer mehr:
Eine FORSA-Umfrage vom Herbst 1986 zeigte, daß sich jeder vierte in Deutschland für Naturreligionen interessiert und mehr darüber erfahren möchte. Und 35 Prozent der Befragten glaubt, daß sich in Zukunft »noch mehr Menschen dieser nach christlicher Auffassung heidnischen Religion zuwenden« werden, weil sie meinen, unser Verhältnis zur Natur müsse sich ändern. (Vor allem Jüngere, Frauen und Befragte mit Hochschulausbildung, von denen jeder zweite daran glaubt!)
Der Lübecker Bischof Ulrich Wilckens räumt ein, daß sich »Menschen mit einem tiefen religiösen Bedürfnis« der New-Age-Bewegung zuwenden, auch wenn diese für die christliche Kirche eine »Provokation« bedeute. Eine Provokation, die »keine flüchtige Welle« sei und der sich die etablierte Kirche – nach den in die Millionen gehenden Austritten im letzten Jahrzehnt – durch »Neumissionierung« entgegenstemmen will.
Anläßlich des Papstbesuches in Deutschland beklagten Kardinäle, daß bei einem »wachsenden Interesse für religiöse Fragen eine kirchliche Entfremdung« festzustellen sei und 80 Prozent der Jugendlichen heute eigentlich »Heiden« seien.
Was fasziniert so viele Menschen an der »alten Naturreligion«? Was suchen Frauen und Männer in den »starken Plätzen«, den »Orten der Kraft«, den »heiligen Stätten«, die sie in der Natur »gefunden« haben. Denn die unseren Vorfahren »von Natur aus« heiligen Orte, an denen sie tatsächlich ihren überlieferten Kult, ihre Religion ausübten, waren – bisher – höchstens den sich damit beschäftigenden Vor- und Frühgeschichtlern bekannt.
Warum wird das Aufsuchen der heimischen Naturheiligtümer als »(über-)lebensnotwendig« angesehen? Warum ziehen sich Menschen zur Besinnung dorthin zurück wie einst ihre Großeltern in die Kirche? Und warum werden die »Kraftplätze« gleichzeitig als »gefährliche Droge« beschrieben?

»Plätze wirken wie Drogen«

Eigentlich hatte ich mich auf diese Fahrt gefreut. Wenige Tage zuvor war ich auf die Schwäbische Alb gekommen, im Gepäck eine Liste der in der Umgebung entdeckten vor- und frühgeschichtlichen Heiligtümer: archäologisch gegraben, wissenschaftlich bestimmt.
Vor allem zur Vogelherdhöhle wollte ich. Die ältesten bekannten Kunstwerke der Welt sind hier entdeckt worden, vor 30 000 Jahren von einem Künstler/Schamanen angefertigt: Kunst als sichtbarer Ausdruck von Religion. Und eine Freundin aus der »Szene« wollte mich zu den Orten führen, an denen sie mit Frauen der Umgebung die Jahreskreisfeste feiert, wo sie ihre Rituale mit Trommeln, Flöten und Tanz begehen.
Aber schon bei »meinem« ersten Platz, der »Hexenküche« im Kaufertsberg, ließ sich die gereizte Stimmung nicht mehr übersehen. Kultischer Kannibalismus der Jungsteinzeit wird auf Grund der Funde – Scherben, Asche, angesengte Menschenknochen, die durch einen Schacht von oben ins Innere der Höhle geworfen worden waren – in dieser alten Opferhöhle vermutet. Meine Begleiterin reagierte unwirsch, böse. Ich merkte, wie sich da irgend etwas in ihr sträubte. Sie wehrt sich gegen den Begriff Kannibalismus, der bei uns heute Ekel, Erschrecken, Abwehr hervorruft, Gefühle und Vorstellungen, die wir auf den Platz übertragen: »Da werden von unserer heutigen christlichen Sozialisation aus negative, grausame, angstbesetzte Bilder abgerufen, die dem ursprünglichen Hintergrund nicht gerecht werden. Noch heute gibt es südamerikanische Indianer, die zur Ahnenverehrung die Knochen von Toten mit Bananenmus kochen und essen. Und diese Art der Totenverehrung wird von den Ethnologen als Kannibalismus bezeichnet.«
Eine ähnliche Umkehr hat der Begriff des Opfers erlebt. Heute negativ im Sinn von Verzicht verwendet, »war es ursprünglich die freudige, natürliche Hingabe eines Teils der Fülle, die dem Menschen geschenkt wurde. Wer wie unsere Ahnen zyklisch lebt, weiß, daß man nicht nehmen kann, ohne zu geben. Auch beim Aufsuchen heiliger Orte gehört der Austausch zum immer sich wiederholenden Energiekreislauf.«

Heilige Plätze verstärken Fähigkeiten, entwickeln die eigenen Sensibilitäten; aber jeder Platz wirkt anders, äußert seine Kraft unterschiedlich. »Du spürst die Verdichtung von Erdenergie an diesen Plätzen, aber auch die Energie von Menschen, die da ihre Feste gefeiert, Lieder gesungen und ihre kultischen Feuer entzündet haben. So etwas bewahrt sich, genau wie in einem Haus, in dem vor 500 Jahren jemand umgebracht worden ist.«
Können Plätze heilen, mich heilmachen?, wollte ich wissen. »Nein, Plätze können nicht heilen, aber sie können dich anregen, daß du dich heilmachst, dir helfen, deine Heilkräfte zu verstärken.«
Die Vogelherdhöhle im Lonetal ist für sie ein solcher »starker« Platz. Als wir am Abend zuvor die Fahrt vorbereiteten, waren wir wohl gleichermaßen verblüfft. Sieben Höhlen liegen in diesem wunderschönen Tal: fünf davon reine Wohnhöhlen – wie aus den Siedlungsfunden zu erkennen ist – und zwei Höhlen, die immer wieder kultisch genutzt worden sind. Zum Teil lagen Jahrhunderte, Jahrtausende zwischen den nachweisbaren »Kult«handlungen, hatten Erdschichten die – absichtlich – deponierten »Kunst«werke überdeckt. Aber immer wieder geschahen die Niederlegungen in denselben Höhlen, an denselben Stellen. Und genau diese beiden Höhlen – und nicht die fünf anderen – werden von Frauen der Umgebung heute als *ihre* heiligen Stätten angesehen.
Wie manche Wissenschaftler – wenn auch aus einem anderen Grund – sorgen auch sie sich, daß die bisher geheimen, behüteten Plätze von Menschen begangen werden: »Es kann gefährlich werden für Leute, die einfach nur neugierig sind, aber keinen Austausch mit der Erde vollziehen. Gefährlich wird es dann, wenn du in diesem Zwischenstadium von Halbwissenheit über deine Kräfte bist. Weil du dann von dieser Energie schon etwas wahrnimmst, aber sie nicht orten, nicht damit umgehen kannst. Also wenn jetzt jemand mit deinem Buch in der Hand von einem Platz zum anderen läuft – und es ist schon mehr als touristische Neugier –, dann kann ich nur sagen: Vorsicht, das treibt; da kommst du in einen Rausch.«
Schon dreimal hat sie erlebt, daß Frauen während eines Workshops beim Aufsuchen der alten Plätze einen schizophrenen

Schub bekamen. »Plätze können sehr wohl anputschende Drogen sein. Sie rufen hervor, was latent in mir war, was mir nicht bewußt war. Genau wie Drogen kann ich nicht einen Platz nach dem anderen inhalieren.«
Jeder reagiert auf jeden Platz anders. Aber Spannung, Prickeln, Ehrfurcht stellt sie bei allen fest, auch wenn ihnen vorher bewußt nichts über den Platz gesagt worden ist und das Ganze als »Ausflug« deklariert wurde. »Ich bin felsenfest davon überzeugt, daß alle Menschen ohne Ausnahme diese Plätze, ihren ganz alten Zauber spüren. Die Frage ist nur, ob sie es sich eingestehen, weil die meisten Menschen das, was sie nicht logisch erklären können, erst einmal beiseite schieben.«
Nur: Wie haben sie ihre Plätze gefunden?
»Überall in der Nähe gibt es Kultplätze. Es muß kein bedeutendes altes Heiligtum gewesen sein; wo die liegen, wußten wir sowieso bisher nicht. Das kann ein einzelnstehender Baum, eine Buche, eine einzelne Eiche sein, die zum heiligen Platz wird, die gibt es überall. Orte, an denen Menschen Ruhe und Besinnung, Erweiterung, Sicherheit und Geborgenheit finden, sich erden, aufladen und dadurch wieder Kraft schöpfen. Wo sie einen Kontakt zur Erde und Natur, zu sich selbst herstellen. Diese Energien von starken Plätzen muß eigentlich jeder spüren.«
Da wollte ich es genau wissen, was es mit diesen Energien auf sich hat. Ich wandte mich an die Universität München, Sektion Physik, Professor Dr. Hans-Dieter Betz, der im Auftrag des Bundesforschungsministeriums an einem mit 400 000 Mark dotierten Projekt über »Erdstrahlen« arbeitet.

## Was strahlt denn da?

Ein wenig wunderte ich mich schon, als ich in München-Garching einsam durch die endlosen Gänge der Abteilung Kernphysik irrte, vorbei an Türen mit diesem gelben Warnzeichen »Radioaktivität«. Jeder kann in die Forschungsinstitute hinein, keiner fragt, keiner kontrolliert. Dann Prof. Betz, an dem sich seit zwei Jahren die deutschen Geister scheiden. Sympathi-

sches, verschmitztes Gesicht, lässiges Hemd, hochgekrempelte Ärmel. Im Gespräch sehr ruhig, ernst, bedacht. »Zauberlehrling« ist Bundesforschungsminister Riesenhuber genannt worden, als er Betz zusammen mit zehn weiteren Naturwissenschaftlern die Studie »Gibt es ›Erdstrahlen‹, und können ›Rutengänger‹ sie erkennen?« anvertraute.
Betz selber nennt es ein »kniffliges Gebiet«, auf das er sich wagt. Mit Recht. Da tummeln sich die abenteuerlichsten Leute mit den phantastischsten Ideen, Scharlatane, Gaukler und Geschäftemacher. Der Verkauf von Entstrahlungs- und Abschirmgeräten gegen die Reizstreifen und Störzonen, die im Abstand von nur wenigen Metern den Boden durchziehen sollen, läuft blendend. Zwischen 50 und 100 Millionen Mark geben die Westdeutschen laut »Spiegel« Jahr für Jahr aus, »um gegen die Bedrohung aus dem Untergrund gewappnet zu sein«.
Kupfereinlagen in Betten sollen »Erdstrahlen, Strahlen von Wasseradern und Elektrofelder« umlenken: »Das Erkrankungsrisiko durch Störzonen verschwindet deswegen praktisch auf Null.« Auch Kupferarmbänder und -halsreifen werden wie wild gekauft. Schlagersänger und Fernsehmoderatoren berichten in bekannten Wochenblättern – »erst dachte er, es wäre der Streß« –, wie die Rückenschmerzen im neuen Schlafzimmer verschwanden. Das alte lag nämlich über einer starken Wasserader, wie ein Wünschelrutengänger feststellte. Auch die geheimnisvolle Unfallserie auf der A7 nahe dem niedersächsischen Großburgwedel sei nicht durch Zufall, sondern durch Erdstrahlen verursacht, hieß es. Die sollen durch einen mittlerweile auf dem Mittelstreifen der Autobahn installierten Interferenzsender neutralisiert werden.
Erdstrahlen – gibt es die?, wollte ich von Prof. Betz wissen. Von dem Autobahnsender hält er gar nichts, das sei absoluter Unfug. Nicht eine bestimmte geologische Ursache bewirkt »Erdstrahlen«, sondern sie sind ein Sammelbegriff für ortsabhängige Schwankungen von Radioaktivität, Magnetfeld, elektromagnetischen Strahlungen, Schall- und Vibrationseffekten und natürlichen Strahlungen aus dem Weltall.
Radioaktivität können wir heute perfekt messen. In Bad Gastein werden Kranke in einem radioaktiven Stollen den stimulierend

wirkenden Strahlen als Reiztherapie ausgesetzt. Das Magnetfeld der Erde kann seit kurzem durch neuentwickelte Geräte sauber bestimmt werden. Aber wie die Magnetfelder auf Menschen wirken, wissen wir noch nicht. Schon der Frage nachzugehen, ob sie von Menschen überhaupt wahrgenommen werden können – von einzelnen vielleicht stärker als von anderen –, löst heftigste Diskussionen und Anfeindungen der »positivistisch denkenden Wissenschaftler« aus, die Betz in die Okkultecke drängen wollen, seine Forschungen als »Hexenanbetung« bezeichnen oder ihm mit »eiskaltem Schweigen« begegnen. Denn »jeder kleinste Schritt abseits der normalen etablierten Wissenschaft wird gleich negativ bewertet«.

Bei der Sensibilität von Tieren auf gewisse Felder darf man heute schon etwas mutiger sein. Inzwischen wissen die Gelehrten, Fischschwärme reagieren mit Hilfe elektrischer Felder, Termiten errichten ihre Bauten nach dem Kompaß, manche Bakterien tragen in ihren Zellen kleine Kristalle aus Eisenerz, die wie ein Magnet wirken, womit sie sich am Magnetfeld der Erde orientieren können. Tiere wie Schnecken, Muscheln, Würmer oder Tauben, die sich ebenfalls nach dem Magnetfeld richten, sind dabei noch stark von den Mondphasen abhängig. Der Formationsflug der Zugvögel wird durch elektromagnetische Einflüsse bestimmt, Brieftauben besitzen einen Orientierungs- und Kompaßsinn, der sich an der Sonne und dem Erdmagnetfeld ausrichtet. Aber wie sie es genau machen, weiß man auch heute noch nicht, trotz jahrzehntelanger weltweiter Beobachtungen und Untersuchungen.

Als im Sommer 1988 eine gewaltige Gaseruption auf der Sonne das Magnetfeld der Erde vorübergehend störte, verloren Tausende von Brieftauben auf ihrem Heimflug die Orientierung. Ziellos flogen sie im Kreis herum, ließen sich schließlich bei ihren Irrflügen erschöpft irgendwo auf Terrassen und Balkonen nieder.

Doch noch vor 15 Jahren wäre ein Biologe, der behauptete, Tiere seien magnetfeldempfindlich, »in die esoterische Schublade gepackt worden«.

Bei den Tieren darf man weiterforschen, bei den Menschen nicht. Bei den Tieren sind es »extreme Fähigkeiten biologischer

Systeme, die auf delikate, feine äußere Signale raffiniert reagieren«, bei den Menschen »okkulte Phänomene«.
Ist es so einfach?
Forscher der Universität Münster brachten den »überraschenden Nachweis«, daß Erdmagnetismus menschliche Körperfunktionen beeinflußt. Im US-Bundesstaat Texas mußte eine Hochspannungsleitung erstmals nach einem Gerichtsurteil verlegt werden. Begründung der Richter: Die dicht an einer Schule vorbeiführende Leitung könne gesundheitliche Schäden bei Schülern und Lehrern hervorrufen. Andere Untersuchungen wollen festgestellt haben, daß das Wohnen unter Hochspannungsleitungen »süchtig« mache.
Bodenmagnetik wurde inzwischen zusammen mit dem Luftbild zu einem international anerkannten Instrument der Archäologie zur Entdeckung von Bodendenkmälern. Und erklären können wir auch nicht den Erfolg von professionellen Wassersuchern, die im unwegsamsten Gelände, wo alle geologischen Methoden versagt haben, mit fast hundertprozentiger Sicherheit Trinkwasser finden. Die genau angeben können, an welcher Stelle wie tief gebohrt werden muß. Wo man nachweislich einen Meter daneben nichts findet. In manchem Entwicklungsland wird so die Wasserversorgung für die durstende Bevölkerung sichergestellt. Aber unter exakten Experimentierbedingungen nachvollziehen, d. h. eindeutig beweisen und messen, können wir diese Sensibilität einzelner, weniger – bisher – noch nicht. Denn auch hier tummeln sich Tausende, die diese Fähigkeit von sich behaupten – und im Test kläglich versagten.
Also wird der Streit nach wie vor mit erstaunlicher Vehemenz – und persönlichen Angriffen – geführt. Denn jede Partei kann ihren Standpunkt natürlich mit beliebig vielen Beispielen belegen.
Auch den Zeitgenossen Isaac Newtons war dessen Entdeckung unheimlich. Bis heute weiß man nicht, was Schwerkraft eigentlich ist, aber – Gott sei Dank – gibt es wenigstens handfeste Formeln, wie sie wirkt. Newton wies nach, daß dieselben Kräfte, die den Apfel vom Baum fallen lassen, auch die Himmelskörper in ihren Bahnen halten. So war auch der Himmel meßbar geworden, und die Götter waren vertrieben. Descartes:

Die Methode der Naturwissenschaft ist die »Austreibung der Geister aus der Natur«.
Der Vater der »Neuen Wissenschaft«, Galilei, hatte rund 80 Jahre zuvor die technologische Fortschrittsspirale in Gang gesetzt mit der Forderung: Alles, was meßbar ist, messen; alles, was nicht meßbar ist, meßbar machen. Mit der Folge, daß alles, was nicht meßbar gemacht werden kann, abgeleugnet wird.
Da erscheint es geradezu tollkühn, wenn Regierungslandwirtschaftsdirektor Ulrich Felchner vom Amt für Land- und Wasserwirtschaft in Itzehoe über den Einfluß von »Wasseradern und Erdstrahlen« referiert und erklärt, sechs Prozent der Erdbevölkerung seien befähigt, die wissenschaftlich nicht nachweisbaren Strahlen zu spüren. »Alle anderen haben die Sensibilität dafür verloren.« Unsere Vorfahren in früherer Zeit hätten das Wissen noch anerkannt, auch die Kirchenkanzeln seien auf sich kreuzenden Wasseradern errichtet worden – wegen der »stimulierenden Wirkung«.
Ob der Pfarrer tatsächlich damit erreichen wollte, daß während der Predigt niemand einschläft, oder – wie behauptet wird –, ob die christlichen Erbauer durch die Errichtung ihrer heiligen Stätten auf überlieferte Kultplätze nur das Wissen, die Effekte der Altvorderen übernommen haben, darüber wurde vor kurzem sogar eine Doktorarbeit an der Universität Innsbruck, Fakultät für Bauingenieurwesen und Architektur, geschrieben: »Radiästhetische Untersuchungen in Kirchen und Kultstätten«. Ergebnis der von 1976 bis 1980 in Skandinavien, Frankreich, England, Irland und Österreich vorgenommenen Untersuchungen an 100 Kirchen und 30 vorchristlichen Kultplätzen aus der Zeit von 3000 v. Chr. bis 1600 n. Chr.: Die Standortwahl des »heiligen Ortes« unterlag keineswegs dem Zufall. Vor allem im Bereich der »heiligen Zentren« von Kirchen und prähistorischen Steinsetzungen konnten »signifikante Reaktionsphänomene« festgestellt werden, Überlagerungen und Kreuzungen von Reizzonen, zu denen die Anlagen in deutlicher Lagebeziehung stünden. Die Arbeit »zur Erlangung des akademischen Grades Doktor der technischen Wissenschaft« deutet darauf hin, »daß zur Zeit der Entstehung der aufgenommenen Objekte für die Auswahl und Eignung eines Ortes als heilige Stätte bestimmte Konstellationen

sinnlich bzw. nicht direkt wahrnehmbarer Komponenten maßgebliche Voraussetzung und Kriterium waren, wenn auch die damaligen Möglichkeiten und genauen Praktiken zur Feststellung solcher spezieller lokalen Standortqualitäten nicht überliefert und dokumentiert sind«.
So ist Prof. Betz auch durchaus daran interessiert, Messungen an einigen der von mir in Teil III dieses Buches vorgestellten vor- und frühgeschichtlichen Heiligtümer in sein Forschungsprojekt mit einzubeziehen.
Auch die spätkeltischen Kultstätten, die »Viereckschanzen«, sind untersucht worden: Innerhalb der Wälle liegen angeblich zahlreiche Kreuzungspunkte von »Reizstreifen« und ist die »spezifische Bodenausstrahlung« durch ringförmig nach Süden offene Einbauten von »ferromagnetischem Material« unterstrichen worden. Und neue chemische Untersuchungen von vorgeschichtlich verehrten »Heiligen Quellen« zeigen Bor-, Schwefel- oder Radiumhaltigkeit an. Selbst die kultischen Schalensteine sollen – nach einer Versuchsreihe – eine deutlich höhere Radioaktivität aufweisen.
Das läßt so manchen fragen: Wußten unsere Ahnen mehr als wir? Haben wir – zumindest die meisten von uns – ein Wissen verloren? Gab es vielleicht immer nur einige Hervorgehobene, die geheimnisvolle Fähigkeiten, die Strahlungsempfindlichkeit besaßen und früher eben nicht als Spinner abgetan, sondern als Priester und Schamanen verehrt wurden?
Daß Wissen verlorengegangen ist, will wohl keiner bestreiten. Ein Beispiel: Bei dem Versuch, zerstörte Glasfenster in mittelalterlichen Kirchen wiederherzustellen, versagten die Restauratoren kläglich. Die Zusammensetzung mancher besonders brillant leuchtender Farben ist nicht mehr herauszubekommen.
Die Schwierigkeit liegt auch bei den »Erdstrahlen« darin, »Gold« von »Mist« unterscheiden zu können. Denn, wie die »Süddeutsche Zeitung« schreibt, »das Wirken unsichtbarer Kräfte hat etwas Magisches, und wer sich damit beschäftigt, erliegt allzu leicht phantastischen Vorstellungen«.
Jedenfalls, messen, »beweisen« können wir den *genius loci,* den göttlichen Geist des Ortes, immer noch nicht. Und das ist auch gut so!

## Wodka mit den Ahnen

Sagorsk, Sommer 1988. Es gießt in Strömen, und so sind verhältnismäßig wenige Touristen in dem 70 km nordöstlich von Moskau liegenden Kloster, dem altehrwürdigen Heiligtum der russisch-orthodoxen Kirche aus dem 14. Jahrhundert.
Durch die Torkirche Johannes des Täufers führt uns die russische Dolmetscherin zum »Heiligen Brunnen«. Das Wasser fließt aus dem über einem Stein errichteten hohlen Metallkreuz. Frauen, die Tausende von Kilometern hierher gekommen sind, benetzen ihre Augen mit dem heiligen Naß, fassen es in mitgebrachte Flaschen und Thermoskannen.
Die Brunnenkapelle daneben sei geschlossen, erklärt die Fremdenführerin, sie werde restauriert. Das stimmt nicht, hält aber die Busladungen von Touristen fern. Ein halbdunkler Raum, in der Mitte das eingefaßte Becken, auch hier vor allem Frauen, die Wasser schöpfen, es sich über das Gesicht streichen, trinken. An den Wänden Bilder der Mutter Gottes, davor Hunderte von Kerzen. Die Menschen küssen die Bilder, legen Blumen darunter, knien nieder, beten, küssen die Erde, manche weinen. Dem Wasser werden noch heute heilende Kräfte zugeschrieben.
Seit der Trennung von Kirche und Staat werden die Gottesdienste amtlich als »Kulthandlungen« bezeichnet, die Priester »Diener des Kultes«, der Kelch »Kultgegenstand« und die Kirchen als »Kultstätten«. Aber die Gläubigen können gut damit leben: Sie sind »gott-trunkener« denn je.
Heidnisches und Christliches mischen sich in den russischen Volksbräuchen. Zu Ostern, dem Auferstehungsfest, pilgern viele Familien zu den Gräbern ihrer Ahnen, breiten ein Tuch über den Grabstein, packen Wodka, Brot und Wurst aus – und picknicken.
Auch eine Erinnerung an heidnische Bräuche der Ahnenverehrung? Religion ist konservativ, kultisches Brauchtum beharrlich und zäh. In Rußland nicht anders als bei uns.
Die Überlieferung von durch Christentum, Islam oder Buddhismus überlagerten alten Religionen wird in außereuropäischen Ländern deutlicher, wo sich Traditionen bis in unsere Zeit bewahrt haben: 1988 feierten die weißen Australier die zweihun-

dertjährige Inbesitznahme des fünften Kontinents. Doch andere waren schon 40 000 Jahre vor ihnen da. Die unerschöpflichen Mythen, die seit Zehntausenden von Jahren lebende Kultur der Aborigines, wurden zwar zum faszinierenden Studienobjekt von Wissenschaftlern, aber Achtung und Respekt vor den Ureinwohnern und ihrem traditionellen Glauben wachsen erst langsam. Die zur 200-Jahr-»Feier« vom Hamburgischen Museum für Völkerkunde hervorragend gestaltete Ausstellung berücksichtigt ihre Tabuvorstellungen. Und auch in dem dazu erschienenen, von Clara B. Wilpert herausgegebenen Wegweiser wurden »auf Wunsch der Ureinwohner weder Zeremonien noch Zeremonialgeräte abgebildet«!

Wir wissen, daß sich ihre rituellen Totenfeiern bis in das 19. Jahrhundert erhalten haben, daß Frauen vor 26 000 Jahren einen besonderen Stellenwert besaßen, daß schon vor 4000 Jahren roter Ocker eine religiöse Bedeutung bei zeremoniellen Körperbemalungen und Felsgravierungen hatte. Einige Felsritzungen sind 20 000 Jahre alt. Mit europäischer Überheblichkeit den »primitiven Wilden« gegenüber hat man lange Zeit den auf der Stufe der Jäger und Sammler lebenden Menschen diese Felsbildgalerien nicht zugetraut. In Vorzeiten das Land erforschende Ägypter, Phönizier oder Perser – neuerdings auch Außerirdische – mußten dafür herhalten.

In heiligen Handlungen wurden die Malereien unter Felsüberhängen oder in flachen Höhlen mit roten, gelben, weißen und schwarzen Erdfarben bis in die jüngste Zeit immer wieder aufgefrischt. Die großen menschenähnlichen Figuren stellen Heroen aus der Traumzeit, die Schöpfer der Landschaft dar. Würden die Bilder nicht im Jahresrhythmus erneuert, wäre der Kreislauf der Schöpfungskraft gestört, der Regen bliebe aus, die Natur verdorrte und mit ihr Mensch und Tier – so der Glaube.

Musik, Tanz und Gesang, rituelle Handlungen und dramatische Aufführungen der Schöpfertaten der Heroen gehörten zu den alten Zeremonien an heiliger Stätte. Jeder Clan besaß seine traditionellen, aus der Urzeit überlieferten kultischen Gesänge, mitunter Hunderte, in zahlreiche Strophen aufgeteilt, in denen die als Geschichte empfundene Stammesmythologie geschildert wird. Das Verhalten der Ahnen als Lehrstück für die Lebenden.

Der rote Ocker war im Kultleben von so großer Bedeutung, daß er in monatelangen Expeditionen quer über den Kontinent herbeigeschafft wurde. Seine Entstehung ist mythisch – aus gewandeltem Blut, aber auch aus roten oder gelben Vogelfedern – gedacht, sein Vorkommen von den Ahnen der Traumzeit an heilig gehaltenen Plätzen geschaffen wie dem steilen Inselberg Ayers Rock im Herzen Australiens.
Kunst war nicht *l'art pour l'art*, sondern sichtbare Form des Religiösen. Die Aborigines haben kein Wort für Kunst oder Künstler. Der rituelle Akt der Darstellung und der Bilderneuerung unterlag einem besonders hervorgehobenen Mitglied einer Kultgemeinschaft. In sich über Jahre erstreckenden Initiationsphasen wurde der Auserwählte von den Alten an geheimen und gehüteten Orten in die religiöse Kunst eingeweiht und bekam einen neuen Namen. Blut zur Auffrischung der Malereien, zur Bestreichung der heiligen Geräte und des Körpers war im Ritus unentbehrlich. Auch die Begrenzungsbäume der Zeremonialplätze waren zum Teil mit rituellen Schnitzereien versehen.
Die Heroen der Urzeit hatten das Landschaftsbild gestaltet, ihre Schöpfungskraft an bestimmten Wasserlöchern, Hölzern, Felsen oder Steinsetzungen hinterlassen, die sie auf ihren Wegen berührten und die durch Pfade miteinander verbunden sind. Den Lebenden obliegt, diese heiligen Plätze in Zeremonien zu pflegen und zu bewahren, »um die verfügbare Lebensessenz ... einem Akku gleich, immer wieder aufzuladen«.
Eltern kamen zur bevorstehenden Geburt ihres Kindes von weit her hierhin zurück und die Alten, wenn sie ihren Tod nahen fühlten. Denn hier war »ihr« Land, ihnen von den Ahnen anvertraut, hier traten sie zu den verehrten Urzeitwesen in Beziehung, hier lebte deren spirituelle Kraft weiter.
Diese besondere Verbindung der Ureinwohner zu ihrem jeweiligen Stammesterritorium, zu ihren dortigen heiligen Plätzen, von deren Achtung der Fortbestand des Lebens abhängt, an denen seit Jahrtausenden Zeremonien in jahreszeitlichem Wechsel abgehalten wurden, deren Betreten nur eingeweihten Personen gestattet war, regelte den Landbesitz einer Gruppe, begründete den Anspruch auf ein Gebiet – auch ohne schriftliche Quellen. Land war unveräußerbares Gut, man war un-

trennbar damit – mit seinen Wurzeln – verbunden. Kriege wurden im alten Australien nie um Landbesitz geführt.
Die Weißen begriffen diese Verbindung nicht. Sie entsprach nicht ihrem Verständnis von Besitz. Sie nahmen ihnen die heiligen Stätten, beuteten die Erde aus und beraubten die Ureinwohner ihrer geistigen und religiösen Wurzeln. Der Bestand von Clan, Land und Erde war damit gefährdet, der Kreislauf von Wachstum und Vergehen unterbrochen.*
In einem Gerichtsverfahren wurde 1889 festgestellt, daß die Kolonie »friedlich« dem britischen Herrschaftsbereich einverleibt wurde, da sie »aus einem Streifen praktisch unbesiedelten Landes bestand, ohne feste Einwohner oder eine feste Rechtsordnung«. Erst nach einem Verfahren Ureinwohner gegen eine Bauxitgesellschaft und den australischen Bundesstaat Northern Territory zog die australische Bundesregierung 1973 die Konsequenz: Eine Kommission für Landrechte der Ureinwohner wurde eingesetzt – unter der Beteiligung von Völkerkundlern –, die zum Landrechtgesetz von 1976 führte. Land konnte nun beansprucht werden auf Grund »traditionellen Eigentums«. Erstmals wurde anerkannt, daß für die Rechtsprechung auch dann ein gültiges Eigentumsverhältnis vorliegt, wenn die Eigentumsformen den Begriffen der weißen Rechtsüberlieferungen fremd sind – also »Brief und Siegel« fehlen. Damit konnte die enge Verbindung zwischen Menschengruppen und bestimmten Stätten, die in der mythischen Traumzeit verankert ist, in der Begründung eines Grundeigentums berücksichtigt werden.
1983 wurde den Aborigines der rote Sandsteinfelsen Ayers Rock als deren kostbarstes Heiligtum zurückgegeben.
Ein Fernsehkorrespondent, der viele Jahre für die ARD aus Westafrika berichtete, behauptet, sowohl er als auch seine Familie hätten sofort gespürt, wenn sie in den zu einem afrikanischen Dorf gehörigen »heiligen Hain« kamen – auch wenn sie vorher davon nichts wußten.
Sorcier Bambara, der Zauberer, erklärte mir in einem malischen Dorf, seine Familie – alle männlichen Angehörigen waren und sind Schmiede – sei Besitzer des örtlichen »Geheimwaldes« und der Kenntnisse. Das ist Tradition, von seinen »Ururururgroßeltern« ererbt. Im Wald sind zwei Fetische versteckt: Komo und

Tomo. Er versteht, wenn sie sprechen, und ist ihr »Übersetzer«. (Die Zauberworte konnte – oder wollte – der mich begleitende Übersetzer allerdings nicht ins Französische übertragen!) Für Tomo feiert man ein riesiges Fest, dann kommt das kleinere Komo – er zeigt auf den Wald. Doch viele der jüngeren Leute gehen jetzt in die Moschee statt zu Tomo.
Welche besonderen Rituale im heiligen Wald stattfinden, wollte ich wissen. »Drei Tage lang feiert man Tomo, drei Tage Komo. Tanzen, essen, trinken; Rinder werden geschlachtet. Tomo selber bekommt eine Ziege und ein Hähnchen. Beim Tomo-Fest bereitet man Wein, weil Tomo auch trinkt. Denn damals war er lustig. Tag und Nacht ist man betrunken. Drei Tage lang.«
Nach der Ernte wird das Tomo-Fest gefeiert, im Oktober. Von den Ururgroßeltern kennt er die festgesetzte Zeit und bestimmt dann den Tag. Wenn die Ernte schlecht ist, ist der Tomo böse, dann muß man weitere Geschenke machen. Wenn die Leute aus der Umgebung »einen Wunsch oder ein Problem haben, oder man muß ins Gefängnis«, auch dann kommen sie zu Sorcier Bambara. Er hilft, wenn er kann. Und dabei wedelt er mit seinem Fetisch aus den Rückenhaaren eines Stieres.
Noch heute können wir in Indien oder Korea die Entstehung eines Heiligtums verfolgen. Da gibt es in der Nähe des Dorfes vielleicht einen Baum von ungewöhnlicher Größe oder Gestalt. Einer der Bewohner hat des Nachts von ihm geträumt, oder einer hat beim letzten Platzregen dort Schutz gefunden. Also geht er am nächsten Tag zum Baum zurück und legt eine Blume nieder. Denn der Baum hat Aufmerksamkeit erregt. Und da er wie Steine, Felsen, Quellen, wie die gesamte Natur belebt ist, bringt man ihm ein kleines Opfer dar. Der Mensch möchte sich dadurch die geistigen Wesen, Kräfte, Dämonen oder auch Gottheiten, die er im Baum sieht, wohlgesinnt machen. Nach dem alten Prinzip »do ut des« – ich gebe dir was, damit du mir etwas zurückgibst – erwartet er jetzt Gutes vom Baumgott oder den unbestimmt gedachten Kräften: Glück, Schutz, Gesundheit, Kraft und Segen.
Auch die Familie bringt dem Baum kleine Gaben – man weiß ja nie . . . –, spendet Weihrauch oder Wasser, kniet nieder, murmelt ein paar Worte, zündet Räucherkerzen an. Die Nachbarn

sehen das. Nun, schaden kann es ja nicht, wenn man sich den Verehrungsritualen anschließt. Sie behängen die Zweige mit Blumengirlanden, bestreichen die Wurzeln des – nunmehr heiligen – Baumes mit der roten oder gelb-roten Kultfarbe.
Ein Dach zum Schutz der Gaben wird errichtet, auch der Wegesrand mit der heiligen Farbe bestrichen, der Kultbezirk vom profanen Außen abgegrenzt. Jemand macht sich die Mühe und formt einen kleinen Altar aus Lehm, steckt bunte Scherben hinein, darauf eine Blumenvase, ein Götterbild.
Die nächste Stufe: das blutige Tieropfer. Vielleicht geht es um die Ernte, den ausbleibenden Regen. Die Gemeinde versammelt sich feierlich am heiligen Baum – warum ausgerechnet an diesem, weiß kaum noch einer –, schlachtet rituell ein Ferkel, bringt es symbolisch den Mächten dar und verzehrt es in einem gemeinsamen Fest.
Vorbeikommende sehen die heilige Stätte und wollen der Wohltaten teilhaftig werden. Man verbeugt sich, legt seine Gaben nieder. Nun hat nicht jeder auf seiner Wanderung Blumenketten und Räucherstäbchen bei sich. Da findet sich schnell einer aus dem Dorf, der geschäftstüchtig damit handelt. Er baut einen Verkaufsstand und – hat er Familie – eine Hütte daneben.
Das Geschäft läuft gut, am Baum wird ein Tempel errichtet, der Kultbezirk vergrößert sich. Schließlich – vom Baum ist vielleicht nichts mehr zu sehen – erhebt sich dort ein mächtiger Tempel: Nicht viel anders wird der Felsendom in Jerusalem um den heiligen Stein entstanden sein.
Solche auffälligen Erscheinungen in der Natur, besonders hervorstechende Punkte – denen Kräfte innewohnen, die es wohlgesinnt zu stimmen gilt –, können ein kleiner, lokaler Kultplatz bleiben, sich über Jahrhunderte zu einem mächtigen Heiligtum entwickeln oder auch über Nacht durch eine Wundererscheinung (Lourdes!) zahlreiche Anhänger und Pilger anziehen. In unserer schriftlosen Vorgeschichte können wir die Entstehung und Entwicklung eines Opferplatzes nur vermuten. Die in vielen Teilen unserer Erde durch schriftliche Quellen belegte, heute noch verfolgbare und dokumentierbare Einrichtung eines Heiligtums erlaubt es uns jedoch, Vergleiche, Rückschlüsse auf den Kult unserer Ahnen, auf ihre heiligen Stätten zu ziehen.

»Die Heimat, die Schöne, zu ehren ...«

Es muß kurz vor dem Abitur gewesen sein – vor fast 25 Jahren –, als wir einen Schulaufsatz über den Begriff »Heimat« schreiben sollten. Ich erinnere mich gut an unsere Hilflosigkeit. Kafka, Böll, Benn, Brecht, damit konnten wir umgehen. Interpretieren, analysieren, das hatten wir gelernt. Doch allgemein verzweifeltes Kauen auf den Kugelschreibern zeigte, daß die gewohnte Technik versagte: »Heimat« entzog sich unseren Versuchen einer abstrakten Interpretation – und sei sie noch so geschliffen formuliert.
Zwei Wochen später die Rückgabe der Klassenarbeit. Ich weiß noch genau, wie ich mit dieser Mischung aus Stolz und Scham auf meinem Stuhl hockte, als mein »Werk« vorgelesen wurde, was für mich »Heimat« bedeutete: das Flußufer, wo wir als Kinder schwammen, der kleine Teich im Schilf, der Wald, mit dem ängstlich geheimgehaltenen hohlen Baum, in dem ich besonders schöne Steine und Wurzeln versteckte, der Weg zum Friedhof, zur Urgroßmutter, die ich als Kind im Rollstuhl hatte schieben dürfen.
Diese längst vergessene Erinnerung war plötzlich da, als ich auf der Suche nach den heiligen Stätten unserer Ahnen monatelang durch Deutschland fuhr: über die windgeschüttelten kargen Berghügel der Eifel, die im Frühsommer so weich und bunt und warm werden, in den satten, grünen Tälern des Allgäus oder den dunklen Wäldern des Bayerischen Walds, auf den Höhen des Harz, in den eisigen Stürmen der Schwäbischen Alb oder in der weichen Luft der rheinischen Bergstraße, die schon im März die Forsythien blühen läßt. Durch das Münsterland mit seinen stillen Flüssen und Kanälen, die Schluchten und Täler des blaugrün schimmernden Schwarzwaldes, im Nebel über den Mooren Schleswig-Holsteins, dessen Rapsfelder im Frühsommer so gelb unter dem hohen Himmel wogen. Immer wieder fand ich Stellen, die uns ruhig und still, unberührt, stolz und majestätisch oder sanft und lieblich umfangen, die noch – für ein paar Stunden – das Gefühl vermitteln, allein zu sein, allein mit der Erde, der Natur, allein mit sich.
Oder das Erntedankfest auf der Insel Reichenau im Bodensee.

Obst, Gemüse, Getreide, das schönste und bunteste war vor dem Altar des Marienmünsters niedergelegt. An den Wänden lehnten die reich gefüllten Körbe und umkränzten Stöcke der Erntedankprozession. Vom Altar hing ein großes, weißes Tuch mit hohen Buchstaben: »Wir weih'n der Erde Gaben.« Und: »Dank für alles«. Dank für die Fruchtbarkeit – heute nicht anders als vor Tausenden von Jahren.

Oder an den Wilhelmsteinen, dem vermuteten alten Naturheiligtum in Hessen, das verwitterte Holzschild: »Die Heimat, die Schöne, zu ehren ...«

Messen, in Formeln fassen, analysieren kann man »Heimat« nicht, genausowenig wie Religion und kultisches Brauchtum. Da hat die »Natur«wissenschaft ihre Grenze. Eine der vielen Grenzen, an die sie für jeden sichtbar nach einer Zeit fast uneingeschränkter Technikgläubigkeit gestoßen ist.

Der alttestamentliche Auftrag, »macht euch die Erde untertan« (1. Mos. 1,28), kann nicht länger als Freibrief zur rücksichtslosen Ausbeutung gedeutet werden, als ob Boden, Tiere, Pflanzen, ja, das ganze All, dem Menschen gehöre, auf daß er damit mache, was technisch machbar ist: immer tiefere Stollen in die Erde treiben, sie als bloßes Warenlager, als Rohstofflieferant und Müllkippe benutzen.

Diese Fortschrittsgläubigkeit, die seit der Renaissance die Entwicklung der abendländischen Kultur bestimmt hat, stößt auf Kritik. Die Technisierung unserer Welt droht in eine systematische Zerstörung unserer Lebensgrundlage umzuschlagen.

Nicht nur die ökologische Bewegung fordert daher, daß die Menschen sich wieder auf mehr Einklang mit den Zyklen der Natur besinnen sollen. Wir sind ein Teil dieser Erde, eingebunden in ihren Kreislauf von Wachsen und Vergehen.

Religion ist die Begegnung mit dem Heiligen. Unseren Ahnen war die Erde, die Natur, der Kosmos noch heilig. Die Religion, ihr Kult, fand in der offenen Natur statt, bezog sie mit ein, unter freiem Himmel, an besonders hervorgehobenen Plätzen, an Orten »mythischer Qualität«, an denen unsere Vorfahren spürten, »hier hatten die Götter ihre Pfoten im Spiel«, wie es der Regensburger Ordinarius für Vor- und Frühgeschichte, Prof. Walter Torbrügge, ausdrückt.

Der vorgeschichtliche Mensch begegnete der Umwelt viel persönlicher, wie ein Kind, das in Wolken und Bäumen Gesichter sieht, Dinge und Natur als belebt empfindet – wie wir es aus unseren Märchen kennen. Jeder Baum, jede Quelle hatte ihre Nymphe. Höhlen, Brunnen und Moorweiler führten in den Leib der Erde, zu den Unterirdischen, und auf den von Wolken umsäumten Berggipfeln trieben die Himmlischen ihr Wesen oder Unwesen.
Das Empfinden für diese »von Natur aus« heiligen Plätze ist uns abhanden gekommen: An Bächen, in denen keine Nymphen mehr wohnen, lassen sich gut Mühlen bauen.
Der mythisch gedachte Anfang der Welt offenbarte sich unseren Ahnen in ihren Naturheiligtümern, die nicht gegründet, sondern gefunden wurden. Auffällige Erscheinungen wie eine brodelnde Quelle, eine Bergkuppe, ein plötzlich aus dem Walddunkel herausragender Fels oder ein alter Baum, in den der Blitz eingeschlagen hatte, ließen die Nähe des Göttlichen erahnen.
Hier waren die »natürlichen« heiligen Stätten, bei denen man eher in Verbindung mit den jenseitigen Mächten trat als an anderen Plätzen, an denen über Jahrhunderte, Jahrtausende die Menschen zusammenkamen und immer wieder am selben Ort Weihegaben niederlegten, ohne daß die Generationen voneinander wissen konnten: Bitte und Dank, Furcht, Angst, das Gefühl des Ausgeliefertseins und die Suche nach Geborgenheit, Heilung, Heil. Wie es der Berliner Religionswissenschaftler Prof. Carsten Colpe ausdrückt: »Man gewinnt eine Art Heil in ihnen, indem man mit dem Anfang der Welt, als noch alles in Ordnung war, magisch oder auch nicht magisch in Berührung kommt. Deshalb sind sie in einer Welt, in der nicht mehr alles in Ordnung ist, nicht nur Kultstätten, sondern oft auch Asyle.«

Ich gebe dieses Buch, diese erste Zusammenstellung vermuteter vor- und frühgeschichtlicher Kultplätze, nicht ohne Skrupel aus der Hand. Die Befürchtungen mancher Wissenschaftler, daß jetzt eine hemmungslose Buddelei an den alten Stätten beginnt, die bisher geheim und behütet waren, kann ich verstehen. Und ich teile die Sorge, daß ehemals geheiligtes Land ohne Ehrfurcht vor der Weihe des Ortes abgetrampelt wird, daß sich Horden von Rutengängern auf die Suche nach Wasseradern und Reizzonen machen, daß stille Naturheiligtümer touristische Anlaufstationen mit den entsprechend zurückgelassenen Cola-Dosen und Plastiktüten werden.

So bleibt mir nur zu bitten, das, was einst unseren Ahnen heilig war, die »Weihe des Ortes«, zu achten und zu ehren. Denn ihr Tempel war immer der Wald, die Natur, wie Jacob Grimm es formulierte.

Bei der Würdigung von Erde und Natur sollte es nicht um die Auseinandersetzung von Christen und Neuen Heiden gehen, nicht um Neumissionierung, nicht um den Disput Naturwissenschaft oder Glaube, um Ökologie oder Spiritualität. Wer will behaupten, die allein richtige und seligmachende Lehre zu besitzen? Nicht für Querelen oder Verächtlichmachung ist die Zeit, sondern für ein Zusammenhalten zur Bewahrung unserer Erde, zu unserer Rettung. Nicht (nur) um einen Kilometer mehr oder weniger »naturbelassenen« Bach, nicht (nur) um eine Tonne weniger Gift im Meer, sondern um eine ehrfurchtsvolle Auffassung von Mensch und Natur, um Demut geht es: um die Philosophie, die dahintersteckt, die Religion, die Rückbindung an unsere Wurzeln, um den Weg zur Überwindung der Teilung, der Aufspaltung zwischen dem Menschen und dem, was ihn umgibt, um die Überwindung der Entfremdung zu sich selbst.

Auch ohne Steine, Bäume, Quellen als beseelt oder als Sitz diverser Gottheiten zu betrachten, mögen die vor- und frühgeschichtlichen Heiligtümer manchem etwas bedeuten, das es zu achten gilt – so unterschiedlich das Anliegen sein mag: Die Archäologen möchten ihre Ausgrabungsstätten bewahrt sehen, die Anhänger des »Neuen Zeitalters« auf für sie heiliger Erde ihre Jahreskreisfeste feiern und die Neuen Heiden an vorchristlichen Kultstätten ihre alten Götter anbeten. Und mancher mag an alter Stätte unter freiem Himmel wieder den Kontakt zur Natur, zu sich selbst, zu Gott suchen – wie andere in der Kirche. Oder er hält ganz einfach voll Dankbarkeit inne, »die Heimat, die Schöne, zu ehren« – auch wenn da »nur« Natur ist.

# Auf den Spuren der alten Religion

# Die androgyne Rote

## Steinzeitkunst und Religion

Der kleine Splitter aus weißgrauem Hornstein gemahnte zur Vorsicht und »zu scharfem Aufpassen«, an diesem Sonntag, dem 14. November 1920. Hatte doch Prof. Eiermann aus Säkkingen »bei einem Pirschgange auf dem Röthekopf« ein vermutetes vorgeschichtliches Refugium entdeckt, das an diesem Tag – vormittags (!) – gegraben werden sollte. Und tatsächlich wurde dem Boden auch bald »ein hübsches Messerchen« enthoben.
Doch zwei Wochen später, am 28. November 1920, »an einem Sonntage, vormittags zwischen halb 11 und 11 Uhr, bei leichtem Regenfalle«, wurde es ernst: Im harten Boden, der mit einer Hacke »sorgfältig« bearbeitet wurde, fanden sich unter einer Steinplatte Teile eines menschlichen Schädels, die mit den Augenpartien nach oben im Lehm steckten. Da es nun stärker regnete, wurde das Schädeldach mit einem »Kratzstein« losgelöst – abermals sorgfältig –, doch leider zerbrach es dabei in drei Teile und »ging weiterhin die noch ziemlich gut erhaltene Augenhöhle verloren«. In Laub, Moos und Papier verpackt wurden die Reste im Rucksack heimbefördert.
Zweifelsohne sehen Ausgrabungen heute etwas anders aus – und sind auch nicht für einen Sonntagvormittag angesetzt.

Da war es am Abend des 24. August 1948 im bayerischen Gasthaus von Rennertshofen schon gemütlicher. »Bei trübem Licht, aber mit wachsender Spannung« wurde aus einem mittags in den Weinberghöhlen geborgenen, intensiv rot gefärbten Stück Erde eine Statuette gelöst, »die Rote von Mauern«. Nach zehn Jahren hatte Prof. Lothar F. Zotz von der Universität Erlangen die Nachforschungen wieder aufgenommen, die unter recht abenteuerlichen Umständen an einem regnerischen Herbstabend des Jahres 1936 begonnen hatten.
Damals hatte Graf Hubert Waldburg den ungarischen Grafen Christoph Vojkffy und dieser wiederum den Tübinger Prof. R. R. Schmidt für die vorgeschichtlichen Funde der Weinberghöhlen

bei Mauern interessieren können. Auch der 75jährige Totengräber des Ortes wurde als Gewährsmann für die Geschichte der Höhlen eingespannt, da diese »nicht mehr von jungfräulicher Frische« waren.
Doch woher in diesem Sommer 1937 die Mittel für die Ausgrabungen nehmen? In jenen Tagen der Stiftung Deutsches Ahnenerbe tat Schmidt, was viele taten: Er wandte sich an deren Schirmherrn, den Reichsführer SS Himmler. Der ließ ihm alsbald die benötigten Gelder überweisen und stellte ihm eine Arbeitermannschaft aus der damals noch illegalen österreichischen SS zur Verfügung. Jeden Morgen um 6.30 Uhr wurde in militärischer Ordnung zur Grabung marschiert. An der Spitze der Träger der SS-Fahne, die oberhalb der Höhlen feierlich gehißt und allabendlich ebenso feierlich wieder eingeholt wurde.
Der deutsche SS-Offizier Dr. Höhne aus Berlin, der »selbst über vorgeschichtliche Kenntnisse verfügte«, und der holländische Geologe Dr. Böhmers befehligten die Mannschaft. Am 11. November 1938 erschien Höhne mit drei weiteren SS-Offizieren bei Prof. Schmidt mit dem Befehl, den Ort sofort zu verlassen und die Leitung der Ausgrabung an Böhmers abzugeben. Dieser – inzwischen unter dem Namen Bohmers – verkaufte die Funde später in Holland. Aber am 26. November gab er in der Höhle noch ein Fest zum angeblichen Abschluß der Grabungen, »bei dem die Teilnehmer in germanischer Art im Kreise um ein loderndes Feuer saßen, vor sich Methumpen«.
Ein Jahrzehnt später waren es andere Schwierigkeiten, mit denen die Ausgräber der Universität Erlangen zu kämpfen hatten: der Hunger der körperlich schwer arbeitenden Studenten, die Beschaffung von Foto- und Verpackungsmaterial. Es gab nichts, in diesen Jahren 1947 und 1948: keine Papiertüten, keine Pappschachteln – von Leinensäcken, notwendigen Holzverschalungen und ähnlichem ganz zu schweigen.
Doch dann die Entdeckung der »Roten«!
Zotz' Grabungstagebuch erinnert an gewisse Bände im elterlichen Bücherschrank: Immer wenn es spannend wird, geht es lateinisch weiter. Als *membrum virile* deuteten die Wissenschaftler den aus dem »stark betonten Gesäß unverkennbar

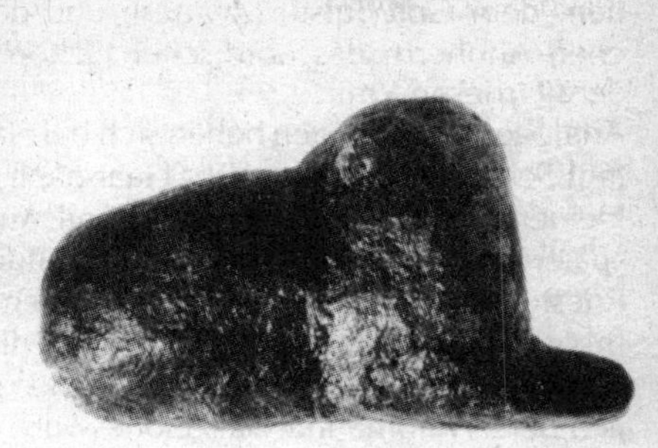

Die Rote von Mauern

weiblicher Rundung« herauswachsenden Zapfen. Daß dieser Zapfen der kleinen Kalksteinstatuette in der Tat als Phallus gedacht war, beweise die Lochdelle an der Spitze. Also, ein männliches Glied mit angedeuteter Öffnung der Harnröhre auf einem kräftig ausladenden Frauengesäß.

Wie die 1959 entdeckte Venus von Tursac gilt auch die Rote von Mauern als Darstellung des doppelgeschlechtlichen, bisexuellen oder androgynen Wesens.

Nun hatte schon Ausgräber Zotz seinen Kinsey gelesen und wußte, daß der entwicklungsgeschichtlich älteste Verkehr der von hinten ausgeführte ist, »bei dem der Leib des Mannes dem Gesäß der Frau anliegt«. Flugs wird es wieder lateinisch, und es ist vom *coitus positio naturae* die Rede. Womit nichts weiter gesagt werden soll, als daß die Rote und vergleichbare Idole nicht nur vertikal gestellt, sondern auch horizontal gelegt werden können, mit entsprechend hochgerecktem Gesäß. Schließlich gilt die im Abendland verbreitete christliche Missionarshaltung beim Koitus anderen Völkern als ungewöhnlich. Sie ziehen »nach wie vor die Begattung nach Art der Vierfüßler« vor.

Die Gleichung ist klar: Koitus gleich Fruchtbarkeit. Die Rote von Mauern als Symbol einer Naturreligion, in der »die mythische Tradition aller Völker weiß, daß der Urmensch, der Archetypus, androgyn war«. Beispiele aus der Antike und der Völkerkunde kennt Zotz zur Genüge: von Platos »Gastmahl«, den Eleusinischen Mysterien bis zum mythischen Stammvater der Germanen, dem Gott Tuisto (Zwitter), und dem doppelgeschlechtlichen Ahnherrn des nordischen Schöpfungsmythos der Edda, dem Urriesen Ymir.

Analoge Vorstellungen haben sich bei Naturvölkern lange erhalten: Schamanen flechten ihr Haar nach Frauenart in Zöpfe und kleiden sich wie junge Mädchen (vgl. auch die rituelle Kleidung späterer Kulte, etwa der keltischen, jüdischen und christlichen Priester). Die größten Schamanen tragen weibliche Namen, und ursprünglich waren die mächtigsten die mit umgewandeltem Geschlecht. Bei den Dajaks auf Borneo galten die Entscheidungen der »Weibmänner« als Gotteswort; für die Illinois-Indianer waren sie Manitous; bei arktischen Jägervölkern verheirateten sich die »verweibten Männer« als Frauen, und »in alten Zeiten«, so ist es überliefert, sollen sie sogar Kinder zur Welt gebracht haben. Wie der Angakok (ein mit übernatürlichen Kräften ausgestatteter Mann) der Eskimosage, den es eines Tages gelüstete, zum Weib zu werden: Nachdem er ein Ren geopfert hatte, heiratete er einen anderen Jäger, nach einiger Zeit bekam der Weibmann ein Kind. Und Legenden der Aleuten, Uiguren, Teleuten, Burjaten berichten, daß der erste Schamane ganz einfach eine Frau gewesen sei, die einen Sohn gebar, von welchem alle Schamanen abstammen . . .

Die Statuette von Mauern mit ihrer dicken Schicht roter Erdfarbe paßt genau zu diesen Sagen und Mythen. Auch bei den Initiationsriten der Zentralaustralier wurden, wie uns überliefert ist, Jünglinge mit Fett und rotem Ocker bestrichen, um sie in doppelgeschlechtliche Wesen zu verwandeln. Rot steht für das Männliche, das Fett der Farbpaste soll an den gleitenden Charakter der Vulva erinnern.

Unbestreitbar zeigt die zwischen 20 000 und 30 000 Jahre alte Plastik aus Bayern die Verbindung von Kunst und Kult, schöpferischer Darstellung und ältester Religionsauffassung. Alltag und Religion bildeten noch eine Einheit, die Trennung zwischen Heiligem und Profanem geschah erst sehr viel später.

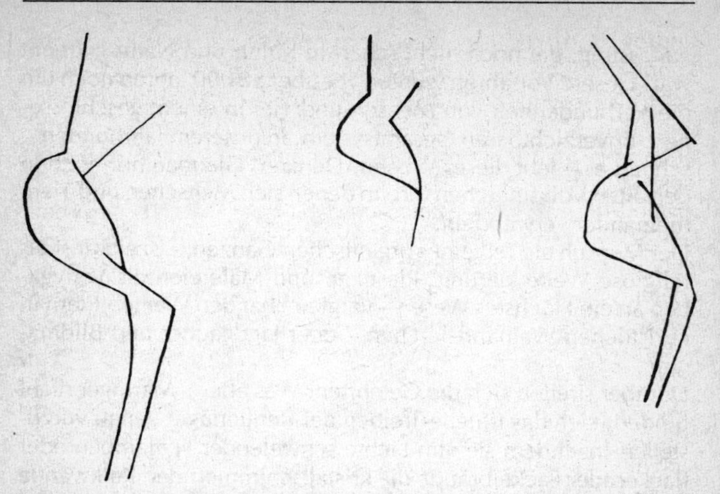

Schematisierte Ritzzeichnungen von Frauengestalten aus dem Hohlenstein bei Edernheim (Bayern)

Die betont fülligen weiblichen Figuren der eiszeitlichen Jäger – männliche Statuetten sind außerordentlich selten – waren Symbole der Fruchtbarkeit, des mütterlichen Prinzips, vergleichbar der antiken Magna Mater. Frauenbildnisse galten als Idole eines Ahnmütterkultes, Venus-Figuren als Ausdruck der Wertschätzung der Frau als Urmutter des Lebens und des Stammes: wie sie dann zum Ende der Eiszeit – rund 10 000 Jahre v. Chr. – bei uns als stark stilisierte Frauenfiguren vom Petersfels (Baden-Württemberg) oder aus dem Hohlenstein bei Edernheim (Bayern) bezeugt sind.
Als – bisher – älteste eindeutige Kunstwerke der Menschheit überhaupt gelten die Funde aus den Lonetalhöhlen und vom Geißenklösterle (Baden-Württemberg). Die Jägerkunst brach »in der altmenschlichen Entwicklung wie ein prachtvoller Frühlingstag an und überstrahlt mit ihrem Glanz hell das ganze übrige Leben«, schreibt J. Maringer in seiner »Vorgeschichtlichen Religion«. Neben den Frauengestalten steht am Anfang der Kunst/Religion die einmalig schöne Darstellung von Tieren und Tier-Menschfiguren: Ausdruck einer einheitlichen Natur-

auffassung, die noch nicht scharf in Kultur und Natur getrennt war. Unsere Vorfahren wußten vor über 30 000 Jahren noch um die Verbundenheit von Mensch und Tier in einem geschlossenen, unverzichtbaren Gesamtsystem. In unserem Jahrhundert – scheint es – lebt dieses Wissen, Denken, Glauben nur noch in den alten Volksmärchen fort, in denen sich Menschen und Tiere ineinander verwandeln.

Der Mensch als Teil eines organischen Ganzen, Eiszeitkunst als religiöse Welterklärung. Plastiken und Malereien als Votivgaben an ein Höchstes Wesen – vergleichbar den Weihebildern in christlichen Wallfahrtskirchen – oder Jagdzauber und Bildmagie?

Darüber streiten sich die Gelehrten. Was aber J. Maringer nicht hindert, sich das rituelle Treiben der Rentierjäger genau vorzustellen, nachdem sie »im Lichte schwelender Fettlampen oder flackernder Fackelbrände die kristallschimmernden Kalkwände ungezählter Höhlen« bemalt und Plastiken »wunderbarer, geradezu erstaunlicher Naturnähe und echter Lebendigkeit« geschaffen hatten: »Vor diesen Tierbildern vollführten sie im geheimnisvollen Licht schwelender Fackeln oder Öllampen Scheinkämpfe, beschwörende Tänze, wahrscheinlich von Gesang und den Klängen einfacher Musikinstrumente begleitet. In den Schauern des dunklen und schweigenden Bergschoßes scheinen sie auch die jugendlichen Reife- und Initiationsfeiern vollzogen zu haben.« Maringer schließt daraus: »Das ganze Drum und Dran moderner Schamanen und Zauberer dürfte in etwa schon das eiszeitliche Zauberwesen erfüllt haben.«

Höhlen waren in der Alt- und Mittelsteinzeit Lagerplätze und Kultstätten zugleich. Das wird sich erst in der Jungsteinzeit, von etwa 4000 v. Chr. an, ändern.

Priester, Schamanen, Zauberer – auch weibliche – vollzogen hier rituelle Handlungen, zu denen vermutlich Musik, Tanz, Aufführungen, Maskierungen, Tierverkleidungen und Kultmahlzeiten gehörten. Ihre Bräuche und Gesten bleiben uns für immer verborgen. Faßbar sind – durch archäologische Ausgrabungen – allein Plastiken, Malereien und Gravierungen auf Felswänden, Rentierknochen oder Mammutelfenbein.

# Der Plumps von Ahrensburg

## Die norddeutschen Renjäger und ihre »Opferteiche«

Am 14. Mai 1932 schrieb ein junger arbeitsloser Elektriker in Hamburg einen Brief, packte ein Paket Steine dazu und schickte das Ganze an den Ordinarius für Urgeschichte in Kiel, Prof. Gustav Schwantes. Damit begann eine der bedeutendsten deutschen prähistorischen Ausgrabungen dieses Jahrhunderts.
In Abendkursen der Volkshochschule hatte sich der wissensdurstige junge Mann vorgeschichtliche Kenntnisse angeeignet, von seinem Gesellenlohn hatte er sich mühsam ein altes Fernglas und einen gebrauchten Fotoapparat zusammengespart und war dann freiwilliger Mitarbeiter von Schwantes geworden. Dem fiel er »durch die Eindringlichkeit seines Strebens« auf.
Anfang 1930 erklärte Alfred Rust seinem erstaunten Lehrer, nun wolle er erst einmal nach Syrien fahren, um dort zu graben und die alten Kulturen kennenzulernen. Geld habe er zwar keines, aber ein Zelt und ein Fahrrad. Was er zum Leben brauche, wolle er sich unterwegs mit Elektrikerarbeiten verdienen.
Man belächelte ihn. Mit einem Freund zog er los: über den Balkan und die Türkei nach Syrien. In Nebek erkrankte er an Ruhr. Das dänische Krankenhaus nahm ihn auf. Die Behandlungskosten bezahlte er auf seine Art: Er legte in der Klinik neue Leitungen. Auch nach seiner Genesung arbeitete er halbtags dort weiter. Von dem Lohn heuerte er Arbeiter an, mit denen er die zehn Kilometer entfernte Höhle von Jabrud untersuchte und kurzerhand ausgrub. 4500 unwegsame, mühselige Kilometer legte Rust auf dieser Reise zurück, von Syrien über Palästina, Ägypten, Italien, Frankreich zurück nach Hamburg.
Insgesamt viermal war Rust im Orient, ehe er beschloß, seine Grabungen vor der Haustür fortzusetzen. Das Ahrensburger Tunneltal in Schleswig-Holstein lockte ihn. Abends nach dem Abklingen der Wüstenhitze hatte er in Syrien von aufsehenerregenden Entdeckungen in der Heimat geträumt.
Doch vorerst machten ihm die seltsam bohrerartigen, geschnäbelten Kerbspitzen Schwierigkeiten, die er bei Meiendorf aufsammelte. Er hatte keine Ahnung, wozu sie unseren Vorfahren

gedient haben mochten. Also nannte er sie in dem Schreiben an Prof. Schwantes ganz einfach »Papageienschnabelklingenendhohlkratzerbohrerschnabel« und bat höflichst um die Erlaubnis, graben zu dürfen.
Das war 1932/33 niemandem sechzig Pfennig wert – den Fahrpreis für die Vorortbahn. Von neun Mark Arbeitslosenunterstützung in der Woche konnte Rust die Fahrkarte aber nicht aus eigener Tasche bezahlen. Also strampelte er täglich mit dem Fahrrad, mit dem er schon die Pyramiden besucht hatte, vierzig Kilometer zur Grabung. Schwantes besorgte ihm sechs Mann vom freiwilligen Arbeitsdienst. Die technische Ausstattung bestand aus einigen Spaten, einer drei Meter langen, fingerdicken Stange und zwei alten Marmeladeneimern.
Bei der vermuteten eiszeitlichen Lagerstätte bohrte Rust im Abstand von je einem Meter einige hundert Löcher. Die Erde, die im 30 cm langen Schlitz am Ende der Stange mit hinaufbefördert wurde, zeigte ihm die darunterliegenden Schichten. Plötzlich geriet er in helle Aufregung: Aus der Tiefe zog er schmierigen, glitschigen Schlamm.
Unter ihm lag ein alter See. Durch weitere Bohrungen stellte er den Verlauf der Uferlinie fest. Und er hatte eine faszinierende Idee: Die Menschen mußten an den Hängen gewohnt haben, hier fand er Tausende von Werkzeugen. Was tut ein Mensch, der an einem Teich wohnt, heute wie vor 14 000 Jahren? Er wirft etwas hinein, und sei es, »weil es dann ›plumps‹ macht«.
Rust begann mit seinen sechs Jungs die Suche nach Rengeweihen, Knochen und Harpunen, die er in dem verschlammten Tümpel vermutete. Sie kamen nicht tief, die Grube lief sofort voller Wasser. Auch das Schöpfen mit den Marmeladeneimern half nicht weiter.
Rust gab nicht auf. Er fiel den Leuten vom Hamburger Wasserwerk so lange auf die Nerven, bis sie ihm eine Handpumpe liehen. Die sieben Mark für den Transport mußte er selber bezahlen, fast ein Wocheneinkommen.
Die Jungen taten inzwischen das ihre und veranstalteten »Nachtübungen«, mit dem Ergebnis, daß plötzlich Bretter und Pfähle aus dem nahegelegenen Wäldchen zur Abstützung der Ausgrabungsstelle parat lagen.

Zwei Monate schaufelten die sieben. Seine »prachtvollen Kameraden« verließ schon der Mut, als einer der Männer mit der Schaufel »auf etwas Hartes« stieß. Zusammen zogen und zerrten sie. Ein Ruck, sie lagen im Schlamm. Eine 1,50 Meter lange Rengeweihstange war freigelegt. Rust erzählte: »Wir lachen, schreien, schlagen uns mit den schlammigen Händen auf die nackten Schultern vor lauter Glück! Diese Entspannung nach wochenlangen Zweifeln! Einen Fund dieser Art können uns wohl nur die eiszeitlichen Götter beschert haben.«
Die Götter werden ihm noch viel mehr bescheren. Aber an diesem Abend »war ich sicher der stolzeste Radfahrer des Tages, als ich mit hoch aufragendem Geweih im Rucksack durch Hamburg nach Hause radelte«.
Die Probegrabung war so ergiebig, daß »wir uns in ein Märchenland versetzt glaubten«: Sie führte auf die Spur einer bisher unbekannten Rentierjägerkultur und ihres Opferbrauchtums.
Die größte Überraschung waren die Entdeckung der Tierkopfgravierungen auf Sandstein und Bernsteinplatten und die verzierten Geweihstangen, die norddeutsche Renjäger zur selben Zeit anfertigten, als in Südfrankreich und Spanien die Höhlenmalereien von Lascaux und Altamira entstanden – und die Kunstwerke vom Petersfels und Hohlenstein bei Edernheim.
Die Fellkapuze, die auf dem Porträt des alten Mannes auf einem Geweihstück erkennbar ist, taucht auch in den Höhlenzeichnungen auf. Solche Pelzkappen hatten ihre feste Bedeutung in rituellen Kulthandlungen. Der bärtige Mann, »dem im Ausdruck etwas Diabolisches anhaftet«, kann der Schamane des Stammes gewesen sein, vielleicht auch die Darstellung einer Gottheit.
Eine ungewöhnlich dünn zugeschnittene Geweihstange mit großem Schädelrest deutet Rust als Tanzmaske. Aus der Höhlenkunst kennen wir Bilder von Schamanen, die solche Kopfaufsätze tragen. Bei den Tungusen in Sibirien wurden sie bis vor kurzem noch benutzt; Stämme in Schwarzafrika verwenden sie heute noch bei ihren rituellen Tänzen. Bearbeitet wurden die Geweihe mit genau diesen seltsamen »Papageienschnabelspitzen«, die Rust zuerst aufgefallen waren.
Auch für die norddeutschen Renjäger war Kunst nicht nur »Kunst als Kunst«, sondern stand im Dienst von Religion und

Opfergabe norddeutscher Renjäger: mit einem Stein im Brustkorb versenktes weibliches Rentier

Magie. Aber im Unterschied zu den südlicheren Höhlenlagerstätten entdeckte Rust noch »handfestere« Hinweise auf »urreligiöse« Verhaltensweisen: In Meiendorf und im nur 800 m entfernten ehemaligen Teich unterhalb des Stellmoorhügels stellte er ausschließlich zur Opferung benutzte Teiche fest. Zweijährige weibliche Rens waren mit schweren Steinen im Brustkorb beschwert und in den Teichen versenkt worden. Allen Opfertieren waren die Geweihspitzen abgeschlagen und Unterkiefer und Zähne entfernt, offensichtlich um sie »vor dem Antritt ihrer Reise zum Bestimmungsort« wehrunfähig zu machen. Gabe an ein höchstes Wesen, einen Jagdglückspender oder Fruchtbarkeitszauber und Jagdmagie?

Von den Eskimos in King-Williams-Land wird berichtet, daß die Renschädel sorgfältig in einem Fluß versenkt wurden. Das weitere Jagdglück hing von der genauen Einhaltung dieser Bestimmung ab. Eine mythische Gottheit, die »Mutter der Tiere«, wachte über die Taburegel.

Zwischen den religiösen Handlungen der Hamburger Jäger um 12 000 v. Chr. und der Ahrensburger Jäger um 8500 v. Chr. liegen mehr als 3000 Jahre. Aber das Ritual war gleichgeblieben: Ausschließlich zweijährige Renweibchen wurden den Göttern und Geistern von der Jagdbeute abgetreten. Jahrtausendelang identische religiöse Vorstellungen. In einem Abstand von 3000 Jahren deponierten Menschen, die nichts voneinander wissen konnten, gleiche Opfer im gleichen Teichabschnitt, direkt über den älteren Vorkommen!

Von ihrem Wohnplatz auf dem Stellmoorhügel aus kamen die Ahrensburger Jäger zu ihrer alten heiligen Stätte. Jedes Jahr, wenn sie in den Sommermonaten hier lagerten, versenkten sie an der steil abfallenden Böschung unter Zeremonien im tiefen Wasser ein ganzes, fortpflanzungsfähiges Ren. Nach der Belegung mit der Weihegabe war der Teich als Heiligtum gekennzeichnet und tabuisiert. Am Rand des Teiches war ein über zwei Meter hoher Kultpfahl aufgestellt – wahrscheinlich bei der »Einrichtung« des Opferplatzes –, der am oberen Ende den Schädel eines etwa dreizehnjährigen weiblichen Rens trug, ein altes Muttertier, das in einem Fruchtbarkeitskult verehrt worden sein mag.

Rust zieht den Vergleich zu bestimmten Orten oder Plätzen im frühesten Altertum, die einem »Gott oder Götzen« geweiht waren: »Bei der Einrichtung einer heiligen Stätte in einer Höhle, in einem Gebäude, einem Tempel oder einer Kirche wird das Innere mit Gegenständen ausgestattet, die der Bedeutung des Ortes angepaßt sind. Aufgestellt werden Altäre, allegorische Figuren, die die jeweiligen religiösen Vorstellungen symbolisieren; die Wände werden bemalt, es werden Bilder angebracht oder bunte Kirchenfenster eingesetzt. Ist eine solche Stätte mit allen sakralen Insignien ausgestattet, so wird oft über Jahrhunderte nichts mehr verändert. Die Gläubigen besuchen nur noch diese Stätte, lassen sich dort belehren, halten Zwiesprache mit ihrem Gott und legen in der Regel eine Opfergabe nieder.«
Rust hält es für gesichert, daß der ehemalige Teich am Fuße des Stellmoorhügels eine solche »vollumfänglich ausgestattete heilige Stätte« ist, die über viele Generationen immer wieder aufgesucht und mit Opfergaben, und zwar nur mit solchen, belegt wurde.
Die Träume, die ein junger Mann im heißen Wüstensand träumte, wurden durch seine Entdeckungen übertroffen. Ja, die eiszeitlichen Götter waren ihm gnädig. Auch wenn seine »kühnen und ingeniösen« Interpretationen heute – vor allem bei den jüngeren Wissenschaftlern – umstritten sind: Da gibt es keinen Kultpfahl, keine Opfertiere; das war Abfall, der in die Tiefe geworfen wurde, bestenfalls dienten die Wasserstellen als »Kühlschrank« zur Aufbewahrung der Beute.
Abfall oder Opfer? Die Frage ist – nicht nur hier – zu einem Glaubensbekenntnis geworden. Kultplätze sind immer noch ein heikles Thema, nachdem wir Deutschen eine auch archäologisch braune Vergangenheit haben, in der alles, was nicht zu erklären war, als Weihegabe an – möglichst germanische – Götter erklärt wurde. Dagegen die Meinung der Positivisten: Nur was zu beweisen ist gilt.
Immerhin: Die Darstellung des »Kultgeweihes« ziert heute das Stadtwappen von Ahrensburg.

# Von Kannibalen, Raubgräbern und anderen Deutschen

## Kulthöhlen

Als König Ludwig I. von Bayern seinen allerwertesten Besuch in der Kühloch-Höhle ankündigte, die daraufhin sogleich in Ludwigshöhle umbenannt wurde, ließ Graf Erwein von Schönborn die Stätte sehr ordentlich und sauber herrichten: Alles wurde planiert, Unmengen fossiler Tierknochen und vorgeschichtlicher Funde wurden achtlos beiseite geworfen, was Dinglers »Polytechnisches Journal« 1829 zu kommentieren veranlaßte: »Deutschland hat also wieder durch den Unverstand der Schreiber, die auf den Universitäten nichts lernen als Trinken, Hauen und Rabulistik-Treiben, eines seiner ausgezeichnetsten Denkmäler der Vorzeit für die Ewigkeit verloren. Dem Besitzer wird niemand einen Vorwurf hierüber machen, wir wissen, daß der katholische deutsche Adel von der Wiege bis zum Grabe von einer gewissen Kaste gegängelt wird, und weder die Bücher Moses noch weniger irgendein naturhistorisches Buch in seine Hände kommt.«
Den bitteren Klagen über die deutschen Barbaren ist nur hinzuzufügen, daß die wilden Buddeleien heute in einem Maße zugenommen haben – teilweise mit Metallsuchgeräten –, das zu einer beträchtlichen Gefährdung der Höhlen und Funde geführt hat. Unersetzliche Erkenntnisse werden für immer verhindert und die so wichtigen Fundzusammenhänge für alle Zeiten zerstört.
Allen »Höhlenforschern« zur Warnung sei hier an das Schicksal des Musikanten Sauerbier aus Sandershausen erinnert, der einst in einer Himmelfahrtsnacht auf der Suche nach dem sagenhaften Schatz des Kaisers Rotbart auf den Kyffhäuser in Thüringen gestiegen war. Nach acht Tagen kam Sauerbier blaß und düster mit zerrissenen Kleidern zurück. Drei Tage später folgte, auf einem Karren liegend und todkrank, sein Kamerad. Mit der Sprache wollten beide nicht heraus, aber schlimme Dinge hätten sie erlebt. Dem Alten seien sie leibhaftig begegnet. Sauerbier blieb sein Leben lang krank, der andere behielt ein lahmes Bein.

Auch Zaubersprüche und Magie halfen den drei Geisterbeschwörern nicht, die 1732 nach Barbarossas glanzerfüllter Höhle suchten: »Die herbeigerufenen Höllengeister entführten einen von ihnen in die Lüfte, worauf die anderen entsetzt flohen. Ihre Zaubersprüche und Arbeitsgeräte fanden sich am folgenden Tag zerrissen und zerstört.« So Prof. Behm-Blancke in seiner spannenden Erzählung über die Entdeckung der Kulthöhlen im Kyffhäuser.

Fast gleichzeitig berichteten in den fünfziger Jahren unseres Jahrhunderts die Prähistoriker Behm-Blancke (Weimar) und Kunkel (München) über ihre Forschungen in Höhlen, bei denen sie rituellen Kannibalismus nachwiesen. Von den rund fünfzig bekannten Schachthöhlen in Deutschland, die als Opferstätten angesehen werden, sind erst wenige wissenschaftlich gegraben und die Ergebnisse veröffentlicht worden. Wobei die Wissenschaftler der DDR mit germanischen Göttern, Mythen und Riten und vorgeschichtlichen Kultstätten und Heiligtümern bedeutend unbefangener umgehen.
Wie Alfred Rust – und etwa zur selben Zeit – hatte der junge Behm-Blancke einen Traum: Man müßte ein richtiges Heiligtum auf dem sagenreichen Kyffhäuser entdecken, dem Berg, in dem der alte Kaiser sitzt – sein roter Bart längst durch eine steinerne Tischplatte gewachsen, umgeben von einem Hofstaat, zu dem auch Frau Holle gehört. Alle hundert Jahre erwacht er und befragt einen Zwerg, ob die Raben noch um den Berg flögen. Dann seufzt er, nun müsse er noch hundert Jahre schlafen.
Auch Behm-Blanckes Traum ging in Erfüllung. Nach dem Krieg konnte er beweisen, daß der Berg in früheren Jahrtausenden ein großer heiliger Bezirk war.
1950 begannen die Grabungen, die sieben Jahre dauerten. Holz wurde beschafft; eine Hütte wurde gebaut; man richtete sich ein. Nur Wasser fehlte. In der Not griff man zu einem bewährten Verfahren, um sich zu waschen: Eine rohe Kartoffel wurde in Scheiben geschnitten und damit das Gesicht abgerieben.
Schon bald stießen die Ausgräber auf die ersten seltsam manipulierten Menschenknochen, denen das Knochenmark entnommen war. Und Behm-Blancke beschlich das unheimliche Ge-

fühl, in ein »uraltes Kannibalennest« geraten zu sein, in dem Menschen Menschenfleisch verzehrt hatten.
Urgeschichtliche Menschenfresserei war auch andernorts nachgewiesen worden – noch neuzeitlich in der Völkerkunde. Doch warum aßen Menschen Menschen? Dazu gibt es verschiedene Theorien: Nicht der Hunger, sondern die Naschhaftigkeit, die Genußsucht, trieb die Höhlenbewohner dazu, die offenbar das Fleisch junger Menschen liebten. Denn vor allem das Fleisch Jugendlicher und Kinder wurde bevorzugt, das Gehirn, das Mark der Röhrenknochen, die Handteller und die Fußsohlen. Vorwiegend gebraten, zum Teil auch gekocht.
Die Theorie des profanen Kannibalismus befriedigte Behm-Blancke nicht. Vor allem, da er bei Naturvölkern von kultischer Menschenfresserei »im Dienste einer göttlichen Verehrung« wußte. Ein mit magischen Vorstellungen verbundenes Opferbrauchtum, oft ein Fruchtbarkeitskult, der gerade bei kulturell hochentwickelten Eingeborenenstämmen auftrat.
Auch in den Kulthöhlen des Kyffhäuser waren vorwiegend Jugendliche und Kinder verzehrt worden, und zwar zusammen mit großen Mengen von Tierfleisch. Von Kannibalismus aus Hunger konnte also nicht die Rede sein. Das Menschen- und Tierfleisch wurde in großen Gefäßen aufbewahrt. Auf den Höhlenvorplätzen lagen die von Steinsetzungen umrahmten Feuerstellen, auf denen das Kultmahl zubereitet wurde. Die Brandeinwirkungen an den Knochen, die eindeutige Schnittspuren aufweisen, deuten darauf hin, daß das Fleisch geröstet oder gebraten wurde.
Das Stroh als Brennmaterial zeigt – neben der magischen Bedeutung –, daß die Opferhandlungen nach der Ernte stattfanden. Vermutlich einmal im Jahr, vergleichbar dem religiösen Brauchtum der norddeutschen Renjäger. Auch hier am Kyffhäuser wurde über viele Generationen, über Jahrtausende, immer wieder ein heiliger Ort aufgesucht, von den namenlosen ersten bäuerlichen Siedlern der Jungsteinzeit bis zu den frühen Stämmen der Eisenzeit.
Die Funde in den Schächten und Spalten des Höhlensystems, in die die Knochen zusammen mit offensichtlichen Weihegaben hinuntergeworfen worden waren, bestärkten Behm-Blancke in

seiner Vermutung, daß hier keineswegs Menschenfresser aus »Genußsucht und Feinschmeckerei« am Werk waren. Neben den Knochen und Tonscherben der rituell zerstörten Gefäße – um sie dem profanen Gebrauch zu entziehen – fand er Fackeln und weibliche Opfergaben: Spinnwirtel, Nadeln, Ringe, Armreifen, Bernsteinperlen, Haar- und Ohrschmuck, magische Knoten, Schnüre aus Menschenhaar und Amulette, wie sie auch in altgriechischen Heiligtümern vorkommen.
Die Verbindung von Weihegaben und Kannibalismus war für Behm-Blancke der Beweis für einen kultischen Kannibalismus im Rahmen von rituellen Opferhandlungen. Er hatte sein großes Naturheiligtum entdeckt, von dem er zwanzig Jahre zuvor geträumt hatte, das Allerheiligste eines Stammes oder Gaues.

Zur selben Zeit wurden die ersten Ausgrabungsergebnisse von Schachthöhlen in Süddeutschland bekannt, die in enger Übereinstimmung mit dem Kyffhäuser stehen. Die Funde im Kluft der Jungfernhöhle von Tiefenellern bei Bamberg und die archäologischen Grabungen der letzten Jahre in weiteren Schachthöhlen Bayerns und Niedersachsens zeigen ein von der Jungsteinzeit bis zum Vordringen germanischer Stämme gleiches Opferbrauchtum und religiöses Verhalten.
Sorgfältig publiziert ist von Otto Kunkel der Grabungsbefund von Tiefenellern: Im Dezember 1951 wurde der Zimmer Görch erwischt. Wieder einmal hatte er in der Jungfernhöhle gebuddelt. Nachts sei ihm im Traum hier eine Truhe voll Gold erschienen, gab er zur Entschuldigung an. Das Ergebnis seiner »Forschungsarbeit«, die ausgehobenen Erdmassen vor dem Eingang, war voller vorgeschichtlicher Scherben, Tier- und Menschenknochen. Nur durch energisches Zureden gelang es, »die Schatzgräber zur Einstellung ihres verderblichen Treibens« zu bewegen.
Wie wird sich die Ehefrau des praktischen Arztes Dr. Müller in Bamberg gefreut haben, als nun die Fundmassen in seine Privatwohnung gebracht und dort sortiert wurden. Immerhin, Eile schien geboten, damit nicht noch mehr durch Raubgräberei zerstört wurde.
Unter der Leitung von Kunkel fand im Sommer 1952 die Haupt-

Die Jungfernhöhle von Tiefenellern (Bayern)

grabung statt. Am 18. und 31. Juli erschien auch der uns von der »Roten von Mauern« bekannte Prof. Zotz aus Erlangen zur Beratung über höhlenkundliche Fragen.
Zwar wurde diesmal keine Frauenstatuette gefunden, doch die Reste etlicher verzehrter Jungfrauen, worüber die Zeitungen in jenem Sommer genüßlich zu berichten wußten: Menschenschädel statt Gold; düstere Bräuche in düsteren Zeiten; die rituellen Mörder hatten Sinn für Schönheit; Goldschatzsucher fanden rituelle Opferhöhle. Wobei Ausgräber Kunkel sich des Eindrucks nicht erwehren konnte, daß die Bevölkerung ihn im Verdacht hatte, die »Truhe voll Gold« zu suchen und keineswegs das hervorgeholte »Gescherbele«.
Wie beim Kyffhäuser sind auch zur Jungfernhöhle unheimliche Sagen überliefert: Man habe dort, so heißt es, eine schwarze Kutsche gesehen – Kutscher, Gäule und die drei Fräulein, die drinnen saßen, ohne Kopf. Als sicher galt, daß dort drei Jungfrauen umgingen und es bei der Höhle »nicht richtig sei«. Auch wußte die Bürgermeistersgattin zu erzählen, daß neun Hofjungfern umgebracht worden seien, weil sie einem Mann nicht zu Willen waren.
Bemerkenswert ist jedenfalls die intensive Beschäftigung der einheimischen Bevölkerung mit dem doch eher unscheinbaren, niedrigen Felsloch.
Kunkel konnte nachweisen, daß hier schon die alten Feldbauern der Jungsteinzeit einen Schachthöhlenkult besaßen, bei dem 38 Menschen – bis auf eine Ausnahme junge Frauen und Kinder – rituell geopfert und verzehrt wurden. Sämtlichen menschlichen Kiefern waren die Vorderzähne gewaltsam herausgebrochen, den Knochen und Schädeln Mark und Hirn entnommen worden. Die Reste der Kultmahlzeiten wurden zusammen mit dem dabei benutzten Geschirr und Spinnwirteln in die tiefe Kluft geworfen. Auf dem kleinen Plateau über dem Steilhang zum Quellbach fanden die Ritualfeierlichkeiten statt, zu denen auch rote, schwarze und weiße Körperbemalungen gehörten: von Kunkel als ein jährlich wiederholtes, herbstliches Fruchtbarkeitsritual gedeutet.
Die Frage eines vorgeschichtlichen Kannibalismus bewegt die Gemüter deutscher Wissenschaftler schon seit Jahrhunderten.

Von Gottfried Schützens »Beweiß, daß die Deutschen keine Cannibalen gewesen sind« (1773) bis zum Prähistoriker-Kongreß von 1871, auf dem es sogar eine Abstimmung über Menschenfresserei gab: Bei drei Enthaltungen stimmten zwei Koryphäen dafür, zwei dagegen.
So verwenden Kunkel und Behm-Blancke auch viele Seiten ihrer Grabungsberichte darauf, Vergleiche zu dem aus der Völkerkunde und der Antike bekannten Kannibalismus zu ziehen: etwa zum Fruchtbarkeitsopfer im Kult der Feuerbohrer auf Neuguinea, bei dem ein junges Paar während der Vereinigung erschlagen und in eine Grube gestürzt wird. Manche Überlieferung läßt »keinen Zweifel daran, daß sie es mit ihrer Sippe als Ehre empfanden, zum Stammesopfer auserwählt zu sein«.
Johann Heinrich von Falckenstein vermerkt 1734 über das Jungfrauenopfer im »Königreich Pegu in Indien«: »Die Itinera berichten..., daß sie als Heyden ihren Abgöttern alle Jahre eine Jungfrau wie ein Schlachtvieh mästen und auf ihr großes Fest erwürgen. Der Götzen-Pfaffe schneidet ihr den Leib mit einem scharpfen Messer, reisset das Herz aus demselben und schmeisset es dem Abgott in das Gesicht, worauf er es zu Pulver verbrennet, die Asche in das Wasser thut und damit den Abgott besprenget. Das übrige Jungfernfleisch fressen nachgehends die Pfaffen mit großem Appetit, wobey die Eltern sich große Freude machen, daß ihre Tochter zu so großen Ehren gelanget.«
Selbstverständlich fehlt auch der Hinweis auf altmexikanischen Kannibalismus nicht, der die Gottheit und ihre Verehrer stärken sollte.
Ritualhandlungen geschehen mit dem Ziel, die Willensäußerung einer bestimmten Gottheit zu beeinflussen. Der geopferte Mensch repräsentiert ein höheres Wesen, dessen überirdische Kräfte auf die an den Mahlzeiten Beteiligten übergehen. Das Opfer, das Geschenk, wirkt im magischen Sinn, indem es eine Kraft, eine Macht in Bewegung setzt und dadurch den Beschenkten günstig stimmt. Der einzelne Beteiligte wird im Gemeinschaftsritual des magischen Kraftquells teilhaftig.
Die größere Selbständigkeit, das entwickelte Selbstbewußtsein der ersten bäuerlichen Gemeinschaften der Jungsteinzeit drückte sich auch in ihrer Religion aus. Das Begreifen von

Zusammenhängen in der Natur – wie Saat und Ernte – stellte die bedingungslose Abhängigkeit von den Zufällen des Naturgeschehens in Frage. Der Wunsch, die Möglichkeit waren erwacht, selber Einfluß zu nehmen – und sei es über die Götter direkt. Das Ende des bisherigen Gefühls von völligem Ausgeliefertsein, aber auch von Geborgenheit mag als Erinnerung im Mythos des Sündenfalls bewahrt worden sein.
Auch Kunkel gelangt bei seinen Ausgrabungen zu dem Schluß, daß die Opfernden durch magisch-zauberisches Denken und Handeln Fruchtbarkeit und Lebenskräfte für die Ernte, die Tiere und sich selbst bezweckten, um »drohender Not abzuhelfen oder den Rhythmus der Naturkräfte in Gang zu halten«.

Der Beginn der Kulthandlungen in Tiefenellern, die Einrichtung der heiligen Stätte, wurde eingeleitet durch einen ersten Feuerbrand und ein Ferkelopfer auf dem Boden des Felslochs. Nach dem Alter des Jungschweins dürften das Reinigungsritual und die Höhlenweihe im Herbst stattgefunden haben – irgendwann im 3. Jahrtausend v. Chr.
Auch beim griechischen Thesmophorienfest spielten die in die Klüfte der Demeter und ihrer Tochter Kore geworfenen heiligen Ferkel eine Rolle. Das uralte Fruchtbarkeitsfest wurde in allen Teilen der griechischen Welt gefeiert. Es war ein reines Frauenfest, die Riten blieben streng geheim. Die drei Tage und zwei Nächte dauernde Zusammenkunft fand auf einem weiten, offenen Platz statt, der von einer Mauer oder einem Zaun umgeben war. In langen Prozessionen, bei denen auf Karren Bettzeug, Kochgeschirr und Werkzeug zum Errichten der Laubhütten mitgeführt wurden, begaben sich »die führenden Damen der Gesellschaft« dorthin, um zu opfern, zu feiern und zu tanzen. Einige Kulthandlungen des heiligen Mysteriums geschahen offensichtlich in der Nacht beim Schein von Fackeln.
Vor den Initiationsfeierlichkeiten bei den Eleusinischen Mysterien, einem der größten religiösen Ereignisse der antiken Welt, war die rituelle Reinigung der Einzuweihenden, der Mysten, erforderlich. Mit einem Ferkel auf dem Arm zogen die Teilnehmer zum Strand und tauchten mit dem Opfertier in das salzige Meerwasser. Damit war der Akt der Reinigung, der Entsühnung,

Eingangsspalte der Rothesteinhöhle (Niedersachsen)

vollzogen. In die Stadt zurückgekehrt, brachte jeder Myste sein Schwein den beiden Göttinnen Demeter und Persephone als Brandopfer dar. Der Abend endete vermutlich mit einem Spanferkelessen.
Erst mit dem fünften Tag begann das ehrfurchtsgebietende Erlebnis der Initiation. In einer Prozession, begleitet von Flöten- und Kitharaspielern, zogen die Mysten auf dem traditionellen heiligen Weg nach Eleusis. Die Einweihungsriten wurden auch hier strikt geheimgehalten.
Nicht nur das Reinigungsritual mit einem Ferkel erinnert an die sehr viel späteren griechischen Kultbräuche. Die weiblichen Opfergaben wie Schmuck, Nadeln, Spinnwirtel und Getreidekörner deutet Behm-Blancke als Gaben an eine alte Fruchtbarkeits- und Todesgöttin, die »Allmutter Erde«. Auch die griechischen Göttinnen Demeter, Persephone-Kore, Gaia, Chthonia und Hekate hatten ihren Sitz in Höhlen und Klüften.
So mögen die Gaben und Riten in den Kulthöhlen Thüringens, Bayerns, Niedersachsens und Westfalens, dort, wo Mutter Erde ihren Schoß dazu auftat, vergleichbaren Göttinnen gegolten haben: Göttinnen, die der jetzt seßhaften Bevölkerung für die Fruchtbarkeit der Felder verantwortlich waren, die Leben und Tod regelten. Der damit verbundene rituelle Kannibalismus taucht in etlichen griechischen Mythen wie den Tantalos-, Thyestes- und Lykaonsagen wieder auf.
In der klassischen Antike war das Menschenopfer sicher nicht mehr die Regel. Aber noch im Jahre 97 mußte der römische Senat Menschenopfer ausdrücklich und wiederholt verbieten. Und noch lange waren Höhlen, Klüfte und Felsspalten dem antiken Menschen heilig, wie die Drachenschlucht im heiligen Bezirk von Delphi, der Erdspalt der Pythia oder die sibyllinischen Grotten, in denen vor allem Todesorakel gesprochen wurden und die als Eingänge in die Unterwelt galten.
Wieweit die geheimnisumwitterten Mysterienkulte auch in unseren Höhlen gefeiert wurden, ob hier die »Heilige Hochzeit« begangen wurde, ob bei den Riten »sexuelle Ausschweifungen« eine Rolle spielten und die Männer, die Kriegergemeinschaften, vor dem Höhlenheiligtum der Göttin Feste feierten, all das können uns die archäologischen Funde unserer vorgeschichtlichen,

schriftlosen Zeit nicht verraten. Auch neuere gerichtsmedizinische Gutachten helfen da nicht weiter, die »sinnlose« Handlungen feststellen, die »auf rauschartige, ekstatisch-orgiastische Zustände der Opfernden« deuten. Wobei schon klar ist, daß bestimmte, beim Fäulnisprozeß einer Leiche entstehende Giftstoffe wie Muscarin und Muscaridin beim Verspeisen Rauschzustände herbeiführen können.
Und so gibt Behm-Blancke auch offen zu, bei einer Deutung der Ausgrabungsergebnisse seine – beachtliche – Phantasie schweifen zu lassen: »Eine Gruppe von Frauen schreitet im zuckenden Fackellicht langsam vom Gange heran. Alle tragen Grasbüschel, die sie nun auf dem Höhlenboden ausbreiten. Mit grünen Haselnußzweigen, die als Symbole des Lebens und der Fruchtbarkeit bekannt sind, und mit Erlenzweigen schmücken sie die Höhle. Sie bereiten die Opferhandlung vor . . .
Dieses heilige Gras mußte frühmorgens im Angesicht der Sonne gezupft oder mit einer Sichel, der Rippe eines Pferdes oder Rindes, geschnitten sein . . .
Jetzt dringt leiser eintöniger Gesang zu mir: Eine Prozession nähert sich dem Heiligtum. Im engen Spalt müssen die Teilneh-

Die senkrecht in die Erde führende Schachthöhle »Breitensteiner Bäuerin« (Bayern)

merinnen hintereinander gehen. Sie tragen Fackeln, das unerläßliche Requisit bei allen Opferhandlungen für die Unterweltsgottheiten ...
Nun sind die schweigenden Frauen im Höhlenheiligtum. Ein Feuer flammt vor der Steinschuttspalte auf. Schrot, Wasser und Fett werden verrührt, ein Brei zubereitet, kleine Klöße daraus geformt, die Speiseopfer für die Gottheit ...
Die Frauen beten. Für sich und ihre Kinder, für die Familie, für das Vieh und um gute Ernte. Aber die Göttin verlangt noch mehr Opfer. – Man schlachtet Rinder, Ziegen, Schweine, vor allem Ferkel, röstet das Fleisch über dem Feuer und verteilt es an die auf dem Boden hockenden Gläubigen, die das heilige Mahl schweigend verzehren, die Knochen aufschlagen und aussaugen. Geflochtene Körbe und Rindenschachteln, gefüllt mit geröstetem Getreide, rückt man an das letzte Tor zum unterirdischen Reich der Göttin, an die Schatzspalte, in die man brennende Scheite vom Opferfeuer, Fleisch und Knochen der Opfertiere sowie Körner wirft. Geröstete Körner: uraltes Opfer für die Gottheiten ...
Erschauernd vor der Nähe der Göttin legen die Frauen Schmuckgürtel und Kopfbinden ab, breiten sie Haar- und Kleidernadeln auf dem Opferteppich aus, stellen sie andere Schmuckstücke in kleine Seitenspalten. Gesang begleitet die Opferhandlung und das magische Geschehen.
Nun verlassen die Frauen die Höhle. Doch eines Tages verlangt die Göttin neue Opfer, damit das Leben draußen in den Dörfern und Fluren pulsieren kann. Denn wehe, wenn zur rechten, festgesetzten Zeit nicht geopfert wird und die Göttin zürnt! Dann hält der Mond, ihr Gestirn, den Regen zurück, die Quellen aus dem Reich der Unterwelt versiegen, die Felder trocknen aus, die Saat verdorrt, die dürren Weiden können das Vieh nicht ernähren. Schreckliche Hungersnot bricht aus, Seuchen verwüsten das Land, das Strafgericht der ›Großen Mutter‹ lastet schwer auf Mensch und Tier, die sie in Scharen in ihr Totenreich holt. Die Göttin muß also gnädig gestimmt werden. – Es muß gesühnt, es muß gedankt werden ...«
Wie gesagt, die Wissenschaftler der DDR sind etwas mutiger mit den Interpretationen ihrer Ausgrabungsbefunde.

# Schneewittchen und das Männlein im Walde

## Rausch und Drogen

Nicht nur Schneewittchen erlebte nach dem Genuß eines Apfels den »kleinen Tod«. »Apfel« wurden früher Früchte jeglicher Art genannt. In Böhmen und Mähren hießen die Mohnkapseln »Schlafäpfel«. Und was die Mutter in dem alten Kinderlied vom Bäumelein schüttelt – »fällt herab ein Träumelein« –, während der Vater die Schaf' hütet, wird wohl auch kein Boskop oder Gravensteiner gewesen sein. Auch heute bekommt jedes zwölfte Kind von seinen Eltern Psychopharmaka als Beruhigungsmittel. Schlaf, Kindlein, schlaf . . .
Den Menschen der Frühzeit war die Wirkung bewußtseinsverändernder Pflanzen durchaus bekannt, wie der Mediziner Prof. Hanscarl Leuner auf dem Göttinger Opferstätten-Symposium den versammelten Archäologen vortrug. Ausgräber entdeckten in Mexiko »Pilzsteine« aus der Zeit um 1500 v. Chr. Die aus Stein gehauenen großen Pilze tragen an ihrem Stamm Darstellungen von menschlichen Gesichtern oder Tieren. Über den mexikanischen Pilzkult berichteten die Spanier gleich in ihren ersten Eroberungszügen:
»Um sie (die Pilze) zu erhalten, war es Brauch, daß die Priester und alten Männer einen Abgesandten für diese Art von Humbug in die Berge hinaussandten. Sie blieben dort die ganze Nacht in Gebeten und abergläubischen Gebräuchen. Im Morgengrauen, wenn eine Brise aufsprang, die sie kannten, holten sie die Pilze, denen sie Heiligkeit beimaßen . . . Denn gleichgültig, ob gegessen oder getrunken, er vergiftet sie und beraubt sie ihrer Sinne und läßt sie tausend törichte Dinge glauben.« In manchen Gegenden wurden die Pilze (aztekisch: »Fleisch Gottes«) nur von einer Jungfrau gesammelt, bei Neumond und vor Sonnenaufgang.
Die erzeugten Halluzinationen sind ähnlich wie bei dem kleinen Kaktus Peyotl. Seine Wirkung beruht auf Mescalin, das heute synthetisch hergestellt wird. Peyotl galt als die »heilige Medizin« der Eingeborenen, die die europäischen Missionare entsprechend verteufelten.

Nach dem rituellen Sammeln der Pflanze ist sie heute noch Mittelpunkt mancher religiöser Feste. Auf der Kuppe eines Hügels werden rituelle Feuer entzündet, Reinigungs- und Wasserzeremonien, Rösten von Korn, Gesänge und Trommeln begleiten den Peyotlkult. Die Peyotl-Esser bekommen seherische Fähigkeiten. Bei nordamerikanischen Stämmen wurde die Droge nur von Schamanen für ihre Zeremonien, vorwiegend für den Heilzauber verwendet.
Die ersten Weißen, die von dem heiligen Pilz der Azteken aßen, berichteten über »optische Halluzinationen in den brillantesten Farben, über einen ekstatischen Zustand gesteigerter Perzeption, über Verlust der Zeit- und Raumkonstante und über ein Gefühl inneren Friedens, als ob man in eine andere Welt hinübergekommen sei«.
In Nord- und Südamerika sind vierzig verschiedene Arten von »magischen Pflanzen« oder »Zauberpflanzen« bekannt, in Europa und Asien etwa ein Dutzend. Ausgrabungen und Überlieferungen deuten immer wieder auf »rauschartige, ekstatisch-orgiastische Zustände« der Opfernden, auf »religiösen Wahnsinn«, auf »hemmungslose Raserei«, auf »wilde Orgien«, wie es in Fundberichten heißt.
Der Fliegenpilz galt schon in mythologischer Zeit als Ekstasemittel. Auch für den Berserkergang der Wikingischen Männerbünde soll der »Flugswamp« (in Skandinavien für Fliegenpilz) verantwortlich sein. Die großen Schamanen Sibiriens benutzen den »Fliegen«pilz zu Halluzinationen, Delirien und Flugerlebnissen. In der griechischen Mythologie sollen Ambrosia und Nektar dazu gedient haben, den Saft des Fliegenpilzes – die »Nahrung der Götter« – hinunterzuspülen. Die Teilnehmer der Eleusinischen Mysterien hatten »nach Einnahme eines Trankes in der Tiefe der Nacht große Visionen«, in denen sie geheimnisvolle Dinge erfuhren, die »neu, erstaunlich und dem rationalen Wissen unzugänglich« waren.
Zusammen mit Bilsenkraut, Tollkirsche, Petersilie, Eisenhut und Stechapfel wurde in den historischen Hexenprozessen auch der Fliegenpilz als Bestandteil der Hexenflugsalbe genannt. In Selbstversuchen haben Ärzte, Chemiker und Volkskundler die halluzinogene Wirkung der »Zaubersalbe« nachgewiesen. Um

die Genitalien, an die Innenseiten der Schenkel und in die Achselhöhlen gerieben, vermittelte sie orgiastische Erlebnisse und »das Gefühl zu fliegen«.
Die Zutaten, die sich heute per Versandhauskatalog jeder ins Haus schicken lassen kann, erfreuen sich wieder hoher Beliebtheit. So das Rezept zum »Hieronymus-Bosch-Trip« aus einem Haschisch-Kochbuch: »Wirf einige Samenkörner von Bilsenkraut auf glühende Holzkohlen und atme den Rauch nicht zu heftig ein.«
Wurzel, Blätter und Samen des Bilsenkrautes bewirken Rausch, Schwindel, Halluzinationen und können in größeren Mengen zu Tobsucht und Wahnsinn führen. In der keltischen, germanischen und slawischen Sprache hat die Staude fast den gleichen Namen. Im alten Babylon und in Ägypten war sie bekannt, Hippokrates nennt sie eine Schlaf und Betäubung hervorrufende Heilpflanze, in einer anderen griechischen Bezeichnung wird sie »Prophetenkraut« genannt. Weissagende und seherische Kräfte werden ihr zugeschrieben. In Österreich sind in einem bronzezeitlichen Fund zwei Handvoll Samen in einem Gefäß mit Knochen und Schneckenhäusern entdeckt worden.
Als »elementarste Technik der Ekstase« war der Hanfrausch bekannt. Schon Herodot berichtete über den antiken Gebrauch des Haschisch. Heiteren Erregungszuständen folgt erhöhte sexuelle Erregbarkeit, dann ein narkotischer Schlaf mit erotischen Träumen. Die »mystische Trunkenheit« der Hanfekstase muß auch den südrussischen Reiternomaden bekannt gewesen sein, wie entsprechende Grabbeigaben zeigen.
Prof. Herbert Jankuhn bringt die inzwischen wissenschaftlich nachgewiesenen Auswirkungen pflanzlicher Rauschmittel, die unsere Ahnen sehr wohl kannten und bei ihren rituellen Kulthandlungen und Opferzeremonien an heiligen Plätzen benutzt haben mögen, in Verbindung mit dem seit der Jungsteinzeit nachgewiesenen rituellen Kannibalismus unserer Vorfahren. Wobei nicht nur die Opfernden, sondern wohl auch die Opfer selbst voll der Drogen waren, vergleichbar den überlieferten mittelamerikanischen Menschenopferbräuchen. Einen Hinweis darauf sieht er in der 782 von Karl dem Großen nach der gewaltsamen Bekehrung der Sachsen erlassenen »Capitulatio de

partibus Saxoniae«, in der mit dem Tode bestraft wird, wer »nach heidnischen Vorstellungen ... Hexenfleisch« ißt.
Da klingt es schon freundlicher, wenn Odin, Göttervater und Dichtergott, Gott der Magie, der Runen und der Ekstase, seine Weisheit und seine übernatürlichen Fähigkeiten aus dem Genuß von Met schöpft. Die Art seiner Magie, seine Heilkenntnisse, die Beherrschung der Zauberlieder deuten auf den schamanistischen Ursprung des Gottes. Und er besaß den besten Met, den »Dichtermet«, ein mythologischer Rauschtrank aus Honig, Wasser und Gewürzen, dessen Genuß zum Dichter macht.

# Obelix in Oldenburg?

## Hinkelsteine und Menhire

Da hat doch jemand den Hinkelstein geklaut! Sollte Obelix bis Oldenburg gekommen sein? Eigentlich trauen wir dem Comic-Helden und Hinkelsteinlieferanten solch eine verwerfliche Tat nicht zu. Aber seltsam ist die Sache schon. In Korsika – das wissen wir – hat er sich schließlich auch mit seinem Freund Asterix herumgetrieben. Und dort ist im Herbst 1955 am Rand eines weitläufigen Kultbezirks die faszinierendste Menhirsammlung freigelegt worden!
Wie dem auch sei, der Hinkelstein ist weg. Ingenieur Schneider vom Museum für Naturkunde und Vorgeschichte in Oldenburg hatte ihn erst kurz zuvor entdeckt. Am Ende eines uralten Bohlenweges durch das Südlohner Moor hatte er gestanden, von Menschenhand aufgerichtet, fünf Tonnen schwer, über zwei Meter hoch. Auf seiner Sandkuppe muß er im baumlosen Moor von weit her gesehen worden sein. Die älteren Torfstecher wußten noch, hier war »die Arche Noah angebunden«.
Der Findling wird gemessen, gezeichnet, fotografiert und als Kulturdenkmal eingestuft. Dann am 12. Dezember 1987 der schwarze Tag: Moorvogt Wehry meldet, der Stein sei verschwunden. Auch im Sommer 1988 ist er noch nicht wieder aufgetaucht. Die »Stadt- und Landrundschau« fragt in fetten Lettern: »Polizei steht vor einem Rätsel: Wer hat den tonnenschweren Hinkelstein geklaut?«, und sichert Informanten eine vertrauliche Behandlung durch die zuständige Polizeidienststelle zu.
Da muß schon einer in den Zaubertrankkessel des Druiden Miraculix gefallen sein, um den Menhir in seinen Vorgarten zu befördern – oder eine schwere Maschine benutzt haben.
Dem Oldenburger Stein erging es nicht besser als anderen Megalithdenkmälern auf deutschem Boden: 90 Prozent sind vernichtet oder zerstört.

Der megalithischen Religion in der Alten Welt war der Stein noch heilig. Ausdruck des Steinkults war der Menhir, ein breto-

nisches Wort keltischen Ursprungs, *men* = Stein, *hir* = lang: langer Stein. Nach wie vor können wir nur eines mit Bestimmtheit über diese rätselhaften vorgeschichtlichen Denkmäler sagen: daß es sie gab.
Mit dem Ende der Jungsteinzeit um 2000 v. Chr. begann ihre Verbreitung über weite Teile Mitteleuropas. Aber noch in unserem Jahrhundert wurden bei französischen Menhiren Fruchtbarkeitsriten beobachtet. Und die gewaltigen Steinreihen und -kreise von Carnac in der Bretagne und dem englischen Stonehenge ziehen in den letzten Jahren wahre Völkerwanderungen von Esoterik-Gläubigen an – bis hin zur jährlichen »Druiden«-Versammlung. 1963 veröffentlichte der amerikanische Sternkundige G. Hawkins sein Buch »Stonehenge decoded«. Mit einem Computer hatte er die Positionen von Sonne, Mond und anderen Gestirnen um das Jahr 1500 v. Chr. ausgerechnet. Er wies nach, daß die Steine des Heiligtums auf Sommer- und Wintersonnenwenden und andere Himmelsereignisse ausgerichtet sind.
In Deutschland sind einzelnstehende Menhire vorwiegend in Hessen und Rheinland-Pfalz verbreitet. Kultisch-religiöse Deutungen gibt es zur Genüge: Kalendersteine und Orientierungspunkte von Priesterastronomen, Vorläufer der hölzernen »Pfahlgötter«, Symbole eines Phallus- und Vegetationskultes seien sie gewesen, Seelen- und Ahnensitz, Orakelstätte, Opferpfahl und Weltsäule, mittel- und westeuropäische Fortsetzung der megalithischen Tempel von Malta und Gozo, mit dem Totenkult und der Erdmutter verbunden, der »Ort, wo ein Götteropfer vollzogen wird und die Gottheit es entgegennimmt«.
Die erste Weltreligion »im Schatten einer großen Mutter- und Totengöttin« war mit ungestümer Kraft über die alteuropäischen Völker hereingebrochen, die noch im steinzeitlichen Bann der Jagd- und Fruchtbarkeitszauber standen. In der Megalithkultur war der Stein Ausdruck des Ewigen, Göttlichen, der Träger überirdischer Kräfte. Im Alten Testament steht Jahwe im ständigen Kampf gegen die archaische Steinanbetung. Moses erhielt den Befehl, die Kultsteine in Kanaan zu zerstören, und es heißt: »Ihr sollt euch keine Götzen machen noch Bilder aufrichten, noch einen heiligen Stein (masseba), und ihr sollt in eurem

Der Menhir von Maden (Hessen)

Lande keinen Malstein (maskit) setzen, vor dem ihr euch demütigt.«
Doch die allerhöchsten Befehle nützten wenig. Die Menhirverehrung hat die Zeit des megalithischen Grab- und Tempelbaus weit überlebt. Der über 4000 Jahre alte unvergleichliche Rundbau von Stonehenge ist noch 2000 Jahre später von den Kelten als Kultstätte begangen worden. Wer das Heiligtum schließlich gewaltsam zerstörte, wissen wir nicht. Die Römer in ihrem unerbittlichen Kampf gegen die keltischen Druiden oder erst im Mittelalter die Christen, um heidnische Zusammenkünfte an der alten Stätte zu verhindern.
Die Erinnerung an vorgeschichtliche Jahreszeitenfeste, an den engen Zusammenhang des Menschen mit Natur und Kosmos, an bäuerliche Fruchtbarkeitsriten und -umzüge lebt auch bei uns weiter – in Sagen und Bräuchen, in Sonnwendfeiern und Maitänzen, wobei der bekränzte Maibaum wohl nichts anderes als die Fortsetzung des Opferpfahls und Menhirs ist. So wird noch in unserer Zeit von einer bretonischen Bäuerin berichtet, daß sie nach der »Wallfahrt« zum Menhir St. Cado übers Jahr einen kräftigen Sohn zur Welt gebracht habe. Auch Steine in der Eifel sind bekannt, auf die »kinderlose Frauen niederzusitzen pflegten und dann fruchtbar wurden«.
Die mit Kraft aufgeladenen Steine gilt es zu berühren, und zwar möglichst intensiv und unmittelbar, damit der Kontaktzauber wirkt: Mann und Frau reiben ihre Geschlechtsteile am Stein, um Kinder zu bekommen, Frauen Leib und Brüste, um schwanger zu werden, junge Mädchen rutschen den »heißen« Stein hinunter, um die Liebe eines Mannes zu gewinnen. Möglichst siebenmal und mit entblößtem Unterleib. Noch im 19. Jahrhundert glitten schwangere Athenerinnen einen Felsen beim Areopag hinab, indem sie Diana anriefen.
Die Menhire werden mit Öl gesalbt, Kerzen oder Fackeln aufgestellt. Rituelle Umzüge und Tänze verstärken die fruchtbarmachende Wirkung. Der volkstümliche Glaube an die Kraft und die Potenz der »phallischen« Steine wird besonders deutlich, wenn die jungen Burschen beim Steintanz ihren Penis in der Hand halten.
Auch höchsten Ortes erinnerte man sich an Ahnen- und Seelen-

Der vom hl. Willibrord in ein Kreuz umgeformte 3,50 m hohe Menhir Fraubillenkreuz (Rheinland-Pfalz)

kulte und versuchte die eheliche Nachkommenschaft zu sichern: Am 25. Mai 1197 ließ sich Philipp von Schwaben mit Irene, der Tochter des griechischen Kaisers, auf einem vorgeschichtlichen Ahnengrab trauen.
So mußte die christliche Kirche wohl nicht ohne Grund noch im 11. Jahrhundert den Gläubigen ausdrücklich und wiederholt die Anlage umfriedeter heiliger Stätten um einen Stein, Baum oder Quell und das Opfern an Steinen verbieten. Nachdem sämtliche Erlasse nichts halfen, hat einige Apostel die heilige Wut gepackt. Der friesische Missionar Willibrord soll höchstpersönlich den oberen Teil des dreieinhalb Meter hohen Menhirs Fraubillenkreuz in Rheinland-Pfalz in ein Kreuz umgeformt haben. Andere Monolithe wurden christianisiert, indem Heiligennischen eingeschlagen wurden, wie am Gollenstein im Saarland. Die heidnische Prozession wurde so zur christlichen Wallfahrt.

In der Nähe von Megalithgräbern sind auffällig oft Findlinge mit künstlich eingetieften kleinen Näpfen aufgestellt worden, die im Volksmund Opfer- oder Altarsteine heißen (s. Niedersachsen). Auch in die Deckplatten der Gräber oder in einzelnstehende Steine wurden die kleinen, kreisrunden Schälchen eingepickelt. Unbestritten ist die mythologisch-religiöse Bedeutung dieser vermutlich bronzezeitlichen (ab etwa 1800 v. Chr.) Schalensteine, der genaue Zweck jedoch ungeklärt.
In Analogie zu den sakralen Feuerbohrern anderer Völker sind sie als Symbole des Feuers und der Sonne gesehen worden. Für eine Verehrung im Sonnenkult sprechen auch die vierspeichigen Sonnenräder, die gelegentlich zwischen die Schälchen eingemeißelt sind, wie in Bunsoh, Schleswig-Holstein. Auch als Behälter für Opfergaben wie Blut, Milch, Fett und Honig werden die Vertiefungen gedeutet. Noch heute heißen die Näpfchensteine in Schweden »elfstenar«, Elfensteine, in Schleswig-Holstein und Dänemark werden kleine Gaben hineingelegt und Krankheiten »hineingepustet«. Erinnerung daran, daß das Steinpulver als heilbringend galt? Überlieferte Spuren eines Kontaktzaubers, um der magischen Kräfte des Steines, des heiligen Ortes beim Ausschaben der Schälchen teilhaftig zu werden? Die Wetzrillen, Schleifspuren und Schalen aus dem Mittelalter bis in

Sonnenrad, Hand- und Fußdarstellungen auf dem Schalenstein von Bunsoh (Schleswig-Holstein)

das vorige Jahrhundert hinein sind noch gut an manchen Kirchen zu erkennen. Das Gesteinsmehl wurde als Medizin genommen und zur Behandlung von Wunden, Schmerzen und Unfruchtbarkeit verwendet.
Daß schon die alten Jäger- und Bauerngenerationen sich von gewissen Steinen – nur aus realer Erfahrung – ganz bestimmte Wirkungen erhofften, veranlaßte J. Röschmann, diesen Naturkräften nachzugehen. Auch bei manchen alten heiligen (= heilenden) Quellen ist eine – heute offiziell zu Heilzwecken angewendete – Radioaktivität festgestellt worden. Also untersuchte Röschmann im Sommer 1958 in Schleswig-Holstein fünfzig große Schalensteine und fünfzig in der Nähe liegende Findlinge ohne Schälchen mit einem Geigerzähler, dem Philips-Beta-Gamma-Strahlungswarngerät PW 4010, auf Radioaktivität: Bei 74 Prozent der Schalensteine wurde tatsächlich eine »weit über

das normale Maß hinaus«gehende Radioaktivität festgestellt, aber nur bei 7 Prozent der gewöhnlichen Findlinge!
Andere Vermutungen über ein unerklärliches, geheimes Wissen unserer Vorfahren äußerte 1976 ein Schweizer Mathematiker und Physiker. Prof. Schilt von der Universität Bern erbrachte den »ersten klaren Beweis für das Vorhandensein astronomischer Ortungen auf einem Schalenstein durch Sonnenbeobachtung eines Fachmannes, ... so daß der Zweck des Steins eindeutig definiert werden kann: Visierstein für solare Ortungen«.
Doch vielleicht ist auch alles ganz anders, viel einfacher gewesen, und die Schälchen sind das »Schoßsymbol der Mutter Erde«. Tatsächlich können wir über die kultische Bedeutung der Schalensteine und Menhire für unsere Vorfahren nur spekulieren und Vergleiche zur Völker- und Volkskunde ziehen.
Was den Verdacht gegen Obelix wegen des verschwundenen Oldenburger Menhirs angeht, so hat der sich inzwischen erhärtet: Dr. Engels, Leiter der Archäologischen Denkmalpflege in Speyer, wurde ein überraschender Fund aus dem Rhein gemeldet: ein ursprünglich aus den Pyrenäen stammender keltischer Tempelschatz. Ein Votivblech war von einem »Ob(b)elix« gespendet worden. Den gab es also tatsächlich.

# Die Privatsammlung des Herrn Guggenmos

## Aschenaltäre und Brandopferplätze

Siegulf Guggenmos, 47, aus Dösingen im Allgäu durchwandert »mit offenen Augen die Landschaft unserer Heimat«. Denn die liebt er über alles. Mit zwanzig machte er seinen ersten Steinzeitfund. Auch ein Maulwurfhügel bringt ihn schon mal auf die Spur einer verschütteten römischen Villa. Und so fand er im Winter 1976 auf dem Boden der jetzigen Lechstauanlage Forggensee »die verdächtige Stelle«: merkwürdig zersprungene Steine, die etwas mit Feuer zu tun hatten, kohlschwarze Erde und massenhaft angebrannte Knochen, die in der Glut gelegen sind.
Sofort zog er Rückschlüsse zum nahen Auerberg. Dort war zehn Jahre zuvor ein Opferplatz ausgegraben worden. Eine aus der Antike überlieferte »eigentümliche keltische Brandopfersitte« war auf dem Auerberg nach der römischen Besetzung um Christi Geburt wiederaufgelebt.
Und tatsächlich – auch Siegulf Guggenmos hat eine dreiteilige Opferstätte keltischer Tradition aus derselben Zeit entdeckt. Er hält den Platz geheim. Jeden Winter, wenn das Wasser des Vorstaubeckens abgelassen ist, sammelt er die neu hochgekommenen Funde. Immer im Kampf mit den einheimischen Schatzsuchern. Da hat nämlich einer in 30 cm Tiefe mit einem Metallsuchgerät eine Münze gefunden. So etwas spricht sich herum im Dorf.
Die Funde zeigt Herr Guggenmos gerne her: Der gelernte Wagner, der bei der Stadt für die Straßenbeleuchtung zuständig ist, hat »eine ganze Vitrine voll vom Opferplatz«. So gibt es in der Gegend jetzt nicht nur Schloß Neuschwanstein, sondern auch die »Privatsammlung S. Guggenmos«.
Der Hobbyforscher hat inzwischen im Umkreis von 50 km fünf weitere Brandopferplätze gefunden. Ihn faszinieren die Geschichte seiner Heimat und seiner Altvorderen, seine Wurzeln, »die man so wenig kennt. Wenn man dann irgendwas entdeckt hat und zuerst nicht genau weiß, was es ist, dann ist das wie Detektivarbeit, so spannend.«

Aschenaltar Osterstein bei Dillingen (Bayern)

Detektivarbeit mußten auch die Vorgeschichtler leisten, die sich mit der Religion der schriftlosen Bronzezeit beschäftigten. Archäologen gruben auf Bergkuppen und Hügeln seltsam ähnliche Feuerplätze aus. Die über Jahrhunderte, Jahrtausende an einer offensichtlich »von Natur aus« heiligen Stätte deponierten Massen von angesengten Tierteilen und Scherben erinnern an die kultisch genutzten Felsspalten und Schachthöhlen. Meterhoch türmen sich verkohlte Reste von Opferhandlungen auf den »Aschenaltären«. Doch hier galt das Ritual oberirdischen Mächten, und Menschenopfer wurden nicht vollzogen.
Die unter freiem Himmel an »Orten mythischer Qualität« im Alpenvorland errichteten Brandopferplätze setzen sich aus der Knochenasche von Tausenden geschlachteter und verbrannter Opfertiere zusammen, aus immer neuen Holzkohleschichten und zentnerweisen Scherbenanhäufungen auf engstem Raum. Der so entstehende festgepackte Hügel – wie die Aschenaltäre von Samos und Olympia – konnte vom Priester erklommen werden, um auf der Höhe neue Feuer zu entfachen, deren Rauch geradewegs zu den Himmlischen stieg.

Die bewußt zertrümmerten Gefäße, die die Weihegaben – Früchte des Feldes – enthielten, bildeten am Osterstein (Bayern) so dicke Packen, »daß stellenweise ein Drittel des Waldbodens aus Scherben besteht«. Was den Göttern geweiht war, sollte der Mensch nicht mehr benutzen.
Künstliche Pflasterungen und Steinkreise kennzeichneten vielfach den Kultplatz. Die Brandaltäre auf Bergkuppen waren von Ringwallanlagen, von einer heiligen Mauer umhegt (Baden-Württemberg, Bayern). Bei einigen Lagen sind Beziehungen zu den Sonnenwenden festgestellt worden. Unterhalb des Bergheiligtums versammelten sich die Gläubigen auf Terrassen. Hier verfolgten sie die rituellen Handlungen, sahen das Feuer hoch in den Himmel lodern, hier waren sie ihren Göttern nah. Die von der Bronzezeit (etwa 1800–800 v. Chr.) an immer wieder aufgesuchten Naturheiligtümer bildeten die religiösen Mittelpunkte größerer Gemeinschaften. Die frühen Kelten übernahmen von ihren Vorfahren die überlieferten Rituale nach alter Sitte und an den alten Stätten. Bis sie im 5. Jahrhundert v. Chr. plötzlich neue religiöse Ideen aufgriffen. Aber noch heute gibt es zahlreiche Beispiele für volkstümliche Feuerbräuche (Fastnacht, Osterfeuer, Walpurgis/1. Mai, Mittsommer, Erntefeste, Biikebrennen auf Sylt am Petritag).
Die »Vorstellung von der gleichbleibenden Heiligkeit der Altarstätte, an der allein die Kommunikation mit der Gottheit im Opfer möglich ist«, die gemeinsame indogermanische Wurzel von Kelten und Griechen, bewahrte sich am reinsten im olympischen Opferritual, das zur Bestimmung und Deutung unserer prähistorischen Brandopferplätze herangezogen wird. Im Zeusheiligtum auf dem Lykarion, dem höchsten Berg Arkadiens, gab es keinen Tempel. Die Erdaufschüttung voller angebrannter Knochen, Scherben und kleiner Vasen diente als Altar. In Pergamon war der bekannte Prachtbau nur Träger des eigentlichen Aschenaltars, und die älteste Kultstätte des Zeus im zentralen Heiligtum von Olympia war der große Brandaltar, der auch nach der Errichtung der Tempel kultischer Mittelpunkt des heiligen Bezirks blieb. Der 6,5 m hohe und 37 m breite Hügel aus der Knochenasche der Opfertiere galt »als einer der vornehmsten Opferplätze der heidnischen Welt«.

Die Griechen kannten eine »Geographie der Kultorte«. Bei der Anlage ihrer Heiligtümer richteten sie sich nach der Landschaft und dem Wesen der zu verehrenden Gottheit. Der oberste Gott, der Herr des Himmels, wurde ursprünglich im Freien verehrt. In Dodona, seinem ältesten Kultplatz, war sein Wort an der berühmten heiligen Eiche vernehmbar, die er aus dem Norden mitgebracht hatte. (In der Ilias wird Zeus als »vorgriechischer« Gott bezeichnet, auch wenn die Griechen ihn später zum Sohn einer großen ägäischen Muttergöttin machten. Seine alte indogermanische Gefährtin war Dione.) Wie in Dodona wurde auch in Olympia geweissagt. Die Priesterinnen gaben aus dem Vogelflug und den Opfern am Aschenaltar die Orakel.
So haben wohl ähnliche religiöse Vorstellungen und verwandte Opferriten im Alpengebiet und in Olympia die großen Aschenaltäre entstehen lassen. Das Fleisch der geopferten Tiere wurde in einem Festmahl verzehrt, Knochen und Eingeweide auf dem Altar im Feuer verbrannt.
Die Opfernden mußten rein sein. Sie zogen frische Kleider an, badeten oder wuschen sich wenigstens rituell die Hände. Die feierliche Handlung wurde von Prozessionen, Gebeten und Gesängen, Flöten- und Harfenmusik begleitet. Die Frauen hatten sich festlich geschmückt und bekränzt, wohlriechendes Räucherwerk füllte die Luft.
Auch von den unblutigen Speise- und Trankopfern bekamen die Götter ihren Anteil ab: Honig und Milch, Öl und Wein sollten besänftigen und versöhnen. Heiter ging es beim gemeinsamen Kultmahl zu, wie K. Meuli in »Griechische Opferbräuche« meint: »Das Gebet ist gesprochen, die Schenkelknochen der Opfertiere sind verbrannt, die Vorspeise ist verzehrt: Nun hebt das Schmausen an, und dann wird gesungen und getrunken, bis die Sonne sinkt. Und daran erfreut sich der Gott. Er ist mit ihnen, sie sind mit ihm zufrieden. Ihre Freuden sind auch die seinen . . . Wie natürlich, wie fern von Dämonenangst, wie frei von raffinierten Zauberpraktiken ist doch hier alles, auch das Seltsam-Wunderliche, wie gar nicht abstrus!«

Nur: Ein paar hundert Jahre später, als die alte Opfersitte wieder auflebt, geht es nicht mehr so friedlich zu. Die Unruhen der

Brandopferplatz Weiherberg bei Christgarten (Bayern)

Keltenwanderungen liegen dazwischen und die Besetzung durch römische Truppen. Auf dem römerzeitlichen Brandopferplatz des Auerbergs wurde eine merkwürdige Entdeckung gemacht: Die Verbrennung der Knochen war nicht auf der Erde geschehen, denn der lehmige Boden zeigte keinerlei Rötung. Die großen, ausgeglühten Eisennägel innerhalb des künstlichen Steinkreises erinnerten die Ausgräber an einen keltischen Opferbrauch, den Caesar und Strabo überliefern:
»Das ganze Volk der Gallier ist in hohem Maße religiösen Gebräuchen ergeben. Aus diesem Grund opfern die, welche von schweren Krankheiten befallen und von Kampf und Gefahr bedroht sind, anstelle der Opfertiere Menschen . . . und bedienen sich hierbei der Druiden als Opferpriester. Sie sind nämlich der Ansicht, daß, wenn nicht für das Menschenleben wieder ein Menschenleben hingegeben werde, die waltende Macht der Götter nicht versöhnt werden könne . . .
Andere Stämme haben Gebilde von ungeheurer Größe, deren aus Ruten zusammengeflochtene Glieder sie mit lebenden Menschen füllen; sie werden dann von unten angezündet, und die von der Flamme Eingeschlossenen so getötet.« (Caesar, De bello Gallico)
Auch auf den von Guggenmos neuentdeckten zeitgleichen Brandopferplätzen fanden sich Eisennägel. Menschliche Knochenreste wurden aber nirgendwo bestimmt. So mögen die für die Kultmahlzeiten nicht verwendeten Tierteile in einem Holzgerüst, einem »Koloß aus Heu und Holz« (Strabo), den Göttern dargebracht worden sein.
Vielleicht wissen wir bald mehr. Denn Siegulf Guggenmos durchwandert weiter seine Heimat. »Eine Art Heiligkeit« empfindet er auf den alten Plätzen, eine »ganz bestimmte Ausstrahlung, die unsere Vorfahren auch gespürt haben müssen. Wenn ich in die Nähe komme, muß ich unbedingt dorthin. Das ist wirklich eine Sucht.«

# Tempel ist immer die Natur

## »Viereckschanzen« – spätkeltische Heiligtümer

Ob Kreisrichter Wilhelm Conrady aus Miltenberg ahnte, welchen langwierigen Streit er unter den Gelehrten auslöste? Etwas sehr Merkwürdiges hatte er im Gemeindewald von Gerichtstetten entdeckt: eine fast quadratische Anlage von 130 m Seitenlänge, »nach den Himmelsrichtungen ausgelegt«, außen von einem Graben, innen von einem Erdwall umgeben. An der Westseite des Walles war eine deutliche Eindellung zu erkennen – offensichtlich ein früheres Tor. Im Innenraum gab es »Brandschichten« mit Scherben und Pfostenlöchern, als Reste eines »Blockhauses« gedeutet. Das Waldstück war nur wenig größer als die Anlage selbst, hatte »diese merkwürdige Verschanzung« geschützt, sie vor Ackerpflug und Flurbereinigung bewahrt.
Im Juli 1896 begann Conrady mit der Grabung. Schon nach sieben Tagen beendete er sie »aus Gründen der Sparsamkeit«, da die Anlage nicht römisch, sondern »prähistorischen Ursprungs« sei, was ihn nicht sonderlich interessierte.
Doch inzwischen hatte der Großherzoglich-Badische Konservator Geh.-Rat Ernst Wagner an der Altertumssammlung Karlsruhe eingegriffen. Und so wurde die Entdeckung des Kreisrichters zur Geburtsstunde der Viereckschanzenforschung – und des Gezänks um die Deutung. Denn plötzlich tauchten überall in den ehemals keltisch bewohnten Gebieten diese »zum mindesten verdächtig erscheinenden« Konstruktionen auf. Für keltische Gutshöfe wurden sie gehalten, Vorläufer der von einer Steinmauer umgebenen römischen Anwesen, für Viehpferche, militärische Verteidigungsanlagen, römische Marschlager und Befestigungen, für einheimische Fliehburgen. Noch heute sind manche von ihnen als »Römerschanze« oder »Keltenschanze« in modernen Landkarten eingezeichnet. Und ein Bauer, den ich in Onatsfeld vom Mittagstisch weglockte, damit er mir die dortige Anlage im Gelände zeigte, erklärte mir mit wehender Serviette im Knopfloch, während wir die »Schanzenstraße« im Dorf hinunterfuhren, wozu sie gedient habe: »Na, eben so ein Verteidigungswall, wie wir ihn im Krieg hatten.«

Luftbild der »Viereckschanze« von Utting am Ammersee (Bayern)

Die Fachwelt geriet sich in die Haare. In scharfer Kontroverse standen die Vertreter des römischen Legionslagers gegen die Verfechter des keltischen Gutshofes – bis 1931 Friedrich Drexel, Erster Direktor der Römisch-Germanischen Kommission, eine ungeheuerliche Idee in die zornige Debatte warf. Dabei wagte er es nicht, seine »Gedankengänge« bei Lebzeiten zu veröffentlichen; erst nach seinem Tod stellte »Frau Prof. Drexel« die Manuskripte zur Verfügung.
Die für militärische Zwecke völlig ungeeignete topographische Lage und die völlige Gleichartigkeit der – damals 200, heute 500 bekannten – Erdwerke brachten Drexel zu der Überzeugung: Die »Schanzen« waren Kultstätten. Nur rituelle Vorschriften konnten von der Bretagne bis Böhmen ein so lockeres Stammesgebilde wie die Kelten veranlaßt haben, überall gleich konstruierte und gleich ausgerichtete Bauten zu erstellen. Der Wall diente zum Schutz des Heiligtums – wie schon bei den heiligen Hainen die Umzäunung – und war rituelles Erfordernis: die Abtrennung vom profanen Außen, die Umwandlung des Kosmos in einen magischen Kreis, der den Kontakt zu den Göttern schuf. Als Träger der Idee sah Drexel das mächtige keltische

Druidentum mit seiner geschlossenen Organisation, dessen Zentralsitz sich im Gebiet um Chartres befand.
Doch ganz geheuer waren ihm seine Gedankengänge selbst nicht: Er mußte »sich fast schämen«, Betrachtungsweisen aus dem romantischen 19. Jahrhundert aufzunehmen, die »in jeder irgendwie brauchbaren Wallanlage ein druidisches Heiligtum« sahen.
Nun griffen mit Vehemenz alle führenden Denkmalpfleger Süddeutschlands in die Diskussion ein. Und Drexel zog noch nach seinem Tod den Zorn mancher Fachkollegen auf sich. Aber »zu schämen« brauchte er sich nicht. Die Ausgrabungen des bayerischen Denkmalpflegers Klaus Schwarz in den fünfziger Jahren gaben ihm recht. Mit der geballten Kraft des technischen Fortschritts hatte der zugeschlagen. Zur Bestimmung der Schanze von Holzhausen (südlich von München) setzte er Fachleute ein für: Statik, Geologie, Bodenkunde, steinhauerische Fragen, physikalisch-chemische Untersuchungen, Thermodynamik, Tieranatomie, Kleinsäuger, Holz, eine Baufirma für Sicherungsvorkehrungen, einen Schachtmeister, etliche Präparatoren und das Bergamt München. Dies alles, um sich einem Hauch der druidischen Vorstellungswelt zu nähern.
Ergebnis der Untersuchungen, das im wesentlichen den inzwischen erfolgten Grabungen in anderen »Viereckschanzen« entspricht: »Wahrheitsgemäß« sollte man von »Keltenheiligtümern« sprechen.
Der in Holzhausen untersuchte fast quadratische Kultplatz hat seine Toröffnung nach Südosten, seine Ecken sind nach den Haupthimmelsrichtungen orientiert. Im Inneren wurden drei bis zu 35 m tiefe Schächte entdeckt, gefüllt mit den Rückständen von Opferbränden. Auf dem Boden eines Schachtes war ein »Kultpfahl« fundamentiert, dessen Pfahlachse auf die Mittagshöhe der Sonne am 21. Juni zeigte; erst danach wurden Stoffe wie Blut und Fleisch versenkt – wie Münchener Kriminalisten feststellten. Die mit Holzkohle versetzten Schichten – auch zerschlagene und verkohlte Menschenknochen – sind in periodischen Abständen eingefüllt worden, bis ein Schacht voll war und unter Abbrennen ritueller Feuer der nächste angelegt wurde.

Die Asche der Brandopferhandlungen ist von den späten Kelten in den Jahrhunderten vor Christi Geburt also nicht mehr zu Altären an besonders herausgehobenen naturheiligen Plätzen aufgetürmt, im emporsteigenden Rauch den Himmlischen geweiht, sondern rituell versenkt worden. Der Abbruch der Kulttradition zeigte einen abrupten Wechsel religiöser Vorstellungen, nachdem die Kelten auf ihren Wanderungen (279 v. Chr. in Delphi) mit antiker Kultur in Berührung gekommen waren. Die Versenkung von Opfergaben in den Schächten der »Viereckschanzen« galt – wie in dem Felsspalten- und Schachthöhlenkult – unterirdischen Gottheiten, wohl in Verbindung mit einem Grubenorakel wie in Delphi. Der empfangende, Leben gebende und Leben nehmende Schoß der Mutter Erde: frühes Symbol für die bei den Kelten so verehrten weiblichen Gottheiten, die auf die uralte Vorstellung der Magna Mater, der großen Mutter, zurückgehen.
Gleichzeitig stiegen auch ebenerdig Feuer auf. Hinweis für Schwarz »auf uralte und nicht nur keltische Vorstellungen, daß die Sonne einen Kreislauf beschreibt, der abwechselnd durch die Oberwelt und die Unterwelt hindurchführt«, also beide miteinander verbindet.
Doch Schwarz gelang noch etwas anderes. Er wies nach, daß die Graben-Wall-Anlage von Holzhausen über Jahrhunderte hinweg in fünf Ausbauphasen entstanden war. Ursprünglich war es der Heilige Hain der Kelten, in der Mitte der verehrte heilige Baum, die Eiche, umgeben von einem einfachen rechteckigen Flechtwerk. Erst später errichteten sie Erdwall und Graben, vielleicht nach Vorbildern in Griechenland, wo sie die steinernen Umfassungen der heiligen Bezirke kennengelernt hatten. Auch das älteste Orakelheiligtum Griechenlands werden sie gesehen haben: die später von Zeus und Dione übernommene, aber ursprüngliche Orakelstätte Gaias an der Heiligen Eiche von Dodona. Loswurf, Vogelschau, vor allem aber das Rauschen der Eiche wurden von ihren Priesterinnen gedeutet. Erst um 350 v. Chr. umgrenzten sie den heiligen Bezirk, der anfangs nur an den Ecken markiert war, mit einer niedrigen Steinmauer. In einer Ecke des Gevierts wurde ein kleiner steinerner Tempel neben dem heiligen Baum errichtet.

Orakelstätte an der Heiligen Eiche von Dodona in Epirus um 350 v. Chr. (nach S. Dakaris 1964)

Gerade solch ein – hölzerner – Tempel wurde in der Westecke des Holzhausener Heiligtums entdeckt. Entstanden in einer späteren Ausbauphase des Kultplatzes, Vorläufer der nach der römischen Besetzung in Stein gebauten gallischen Umgangstempel.

Die religiösen Handlungen in den »Viereckschanzen« geschahen nach wie vor unter freiem Himmel. Die kleinen Tempel dienten wohl zur Aufnahme des Zeremonialgeräts. Die Kultstätten waren bis auf die heiligen Eichen leer. Sie lagen in bewußter Abgeschiedenheit von den Siedlungszentren in Wäldern, die an dieser Stelle gerodet wurden. Das am heiligen Baum liegende, den Gottheiten geweihte Gold und Silber – zum Teil müssen es riesige Schätze gewesen sein – wurde von niemandem angerührt. So groß war die Ehrfurcht vor den göttlichen Mächten.

Ungeklärt ist nach wie vor, ob die Anlage der Plätze nach einer kultischen Orientierung in der Landschaft oder nach einer kosmischen Orientierung auf die Bahnen der Planeten geschah. Die Tore aller bisher entdeckten Schanzen liegen in dem Winkel, den die Sonne zwischen ihrem Auf- und Untergang am 21. Juni durchläuft. Durch das Tor, das niemals im Norden lag, betraten die geheimnisumwitterten keltischen Priester das Heiligtum.

Da die Kelten, obwohl sie die Schrift durchaus kannten, keine Aufzeichnungen in religiösen Dingen hinterließen, sind wir auf die Überlieferungen antiker Autoren angewiesen.

Caesar berichtet über die gallischen Priester: »Die Druiden ste-

hen an der Spitze des gesamten Gottesdienstes, sie besorgen die öffentlichen und privaten Opfer, sie sind die Lehrer und Vertreter der Religion. Bei ihnen sucht die Jugend des Landes ihre Ausbildung, und sie stehen bei den Galliern in hohen Ehren ... Die Druiden nehmen nicht am Kriege teil und zahlen auch keine Steuern ... Sie müssen aber fast alles auswendig lernen, und deshalb bleiben manche von ihnen 20 Jahre in der Lehre. Es ist ihnen nämlich streng verboten, irgend etwas niederzuschreiben, denn die Druiden wollen nicht, daß ihre Lehre unter das Volk kommt ... Außerdem beschäftigen sie sich mit den Gestirnen, der Größe der Welt und der Natur und besonders mit der Macht der unsterblichen Götter.«
Plinius der Ältere schreibt: »Die Druiden halten nichts heiliger als die Mistel und den Baum, auf dem sie wächst, sofern es eine Eiche ist. Aber auch so pflegen sie die Eichenhaine und vollziehen kein Opfer ohne den Laubschmuck dieser Bäume, so daß sie ihren Namen Druiden von den Eichbäumen (griech. drys) erhalten zu haben scheinen.«
Wie die heiligen Berge, Felsen und Steine wurde auch der Baum als augenfälligstes Symbol des jahreszeitlichen Wechsels verehrt. Wenn im Frühjahr die nur scheinbar toten Zweige zu neuem Leben erwachen, wird die Kraft, das Wachstum der Natur in einem unbesiegbaren Kreislauf dem Menschen deutlich. Für viele Völker war die Existenz der Welt von einem mächtigen, kosmischen Baum abhängig, der die Erde mit den himmlischen und den unterirdischen Mächten verbindet. In Handwebereien in Schleswig-Holstein ist heute noch der »Lebensbaum« mit dem Einhorn das beliebteste Motiv.
Unentwegt sind christliche Missionare im Mittelalter mit der Axt unterwegs, um heilige Bäume zu fällen. Von Paulinus wissen wir, daß die Heiden die Zerstörung ihrer Tempel hinnahmen, aber sich wild sträubten, als der hl. Martin ihren kultisch verehrten Baum umschlagen wollte.
Die »eichenkundigen« Druiden, von Aristoteles Erfinder der Philosophie genannt, wurden gerühmt wegen ihrer seherischen Fähigkeiten, ihrer Lehre von der Seelenwanderung und den Vorzeichen, ihrer Kenntnisse von Astronomie, Natur und Medizin. Den Erscheinungen der Natur, der Heiligkeit eines Ortes,

wurde mit Ehrfurcht begegnet. Schon in vorkeltischer Zeit war die heilige Stätte ein Hain, eine Lichtung im Wald unter freiem Himmel. Hier konnte der Verkehr mit den Göttern ungehindert stattfinden. Hier wurden die rituellen Zusammenkünfte und Jahreszeitenfeste gefeiert, die »tief in dem Urboden des Mythos eingebettet waren«. Die überlieferten heiligen Feste jeweils zu Beginn einer Jahreszeit – am 1. November (das Neujahrsfest Samhuin), 1. Februar (Imbolc), 1. Mai (Beltene), 1. August (Lugnasad) – zeigten die alte bäuerliche Verbundenheit mit Wachstum und Ernte, mit Fruchtbarkeit und Tod.
Die Druiden bewahrten die ehrwürdige Tradition. Als Priester vermittelten sie ihre Kosmogonie, die Lehre von der Entstehung und der Ordnung der Welt und der Natur. Sie beherrschten die Sternkunde und schufen einen Kalender, wie er in Coligny gefunden worden ist: Auf einer bronzenen Tafel sind die Mondmonate mit ihren dunklen und hellen Mondhälften und die Festtage im Jahreslauf genau aufgezeichnet. Ihr Einfluß und ihre – auch politische – Macht, ihr »heiliges Wissen«, waren offensichtlich bedeutend größer, als moderne Autoren es gelten lassen wollen, die sie zu einfachen Schamanen und Zauberern reduzieren möchten.
Durch ihre weibliche Tracht, die langen weißen Gewänder und die hinten lang herabfallenden Haare gaben sie sich »als Zwitterwesen zu erkennen«. Doch auch von Priesterinnen, von weiblichen Druiden, ist die Rede. Noch am römischen Kaiserhof gab es gallische Seherinnen, als die Druiden, wegen ihres Einflusses von den Kaisern mit Haß verfolgt – denn sie waren die Klammer, die die keltischen Stämme zusammenhielt –, längst im verborgenen als Wahrsager und Wunderärzte lebten.
Wie sahen die religiösen Zeremonien aus, die der Priester nach jahrhundertelanger mündlicher Überlieferung, nach 20 Jahren Lehre, Zucht und Versenkung, leitete, wenn er die höchste Stufe, »ollam«, erreicht hatte? Er besaß die Macht, einzelne und ganze Stämme von den Opfern auszuschließen, die härteste Strafe in Gallien. Wer so unter den Bann geraten war, galt als Gottloser und Verbrecher, dem jedermann aus dem Wege ging, um nicht durch die Berührung mit ihm selbst zu Schaden zu kommen.

Auf dem berühmten Kessel von Gundestrup – »einem einzigartigen archäologischen Beweisstück für keltische Religionsäußerung« – sind Göttinnen und Götter abgebildet, darunter der Hirschgott Cernunnos, der Gehörnte, die eine geheimnisvolle Opferszene umrahmen: Ein überdimensioniert großer Priester stülpt einen Menschen kopfüber in ein kesselartiges Behältnis. Von rechts nähert sich, von Trompetenbläsern begleitet, eine Prozession mit einer umkränzten Stange.
Der Tübinger Professor W. Kimmig bringt die Opferszene mit den vermuteten religiösen Handlungen in den »Viereckschanzen« in Verbindung. Der dargestellte Opferkessel entspricht dem Kultschacht: »Nun wird auf seiner Sohle der Kultpfahl eingesetzt, der, reich geschmückt, von rechts in feierlicher Prozession herangetragen wird. Unwillkürlich fühlt man sich an den berühmten Panathenäenzug erinnert, bei dem das jährlich neu gewebte Gewand für die Stadtgöttin Athene in gleich feierlicher Weise von der gesamten Bürgerschaft zur Akropolis hin-

Rekonstruktionsversuch einer »Viereckschanze«

auf in den Tempel gebracht wird ... Nach dem Einsetzen des Kultpfahls folgt das feierliche Brandopfer, bei dem der Kultpfahl vermutlich in Flammen aufging. Das auf den Wällen des Heiligtums versammelte Volk, dasselbe, das den Kultpfahl herangetragen hat, wird andächtig und fasziniert zugleich die schwarzen Qualmwolken verfolgt haben, die so unvermittelt aus dem Erdinnern zu steigen schienen und aus deren Richtung auf göttliche Gunst oder Ablehnung geschlossen werden konnte. Stieg der Rauch himmelwärts, war man göttlicher Gnade gewiß, dann folgte der letzte Akt, der durch Blut seine höchste Weihe erhielt. Der Priester durchschnitt einem Menschen die Kehle und ließ das Blut in den Schacht rinnen, der im Anschluß daran wieder zugefüllt wurde.«

Auch an anderer Stelle sind Menschenopfer bezeugt: Für Teutates wurden die Opfer erstickt. Ihr Kopf wurde so lange in ein Faß gehalten, bis sie ertranken. Diodor berichtet, wie die Priesterinnen aus den Zuckungen von Menschen wahrsagten: »Vor allem, wenn man sie einer bedeutungsvollen Sache wegen befragt, wenden sie einen ganz ungewöhnlichen, kaum glaubhaften Ritus an: Sie weihen einen Menschen und stoßen ihm ein Schwert in die Herzgrube über dem Zwerchfell. Und wenn der so Getroffene stürzt, dann erkennen sie aus der Art des Hinfallens, aus dem Zucken der Glieder und schließlich aus dem Fließen des Blutes die Zukunft.«

Nach den strengen Maßnahmen der römischen Kaiser Tiberius und Claudius gegen die Druiden – die sich angeblich gegen deren grausame Menschenopfer richteten – wurden die Menschen- in Tieropfer umgewandelt.

Bei der Königswahl wurde unter Aufsicht der Druiden ein weißer Stier geopfert. Noch aus dem 12. Jahrhundert wird von den Inselkelten ein archaischer Ritus der Ulsterkönige übermittelt. Vor der Thronbesteigung mußte der König in aller Öffentlichkeit eine Stute befruchten. Dann wurde das Tier geschlachtet, die Stücke wurden in Wasser gekocht. Der König aß das Fleisch mit den Versammelten, badete in dem Wasser und trank die Brühe als Bestätigung seiner Herkunft.

Die esoterische Geheimlehre der Kaste der keltischen Priester(innen), die sie in kultischen Ritualen an geheiligten Stätten wie den »Viereckschanzen« ausübten, gab ihnen Macht und Verehrung bei ihren Stämmen, erzeugte Ansehen, Furcht und Haß bei den römischen Eroberern – und zieht heute wieder Scharen von Menschen in ihren Bann. Die »scheinbare Zwiespältigkeit des Druidentums« mit ihrer Achtung vor der Natur und den gleichzeitigen, uns heute so grausam erscheinenden blutigen Opfern hat »die Forschung seit der Renaissance verunsichert«. Denn, wie Prof. Kimmig es ausdrückt, »man begriff nicht, daß in der keltischen Religiosität sowohl das Humane wie auch das Entsetzenvolle seinen naturgegebenen Platz fand. Es geht eben nicht an, die Denk- und Gefühlswelt fremder, zumal antiker Völker mit heutigen Maßstäben zu messen.«

# Pfaffenhütchenrinde

## Heiliges Wasser

Den alten Seewald wunderte es nicht: Drei Brücken waren 1960 in der Nähe von Bad Aibling erneuert worden; und drei junge Menschen kamen hier kurz hintereinander zu Tode. Warum, das war dem alten Bauern und Schmied klar. Zuweilen vertraute er sich jemandem aus dem Dorf an, wenn der an der Bushaltestelle in der Nähe seines Hofes wartete. Ganz leicht hätten die Unfälle verhindert werden können: durch die Opferung eines Fünfmarkstückes beim Brückenbau. 1913, bei der Einweihung der Rosenheimer Inn-Brücke, hatte der Flußmeister schließlich auch von der Brückenmitte ein Geldstück mit einem Weihespruch in den Inn geworfen.

Unsere Vorfahren empfanden vor den vier Elementen Erde und Wasser, Feuer und Luft noch heilige Scheu. Dem durststillenden, fruchtbarkeitsspendenden, reinigenden und heilenden Wasser galt die höchste Verehrung. Mythisch zuerst, als Sitz göttlicher und dämonischer Mächte, als Zugang zur Unterwelt und in den Schoß der Mutter Erde, als Stätte der Weissagung. Wie bei anderen Naturheiligtümern auf Bergeshöhen, Pässen und einzelnstehenden steilen Felsen, in Höhlen und Klüften war man hier den Göttern und Geistern am nächsten. In den auffälligen Naturerscheinungen zeigten sie sich den Menschen; hier legten unsere Ahnen ihre Bitt- und Dankesgaben nieder und traten so mit ihnen in Verbindung.

Die Verunreinigung des Wassers konnte die Todesstrafe bedeuten. Doch auch im alten Ägypten lebte man gefährlich: Als der »Pharao in frevelhaftem Übermut« seinen Speer in den Nil schleuderte, erblindete er auf der Stelle. Und die alten Griechen überquerten niemals einen Strom ohne Gebet oder mit ungewaschenen Händen.

Die hochaufragenden Felsen an den Ufern der großen Flüsse Sibiriens sind schon seit der Steinzeit immer wieder mit Bildern versehen worden. Hier lagen die heiligen Stätten, an denen schamanistische Zeremonien zu Ehren einer Großen Tiergottheit stattfanden, die ihren Teil von der Jagdbeute abbekam.

Die rituell ins Wasser versenkten Stein-, Bronze- und Eisengeräte bezeugen auch in Deutschland die alte Tradition der Verehrung und Scheu. An den Ufern der Flüsse, vor allem an ihren Ursprüngen, den erdgeborenen Quellen, wurden die feierlichen Handlungen vorgenommen, Speise und Trank, Gefäße, Fibeln, Nadeln, Schmuck und Waffen dem Wasser übergeben und den jenseitigen Mächten geweiht.
Die – überwiegend – Frauengaben lassen auf die ursprüngliche Verehrung einer allumfassenden Muttergottheit schließen, die Helferin der Frauen, die Spenderin der Fruchtbarkeit, die Herrin über die Totenwelt, die Patronin der Frauenmysterien am abgelegenen Ort. Erdmutter und Unterweltgöttin zugleich, die Leben gebiert und es wieder in ihren Schoß aufnimmt. Und so gibt es auch eine recht waghalsige Deutung der auf dem Grund von Brunnen, Quellen, Teichen, Mooren und künstlich angelegten Opferschächten entdeckten männlichen Holzfiguren: Sie stellen das »Bild einer periodisch sterbenden und wiederauferstehenden Vegetationsgottheit dar, die bei der Zweiteilung einer ursprünglich weiblichen Gottheit in eine untergeordnete Rolle gedrängt und zum im Hausarrest alternden und hinschwindenden Gatten« wurde.
Griechen und Römer personifizierten und vergöttlichten die ursprünglich namenlos verehrten Flüsse und Quellen. Dem Acheloos in Dodona, König der griechischen Flüsse, wurde in jedem Orakelspruch an der heiligen Eiche eine Weihegabe anbefohlen. Neben dem Blätterrauschen des heiligen Baumes weissagten die Priesterinnen aus dem Murmeln der aus den Wurzeln entspringenden Quelle.
Achill gelobte dem heimatlichen Fluß das Opfer seiner Haare. Dies hatte schon sein Vater Peleus mit seinen eigenen Locken versprochen, sollte der Sohn glücklich heimkehren. In Rom warfen die Vestalinnen zu bestimmten Tagen aus Binsen geflochtene Puppen in den Tiber, und die Beamten ließen vor dem Überqueren breiter Flüsse die Auguren sprechen.
Der Quellgott Fons war einer der ältesten einheimischen Götter des römischen Staates. Sein jährlich am 13. Oktober begangenes Fest galt allen Quellen und Brunnen, auch den ländlichen Quellkulten der – weiblichen – Naturgottheiten. Die Quellen

und Brunnen wurden mit Blumen, Kränzen und Laubgewinden geschmückt, kleine Gebinde und süßer Wein den Quellnymphen und Flußgöttern übergeben. Kultplätze entstanden, Altäre und Tempel aus Stein, von Mauern umfaßte heilige Bezirke. Doch der uralte Glaube an das Naturheiligtum, in dem ein göttliches Wesen, ein »numen« wohnt, spricht noch aus den Worten Senecas:

»Erblickst du einen Hain von dichtstehenden, alten, über die gewöhnliche Höhe aufragenden Bäumen, wo die Masse des über- und durcheinander sich erstreckenden Gezweiges den Anblick des Himmels ausschließt, dann gibt der riesige Baumwuchs, das Geheimnis des Orts und die Bewunderung des im offenen Felde so dichten und zusammenhängenden Schattendunkels dir das Gefühl von der Gegenwart einer Gottheit (numen). Und wenn eine Grotte mit tief ausgefressenem Felsgestein sich in einen Berg hinein erstreckt, keine künstliche, sondern durch natürliche Ursachen zu solcher Weise ausgehöhlt, so wird sie dein Gemüt mit der Ahnung von etwas Höherem ergreifen. Wir verehren die Ursprünge großer Flüsse, wo ein gewaltiger Strom plötzlich aus dem Abgrund hervorbricht, stehen Altäre, heiße Quellen haben ihren Gottesdienst, und manche Seen werden wegen ihres dunklen oder unermeßlich tiefen Wassers für heilig gehalten.«

Auch nördlich der Alpen mehren sich die archäologischen Zeugnisse für Fluß- und Quellenkulte von der jüngeren Steinzeit bis zu den Kelten und Germanen.

Auffällig ist schon in der Megalithkultur die Nähe mancher Menhire zu Quellen. Die Brandopferplätze der frühen Kelten liegen bevorzugt auf Bergkuppen oberhalb mächtiger Flüsse (Rollenberg, Stätteberg in Bayern, Messelstein in Baden-Württemberg), ebenso ihre Opferstätten an einzelnstehenden Kultfelsen (Schellnecker Wänd, Maifelsen in Bayern). Auch bei den spätkeltischen Heiligtümern – »Viereckschanzen« – ist häufig ein Bezug zu Quellen beobachtet worden.

Schon bevor die Römer kamen, war es bei den Kelten Sitte, ihre neugeborenen Kinder an den Rhein zu tragen, damit sie bei ihrem Eintritt ins Leben gereinigt wurden. Was heute eher lebensbedrohend für die Kleinen wäre. Und noch Petrarca be-

Die Schellnecker Wänd am Ufer der Altmühl (Bayern)

zeugt, wie in Köln blumengeschmückte Frauen an Sonnwend ihre Arme in den Rhein eintauchten, »damit das reine Wasser alles Leid und alle Sorge wegschwemme dem Meere zu«.
Die für die Kelten überlieferten heiligen Bezirke in der freien Natur, vor allem in Wäldern, mögen dem von Seneca beschriebenen Hain geähnelt haben. Quellen und Flüsse, Berge und Höhen, Bäume – und die Megalithbauten – waren den Kelten von alters her heilig, und ihre Plätze besaßen magische Kräfte. Die Namen ihrer Götter jedoch können wir nur aus der »Interpretatio Romana« erschließen, durch die die Römer die vorgefundenen einheimischen Götter mit dem Namen je eines vergleichbaren Gottes aus ihrem Olymp bezeichneten. Denn schriftliche Aufzeichnungen in religiös-magischen Dingen waren bei den Kelten tabuisiert. Die Vorstellung von einer Gottheit war ihnen wichtig, nicht der Name, nicht das Bildnis. Der Rhythmus von Leben und Seelenwanderung, der Mensch, Tier und Natur, Himmlische und Unterwelt, Kosmos und Chaos in geheimnisvollen, nicht-rationalen Kräften verbindet.
Nach der römischen Besetzung übernahmen sie die Architektur und Bauweise der Eroberer und errichteten Votivsteine und

steinerne Tempel, kleine Gebäude mit einem offenen Umgang, an den alten heiligen Stätten.
Die verehrte Quelle galt vielerorts als heilkräftig und zog Scharen von Wallfahrern an. Kultgebäude und -theater entstanden, Badeanlagen mit Warm- und Kaltwasserbecken, Pilgerunterkünfte, Buden und Zelte für die Kaufleute, Musikanten, Schauspieler und Erzähler, Wohnhäuser für die Priester/innen, Devotionalienhandlungen für die Opfergaben (Heckenmünster, Hochscheid, Trier in Rheinland-Pfalz). Ganze Terrakottenindustrien belieferten den Handel mit ihren Erzeugnissen.
Der gallorömische Tempel schloß nach wie vor mit seinem nach allen Seiten geöffneten Umgang Natur und Umgebung mit ein. Das einheimische Opferbrauchtum unter freiem Himmel an den seit Jahrtausenden überlieferten Kultmalen blieb erhalten. Wie beim christlichen Erntedankfest bestanden die einfachen Gaben aus Baum- und Feldfrüchten: Honig, Milch, Käse, Wein, Haselnüsse, Bucheckern, Vogelkirschen, Pflaumen, Eichenblätter und Opferkuchen aus gemahlenem Getreide.
Aus der Heilquelle wurde getrunken, in ihrem Wasser gebadet; später wurden neben Terrakotten auch Münzen geopfert. Der Übergang von Naturalgaben zu Münzen brauchte manchmal einen kleinen Umweg: durch vorübergehende Prägung von Geldstücken in Schweineschinkenform.
Die kultische Verehrung und der tief in der Bevölkerung verankerte Glaube an die Heilkraft von Quellen überdauerten die Verfolgung »heidnischer« Bräuche und die Zerstörung der Tempel durch die Christen. Um 350 n. Chr. verteufelt Bischof Kyrill von Jerusalem den Wasserkult als Götzendienst: »Kult des Teufels ist das Gebet im Götzentempel, welches zu Ehren seelenloser Götzenbilder verrichtet wird, das Anzünden von Lichtern und Weihrauch an Quellen und Flüssen, wie denn manche durch Träume oder Dämonen getäuscht, zu den Wassern herabsteigen, in dem Wahn, sie würden dort die Heilung von körperlichen Leiden finden.«
In den Konzilien des 5. und 6. Jahrhunderts wurde jede religiöse Handlung bei Wassern, Bäumen und Felsen unter Strafe gestellt. Im Trierer Land wird noch im 9. Jahrhundert in einer Sendpredigt nach Leuten gefragt, die »Hilfe woanders suchen als beim

allmächtigen Gott, etwa bei Quellen«. Und aus dem 11. Jahrhundert ist eine Beichtfrage überliefert, ob man an Quellen gebetet, Kerzen entzündet oder Brot geopfert habe.
Gar mancher »Heidenapostel« ließ an altheiligen Quellen sein Leben. So zog man es vielerorts vor, den beharrlichen Kult in christliche Bahnen zu lenken und baute eine Kapelle neben die Quelle oder direkt darüber. Papst Gregor der Große schrieb um 600 an den Abt Mellitus von Canterbury, man solle die heidnischen Tempel nicht zerstören, sondern in Kirchen umwandeln: ». . . es sollen nur die Götzenbilder, die darin sind, vernichtet werden, dann sollen die Tempel mit Weihrauch besprengt, Altäre gebaut und Reliquien darin niedergelegt werden.« Damit das Volk »zu den Orten, woran es gewohnt ist, um so vertrauter sich versammle und den wahren Gott erkenne und anbete«.
Je »stärker« der Platz, um so höher die Kirche: Der Dom zu Paderborn soll auf 80 Quellen ruhen, die Kathedrale von Chartres auf 44, und der Kölner Dom steht auf einer einzigartigen Sammlung von vorchristlichen Kulten: einer Weihestätte an einheimisch keltische Muttergöttinnen, einem Tempel für römische Gottheiten (mit einem Brunnen an der Tempelwand) und einem Mithrasheiligtum. Zum Komplex des 870 geweihten Alten Doms gehörte noch ein großes Atrium, in dessen Mitte ein Brunnen lag.
Die Krypta in Chartres, von manchen als Einweihungszentrum der Druiden angesehen, birgt einen 33 Meter tiefen keltischen Schachtbrunnen und die Reste eines kleinen Heiligtums. Brunnen und dort errichtete Madonnenstatue, »offenbar die Nachfolgerin eines vor ihr an dieser Stelle verehrten Kultbildes der gallischen Muttergöttin«, sind seit dem frühen Mittelalter vielbesuchtes christliches Wallfahrtsziel. Dem Wasser wurden Heilkraft und wundertätige Eigenschaften zugeschrieben. So entstand eines der herrlichsten und mächtigsten Gotteshäuser der Christenheit durch die Umwandlung eines heidnischen Kults in den Marienkult.
Dem Schutz der Muttergottheit sind im Mittelalter viele traditionell heilige Quellen und Brunnen anvertraut worden: die Frauenkirche in Nürnberg, die Maria geweihte Kapelle bei der Heilquelle in Aachen, die Frauenkapelle in Baden bei Wien, unter

Quellheiligtum am Wallenborn von Heckenmünster (Rekonstruktion von Schwemer)

deren Altar die Heilquelle entsprang, Mariabrunn, Marienstern, Mariarast, Marienborn, Mariaspring ... Die Gestalt der christlichen Muttergottheit hatte die Aufgabe der alten Muttergöttinnen als Schutzherrin der Quellen übernommen. Und noch die Quelle von Lourdes und ihre Heilkraft, von der Kirche offiziell als »Wunder« anerkannt, wurde zwei Wochen nach der Marienerscheinung im Februar 1858 entdeckt.
Die alten Wasserkulte blieben im Volk erhalten. Die traditionellen Bräuche hatten sich vielerorts nicht beseitigen lassen, auch als die Opferhandlungen an kultisch verehrten Felsen, Steinen und Bäumen längst aufgehört hatten. Der bei Wissenschaftlern umstrittene Vor- und Frühgeschichtler F. Geschwendt – »Wenn Sie ihm glauben, ist's ja gut ...« – ist dieser Zähigkeit im Volksglauben nachgegangen. Beharrlich hat er die geologischen Landesämter dazu gebracht, chemische Untersuchungen der von alters her verehrten Quellen anzustellen.
Unsere Altvorderen wußten offenbar genau zwischen normalem Trinkwasser und kultisch/heilend genutztem Wasser zu unterscheiden. Die Weihegaben wurden über Jahrhunderte, Jahrtausende an einer bestimmten Quelle dargebracht, die anderen Quellen aber nur zur Wasserversorgung verwendet. Auch in tiefster Waldeinsamkeit gelegene Kultquellen – abseits von jeder Siedlung, aber in einem Gebiet von vielen einfachen Quel-

len – wurden immer wieder aufgesucht. Wie der Gutenborn bei Kindsbach (Rheinland-Pfalz), dessen Wasser noch nach dem Zweiten Weltkrieg zur Behandlung von Bindehautentzündungen verwendet wurde. Spätere Analysen stellten fest, daß der Gutenborn Bor enthält, ein althergebrachtes Mittel gegen Augenreizungen.

Die Bestimmung des Heideborns bei Trier, Quellheiligtum der keltischen Treverer, durch das Geologische Landesamt Krefeld vom 2. 11. 1966 ergab eine deutliche Mineralisierung. Der seit der Jungsteinzeit benutzte, weit abseits liegende, inzwischen unter dem Altar einer Kapelle hervorsprudelnde Gute Born im Riesengebirge enthält – 1952 nachgewiesen – radiumhaltiges Wildwasser. Noch 1936 war die angebliche Heilkraft des Wassers von Balneologen mit Nachsicht als frommer Glaube abgetan worden. Die »Heilige Quelle« in Süderbrarup (Schleswig-Holstein), schon um Christi Geburt Wallfahrtsziel von weit her, ist ebenfalls leicht radioaktiv. Radium wird bekanntlich seit einiger Zeit zu Heilzwecken eingesetzt. Die Schwefelquelle von Heckenmünster wurde schon von den Kelten zu Badekuren benutzt. Schwefelhaltiges Wasser wird auch heute noch zur Behandlung von Hautleiden verwendet. Am Brodelbrunnen von Pyrmont waren die wertvollen Opfergaben am Fuß eines nahestehenden Lindenbaums niedergelegt. Aus Scheu vor den Göttern rührte niemand die Gaben an. Auch die Umgebung der heiligen Quelle galt als geweiht. Die Opfer stammten vor allem von Frauen. Pyrmont gilt heute noch als Frauenbad, und über der Kurhalle steht »Der hyllige Born«.

Die zähe Anhänglichkeit an den Quellenkult beruht anscheinend auf der sehr spezifizierten Kenntnis tatsächlicher Heilerfolge. Durch die ungleich intensivere Beobachtung der Natur sahen unsere Ahnen, wie sich die Umgebung einzelner Quellen hervorhob: An radioaktiven Thermen erreichten kleinwüchsige Pflanzen einen üppigen Wuchs, heiße Quellen ließen Dampfwolken aufsteigen und schmolzen den Schnee, salzhaltige Quellen zogen die Weide- und Jagdtiere an. Lange Erfahrung und medizinisches Wissen von »Medizinmännern« müssen die Alten dazu gebracht haben, das Wasser auch für den Menschen zu nutzen. Die Opfergaben an göttliche Mächte zeigen den

Zusammenhang zwischen Religion, Magie und Medizin, zwischen Heilkundigen und Priestern.
Von den Grabbeigaben einiger freigelegter Bestattungen schließt Geschwendt auf den Beruf der Verstorbenen: In einem als Frauengrab gedeuteten Grabhügel auf Seeland kamen in einer beigelegten kleinen Dose merkwürdige Dinge zum Vorschein: Schwefelkies, ein Ebereschenzweig, zwei Bruchstücke von Pferdezähnen, ein Wieselskelett, ein Klauenstück vom Luchs, ein Stück von einer Vogelluftröhre, drei Glieder eines Schlangenskeletts, einige Stückchen gebrannter Knochen, ein Bronzedraht.
In einem Frauengrab auf Fünen lagen als Beigaben: kleine Weidenholzstäbchen, z. T. in Stoff steckend und von einer Hülle aus Pfaffenhütchenrinde umschlossen, »also unzweideutig Zauberstäbe«, ein versteinerter Seeigel, in einem aus Schilfblättchen geflochtenen Behälter eine Pinienzapfenschuppe und drei Samenkörner von Pimpernell, die Spitze eines Flintspeers, ein Wetzstein und mehrere runde und ovale Steine.
Ähnliche Funde beobachtete Geschwendt auch bei Bestattungen in der Nähe von heiligen/heilenden Quellen. Der Beruf der Verstorbenen ist ihm klar: Heilkundige, Zauberinnen, Priester. Auch die aufgefundenen »Kulttrommeln« sieht er als »Ausrüstung eines Zauberers, Regenmachers, Medizinmannes oder Schamanen«. Dabei müssen diese über ein hohes medizinisches Wissen verfügt haben, wie bereits in der Jungsteinzeit vorgenommene schwere Schädeloperationen zeigen: von Grabfunden in der Nähe von heiligen Quellen belegt. »Als sich die Berufe des Priesters und des Arztes trennten, verblieb trotzdessen den Heilquellen der Ruf der Heiligkeit und der medizinischen Eigenschaften.« Und: »Die frühe Ahnung besonderer Eigenschaften, die tastenden Versuche zur Ausnützung der eigenartigen Wässer müssen sehr weit zurückliegen ... Wir glauben, daß die Verehrung des aus geheimnisvollem Grunde hervordringenden heilenden Wassers und die Fähigkeit, sich dieser rätselhaften Kräfte zu bedienen, aus größeren zeitlichen Tiefen stammt, genau wie die Kunst.«
Soweit Geschwendt. Aber wie gesagt, er ist »eine Glaubenssache«. Doch an den Vermutungen des alten Seewald aus Bad

Aibling ist vielleicht tatsächlich etwas dran: Die alten Pfeiler der Römerbrücke in Trier, im Jahre 144 erbaut, stehen immer noch und tragen seit fast 2000 Jahren den Verkehr über die Mosel. Kinder tauchen nach wie vor zwischen den Pfeilern nach den Tausenden von Münzen auch aus römischer Zeit. Soviel ist dort in früheren Zeiten dem Wasser geopfert worden mit der Bitte um Wohlergehen für Mensch und Fracht.

# Machos und Matronen

## Keltisch-germanische Muttergottheiten im Rheinland

Der Professor war entsetzt. Da hatte er ein Seminar über Muttergottheiten angekündigt – und die Leute eilten in Scharen herbei. Da saß nicht mehr die Handvoll ausgesuchter Studenten, die man in einen VW-Bus bekommt, wenn Exkursionen stattfinden, sondern »da waren lila Hosen und lila Pullover, und zwar Männer und Frauen«, Esoterik-Freaks, Amateur-Archäologen auf der Suche nach »starken Plätzen« und – als Höhepunkt – der Journalist einer linken Zeitung.
Das war zuviel! Der Professor wußte, was auf ihn zukommen würde: auf jeden Fall keine »ernsthafte Wissenschaft«. Den Macho-Vorwurf würde er zu hören bekommen, wenn er als Mann über Muttergottheiten referierte. Das angekündigte Seminar sagte er vorsichtshalber ab. Immerhin, »die Vorläufer der Matronen waren die heiligen Ziegen«, gab er mir mit auf den Weg.
Die Matres/Matronen, keltisch-germanische Erd- und Muttergöttinnen, Schutzherrinnen der Fruchtbarkeit von Feldern, Vieh und Menschen, wurden meist zu dritt dargestellt. In langen, reichen Gewändern sitzen sie nebeneinander, die junge Frau mit offenem Haar in der Mitte, umrahmt von zwei älteren mütterlichen Gestalten mit großen Kopfhauben. Auf dem Schoß tragen sie einen Korb mit Feldfrüchten, Obst, überquellende Füllhörner, Blumen und Ähren als Zeichen des Segens, der Fülle und des Wachstums. Kinder und Windeln deuten ihre spezielle Funktion als Geburtshelferinnen an.
Die ansässige ländliche Bevölkerung – und einheimische Legionäre im römischen Dienst – stiftete ihnen einfache Tonstatuetten, gefertigt in florierenden Devotionalienhandlungen, und prunkvolle Weihesteine, angebracht in den Nischen von Matronenheiligtümern (Pesch und Nettersheim in Nordrhein-Westfalen). Über 1000 Weihesteine und Votivaltäre aus der Zeit vom 1. bis zum 5. Jahrhundert wurden in Britannien, Gallien und im Rheinland entdeckt, Zeichen für die Verbreitung und Bedeutung der verehrten alten Muttergöttinnen, auch als der römische

Weihestein der keltisch-germanischen Muttergottheiten in Nettersheim (Nordrhein-Westfalen)

Olymp längst über die besetzten Gebiete hereingebrochen war.
Bei den Matronenheiligtümern im Rheinland fällt die Nähe zu Quellen und Brunnen auf, die wohl mit in den Kult einbezogen waren. Auch wenn die Matres in einer Muschel sitzen statt in einer einfachen Nische oder wenn sie – wie am Gutenborn in Kindsbach – in einem Felsblock an der alten heiligen Quelle eingraviert sind, wird ihre Beziehung zum Wasserkult deutlich. Terrakotten mütterlicher Gottheiten fanden sich im Quellheiligtum Wallenborn bei Heckenmünster und in keltischen Opferschächten.
Auch den Matronen wurden Kultstätten errichtet, von heiligen Mauern umfriedet, mit gallischen Umgangstempeln, Unterkünften für die Pilger und Priester(innen), überdachte Wandelgänge für rituelle Prozessionen. Im heiligen Bezirk von Pesch in der Eifel, in den Landkarten als »Heidentempel« eingezeichnet, haben sich auf einer Anhöhe im Wald die Tempelreste mit dem in die Ummauerung einbezogenen tiefen Brunnenschacht erhalten.

Matrone mit einem Fruchtkorb auf dem Schoß

Reste der Tempelanlage von Pesch (Nordrhein-Westfalen)

Innerhalb des Mütterheiligtums lag auch ein »männerbündisches« Versammlungshaus. Diese Männerbünde gehörten zu den Matronengruppen und ihrem Fruchtbarkeitskult. Ihre kultischen Tänze mag man sich als männlichen Initiationsritus vorstellen, die Tänzer vermummt mit Masken des Kranichs, des größten Zugvogels Europas. Seine Ankunft im Frühjahr bedeutete den Beginn des bäuerlichen Jahres – aber auch der Kampfsaison –, sein Abflug dessen Ende. Seine langen Röhrenknochen, die längsten uns bekannten, wurden schon in der Antike als Flöte benutzt. »So hat der Kranich ... mit Aussaat und Ernte, aber auch mit Krieg und mit Musik und Tanz, als Fruchtbarkeits-, Ernte- und Kriegstanz zu tun.«
Auf einigen Weihesteinen zu Ehren der Matronen ist der Kranich abgebildet. Aus dem 3. vorchristlichen Jahrhundert sind uns von der Insel Delos Reigentänze in Labyrinthformen überliefert, die den echten »Tanz« von Kranichen nachahmten, ein merkwürdiges Hüpfen, in das die Vögel bei Erregung verfallen. Mit nach

hinten gestreckten Armen – der Flügelhaltung des Kranichs nachempfungen – wurden in zwei Gruppen um die kultische Mitte, Altar und Ölbaum, die rituellen Tänze aufgeführt. Die Tanzfiguren waren den Windungen eines Schneckenhauses vergleichbar. (Die Schnecke gilt als uraltes weibliches Geschlechtssymbol.) Vielleicht trugen auch diese Tänzer Kranichmasken. Denn die Tiermaske beim Tanz war – und ist im Brauchtum – weit verbreitet und gilt als einer der Ursprünge der griechischen Theatermaske.

In einem »Basilika« genannten Kultbau wurde in Pesch ein Relief der orientalischen Göttin Kybele ausgegraben. Zeichen einer gemeinsamen Wurzel der Verehrung von einheimischen Muttergöttinnen und der Magna Mater.

Mit kleinasiatischen Legionären und Kaufleuten hatten sich orientalische Mysterienkulte auch im Rheinland und an der Saar verbreitet. Vor allem der Kybele- und der Mithraskult mit Astrologie und Zauber/Magie standen in starker Konkurrenz zum aufkommenden Christentum. Kybele, die Natur- und Erdgöttin, Urmutter der Götter und Menschen, Beschützerin des Wachstums, galt in ihrer Heimat auch als die Herrin der Flüsse und heilkräftigen Quellen. Ihr Sohn/Geliebter war der junge Attis, der von einem Ziegenbock (!) gesäugt worden war. Ihr Gefolge lieferte sich der Göttin »in religiösem Wahnsinn« (Plato) aus, huldigte ihr in wilden Orgien mit rauschhaften Tänzen, begleitet von schrillen Rasseln, Klappern, Handpauken, Flöten und Hörnern »als Stimulantien hemmungsloser Raserei«. Der Höhepunkt war die Heilige Hochzeit der Gläubigen mit der Göttin.

Die ursprünglich zweigeschlechtliche Kybele war wohl die wichtigste Verkörperung einer in allen Kulturen verehrten urzeitlichen Muttergöttin, der Erd-Mutter, wie die klassischen Göttinnen Demeter und Gaia oder die ägyptische Isis. Die uralte Große Mutter wurde schon in der Jungsteinzeit angebetet und immer wieder dargestellt.

Bei Ausgrabungen unter dem Bonner Münster 1928 bis 1930 wurde ein heiliger Bezirk entdeckt, das Zentrum der rheinischen Matronenverehrung. Die Weihesteine des zerstörten Tempels, die schönsten Matronensteine, die wir kennen, waren bei dem Vorgängerbau des Münsters, einer kleinen Kirche, mit verwendet worden. Einige Inschriften deuten darauf hin, daß die Muttergottheiten ursprünglich in Bäumen angebetet wurden, die in heiligen Hainen standen. Ein Weihestein zeigt einen heiligen Baum mit einer Schlange, ein anderer beschwört den Genius loci. Auch die Kultplätze von Pesch und Nettersheim sind vermutlich um eine heilige Eiche inmitten einer Umzäunung entstanden, um den Baum, der das Wesen der Gottheit in sich trug. Die Rolle, die Baum und Schlange im Orakelwesen spielen, deuten darauf hin, daß die Matronenheiligtümer auch Orakelstätten waren.

Und was den »bereits in Ziegenform vorhandenen Mutterkult der Kölner Bucht« angeht, so mag der Professor recht haben: Zu Füßen des Baumes, in einer Zeit, in der göttliche Wesen noch nicht in Menschengestalt dargestellt wurden, befindet sich eine »Überziege« mit drei Leibern, aber nur einem Kopf, und betont prallem Euter.

Die Erdmutter hatte in der keltisch-germanischen Matronenverehrung ihre ursprünglich auch schwarze, bedrohliche Seite des Lebennehmens und -verschlingens verloren. Die Verehrung galt der – Erde und Kosmos – Leben gebenden Mutter, der auf einem Altar vor ihrem Bild mit Weihrauch und Flötenklängen Gaben geweiht wurden. Noch um 700 berichtet der britische Geschichtsschreiber Beda von den heidnischen Angeln, daß sie zu Jahresbeginn in der Nacht der Mutter (Matrone) ein Opferfest abhielten. Das vorchristliche Julfest zu Mittwinter wurde »für eine fruchtbare und friedliche Saison« gefeiert, ein gemeinschaftlich begangenes Fruchtbarkeitsritual. Und noch um 1200 beschreibt Saxo Grammaticus ein Heiligtum der »Parzen« in Skandinavien, das an die Matronenheiligtümer erinnert: »[Fridlevus] näherte sich betend dem Gebäude der Göttinnen, wo er, in den Schrein (Innentempel) blickend, auf drei Sitzen ebensoviele ›Nymphen‹ sitzen sah.«

Auch nach der Christianisierung lebte in den »drei Marien« und den »drei Jungfrauen« die volkstümliche Verehrung der mütterlichen Dreiheit weiter. Aber Kultstätten wie im Rheinland, große heilige Bezirke sind ihnen nie wieder errichtet worden.

# Glaube und Aberglaube

## Heilige Haine und Moore der Germanen

Männer lebten gefährlich in Deutschlands grauer Vorzeit. Zumindest die mit stark behaarten Oberschenkeln. Deren Haut wurde ihnen nämlich mit Vorliebe abgezogen, um sie zu Gesichtsmasken zu verarbeiten.
Aus dem alten Mexiko kennen wir das ja. Dort trennte man zu Ehren des aztekischen Gottes Xipe Totec, des Erd- und Frühlingsgottes, Gefangenen bei lebendigem Leibe die Haut ab. Die Priester betrieben »das Menschenschinden . . ., indem sie sich die blutende Haut des noch zuckenden Opfers selber überzogen.«
Vor allem in die Moore Norddeutschlands – aber auch bei Rosenheim, Singen und am Chiemsee – wurden bis zur Völkerwanderungszeit solche Gesichtsmasken versenkt. Gefertigt aus der Oberschenkelhaut erwachsener Männer mit kräftiger Behaarung, zusammen mit einer anderen Gabe in Tongefäßen deponiert, geschützt von Holzknüppeln, die zu Pyramiden aufgeschichtet waren.
Der Bahnhofswirt in Rosenheim hielt seinen Fund zunächst für eine Schweineschwarte, wegen der stacheligen Oberfläche. Bis sein Arzt ihn über das Leder aufklärte. Augen und Mund wurden als Löcher eingeschnitten, die Nase entstand beim Trocknen über einer Holzmaske.
Für Verwirrung und Ärger sorgte eine in Heudorf bei Bremervörde gefundene Maske. Am 4. März 1884 beschlagnahmte die Polizei das verdächtige Teil, denn »der Zweck dieser ganzen Angelegenheit« war weder an Universitäten zu erfahren noch den Besitzern bekannt.
Die von unseren Ahnen über Jahrtausende an heiligen Stätten im Moor deponierten Weihegaben haben sich besonders gut erhalten. Moore, die einsam und unheimlich im dichten Waldgebiet lagen und wie die Höhlen in den Schoß der Mutter Erde mit ihren übernatürlichen Mächten führten. Zum klassischen Opfer der Antike gehörte etwas Lebendiges, meist Tiere, das zu Ehren der Götter getötet wurde. War die Not groß, mußte auch schon

mal ein Mensch herhalten. Bei den Germanen war es nicht anders.
Wie beim rituellen Kannibalismus in den Schachthöhlen wurden auch bei den Menschenopfern in Mooren – nicht zu verwechseln mit den bekannten »Moorleichen« von Straftätern – fast ausschließlich Frauen und Kinder rituell versenkt. Bis in die Zeit um Christi Geburt läßt sich bei Kelten und Germanen dieser »primitive Fruchtbarkeitskult alteuropäischer Tradition« nachweisen. Doch noch in den Capitularien der fränkischen Könige mußte gegen den offenbar weiterhin aktuellen Brauch vorgegangen werden: »Wer einen Menschen dem Teufel opfert und ihn nach heidnischer Sitte den bösen Geistern als Opfer darbringt, soll des Todes sterben.«
Wie die Kelten haben auch die Germanen keine schriftlichen Nachrichten über Kult und Religion hinterlassen. Die Berichte antiker Autoren, allen voran des römischen Schriftstellers Tacitus (1. Jahrhundert n. Chr.), und mittelalterlicher Missionare, Gesetzestexte und archäologische Funde vermitteln uns dennoch ein Bild ihrer kultischen Rituale. Früchte, Flachs, Getreide, Haselnüsse und Frauenhaar, Tongefäße, Schmuck, später auch Waffen wurden über viele Generationen an bestimmten heiligen Plätzen im Freien niedergelegt. Tassen deuten auf vorhergehende Trankopfer hin. Ein Opfermahl ist bezeugt, das andauerte, »solange das Bier reichte«.
Landzungen oder künstlich gebaute Stege und Plattformen aus Strauchwerk und Lehm führten vom festen Moorrand zur Opferstelle, die bei den größeren Stammesheiligtümern von einem Flechtwerk oder senkrecht in das Moor gesteckten Pfählen, Ruten und Zweigen eingezäunt war. Die rituellen Handlungen fanden am Ufer statt. Gebet und Beschwörung, Musik, Kulttänze und Umzüge gehörten sicher dazu – Gesten, die uns für immer verloren sind.
In einem üppigen Festschmaus wurde das Fleisch der Opfertiere verzehrt. Die Götter bekamen nur die Beine und Schädel ab.
Die einfachen ländlichen Fruchtbarkeitsopfer, die Flurumgänge, Wald- und Feldkulte in den Dorfheiligtümern (etwa in Schleswig-Holstein) richteten sich nach der Natur, nach Aussaat und Ernte. Noch heute finden in katholischen Gegenden alljähr-

lich Flurumgänge mit Flursegen an Ostern (zur Aussaat) und Fronleichnam (vgl. S. 119) statt.
An den zentralen Heiligtümern mit Holzidolen, Altären und sakralen Einhegungen, wie dem Thorsberger Moor in Schleswig-Holstein, kam der gesamte Stamm (der Angeln) in größeren, festgelegten Abständen zusammen (in Uppsala alle neun Jahre). Wichtige Stammesangelegenheiten wurden dort beschlossen, religiöse Feste gefeiert, zu denen in späteren, kriegerischen Zeiten Gelübde von Männerbünden und Kriegstänze gehörten. Die Darstellung auf einer Schwertscheide zeigt zwei Krieger beim Kulttanz: der eine mit Wolfsmaske, der andere mit Hörnerhelm, in den Händen je eine Lanze, deren Spitze rechts nach oben und links nach unten weist. Zu den Gesängen bei den Feierlichkeiten in Uppsala bemerkt Adam von Bremen: »Übrigens sind die Zauberlieder, die bei der Begehung der heiligen Handlung gesungen zu werden pflegen, unanständig und werden daher besser verschwiegen.«
Die Mondphasen bestimmten die Zusammenkünfte. Sie wurden nur für die Zeit des zunehmenden Mondes oder des Vollmondes einberufen. Das Jahr begann mit dem Vollmond zwischen September und Oktober.
Die gesuchte Verbindung zu den Vegetationsgeistern und Fruchtbarkeitsgottheiten, von denen sich der Mensch abhängig wußte, die er in Opfer und Gebet verehrte, auf die er durch Zauber/Magie Einfluß zu nehmen versuchte, trug uralte naturmythologische Züge. Tacitus weist an etlichen Stellen seiner »Germania« auf die verehrten Naturheiligtümer hin:
»Im übrigen verträgt es sich nicht mit der Vorstellung der Germanen von der Erhabenheit der Himmlischen, Götter in Wände einzuschließen und irgendwie menschenähnlich darzustellen. Sie weihen ihnen vielmehr Lichtungen und Haine, und mit Namen von Göttern bezeichnen sie jenes geheimnisvolle Wesen, das sie nur in ihrer Verehrung und im Geiste schauen.«
Bei den Semnonen treffen sich zu bestimmter Zeit die »Abordnungen aller blutsverwandten Stämme in einem Hain, der durch Vorzeichen, die schon die Väter beobachtet haben, und durch uralte, fromme Scheu geheiligt ist. Dann wird von Staats wegen ein Menschenopfer dargebracht und auf schaurigste Weise ein

rohes Kultfest begangen ... Der ganze religiöse Brauch geht auf die Annahme zurück, in diesem Hain sei der Ursprung des Suebenvolkes zu suchen, hier wohne die Gottheit, die über alles herrsche, und alles sonst sei ihr unterworfen und zu Gehorsam verpflichtet.«
»Bei den Narhanavalern zeigt man noch einen Hain, eine Stätte uralten Gottesdienstes. Ihn betreut ein Priester in weiblichem Schmuck (Tracht).« Eine Überlieferung, die als »Nachklang des weiblichen Schamanismus« betrachtet wird.
Über die große Schlacht zwischen Hermunduren und Chatten heißt es bei Tacitus: »Beide Parteien suchten nämlich den ihnen gemeinsamen Grenzfluß, der salzhaltig war, mit Gewalt (auf ihr Gebiet) abzulenken. Abgesehen von ihrer Neigung, alles durch Waffengewalt zu regeln, wirkte dabei der alte Aberglaube mit, daß besonders solche Stätten dem Himmel nahe wären und die Gebete der Menschen nirgends aus größerer Nähe gehört würden. Daher käme durch die Huld der Götter in jenem Fluß und jenen Wäldern das Salz zum Vorschein.«
Ob mit dem salzhaltigen Fluß die Werra bei Bad Salzungen oder die Saale bei Halle gemeint ist, darüber streiten die Gelehrten. Und auch was die »rohen Kultfeste« angeht, von denen der luxusgewöhnte Römer berichtet, so sahen im Dritten Reich zu hohen Ehren gekommene Wissenschaftler wie Prof. Wilhelm Teudt das Ganze natürlich etwas anders: »Vertraut anmutende Festgebräuche. Gute, auch mäßig gute, schlichte, auch vornehme Gestalten der Männer und Frauen. Wohlgepflegtes festliches Ansehen. Kleidsame, vollständige Tracht, zum Teil gute Schneiderarbeit, Stoffe aus Leinen, Wolle, Hanf. Reiches Pelzwerk, entweder als Verbrämung oder als Mäntel, je nach Jahreszeit. Gediegener Gold-, Silber-, Bernstein- und Erzschmuck der Frauen, auch Eisenschmuck. Wohlhabender Eindruck. Gemessenes Benehmen und freundliche lebensfrohe Haltung. Frischer, ausdrucksvoller, melodischer Gesang, aus dem unsere besten, vertrauten Volksliedermelodien uns entgegenklingen ...«
Die christlichen Missionare finden hunderte Jahre später die von Tacitus beschriebene Verehrung der Naturheiligtümer bestätigt und kämpfen mit Vehemenz dagegen an. »Belaubten Bäumen

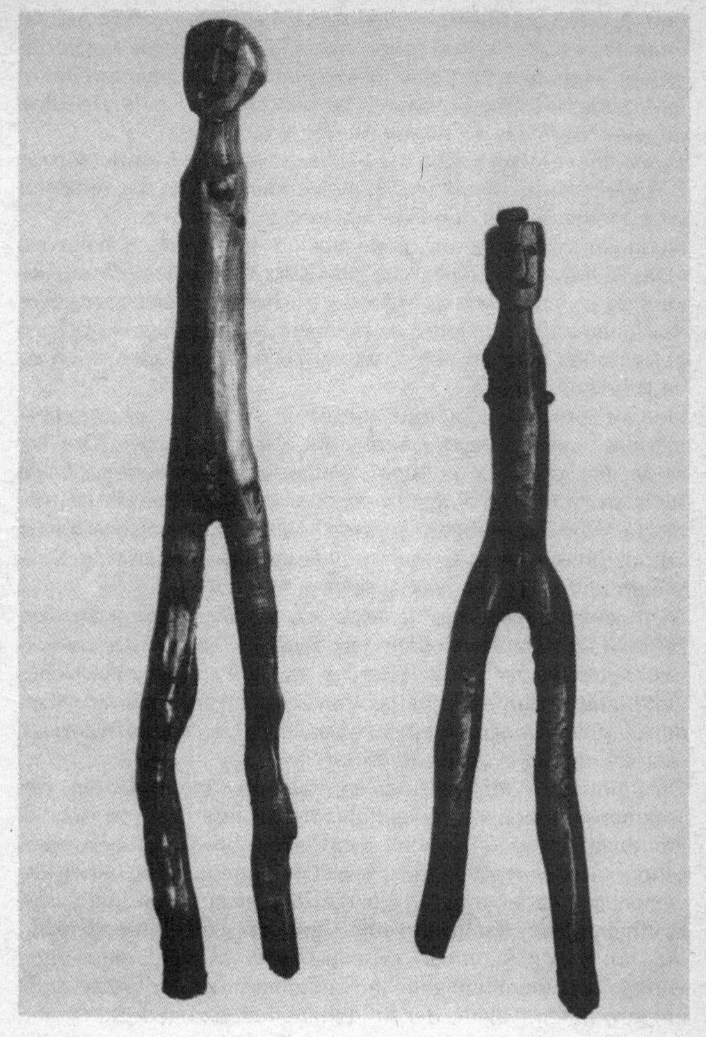

Germanisches Götterpaar (um 500 v. Chr.) aus dem Braaker Moor (Schleswig-Holstein)

und Quellen erweisen sie (die Sachsen) göttliche Verehrung. Ja, einen Holzstamm von nicht geringer Größe hatten sie aufgerichtet und verehrten ihn unter freiem Himmel; sie nannten ihn in ihrer Sprache Irminsul, was auf lateinisch die Allsäule bedeutet, die gleichsam das All trägt.« (Rudolf von Fulda)
In seinem Feldzug gegen die Sachsen zerstörte Karl der Große 772 die Irminsul. Teudt und manch anderer sehen das zerschlagene Heiligtum bei den Externsteinen in Westfalen.
Noch im Gotlandgesetz Ende des 13. Jahrhunderts heißt es: »Das ist nun das Nächste, daß die Opfer den Leuten sehr verboten sind und alle alten Gebräuche, die dem Heidentum angehören. Niemand darf weder zu Hainen noch zu Hügeln noch zu heidnischen Göttern beten, weder zu heiligen Orten noch zu eingehegten Plätzen.«
Doch in einem irrte Tacitus. Kultpfähle – vor allem phallische – in Menschengestalt gab es sehr wohl. Die »Pfahlgötter« (Braaker Moor in Schleswig-Holstein, Wittemoor in Niedersachsen) steckten zumeist in aufgetürmten Steinpacken. Das alte germanische Wort für Heiligtum – *horgr* – läßt sich auf »Steinhaufen« zurückführen. Jacob Grimm hat hieraus auf germanische Kultstätten im Freien, im Wald geschlossen.
Auch der angelsächsische Missionar Wulfred sah »am Versammlungsplatz der Heiden« ein Bild des Gottes Thor. Er verfluchte es und hieb es mit der Axt in Stücke. »Für ein solches Unterfangen durchbohrten sie ihn sogleich mit tausend Wunden ... Seine verstümmelte Leiche versenkten die Barbaren auf sehr schimpfliche Weise im Moor.«
Die immer wieder im Moor deponierten Ringe, Nadeln, der Trachtenschmuck, auch weibliche Bronzefigürchen, weisen auf Frauengaben an weibliche Gottheiten hin. Nur besonders schöne und wertvolle Stücke wurden ihnen geweiht. Auch die versenkten Räder und Wagenteile deuten auf eine weibliche Gottheit, die bei Tacitus erwähnte germanische Göttin Nerthus, die von vielen Stämmen gemeinsam als Mutter Erde verehrt wurde: »In einem heiligen Hain auf einer Insel der Ostsee steht ein geweihter Wagen, der mit einem Tuche zugedeckt ist und den allein der Priester berühren darf. Er merkt es, wenn sich die Gottheit in ihrem Heiligtum eingefunden hat, und gibt ihr dann

Männliche (vorne) und weibliche Kultfigur aus dem Wittemoor bei Oldenburg (Niedersachsen)

in tiefer Verehrung das Geleit, wenn sie in dem von Kühen gezogenen Wagen durch das Land fährt. Dann sind Tage der Freude, und festlich geschmückt sind alle Stätten, die die Göttin der Ehre ihrer Einkehr und Rast würdigt. Da zieht man nicht in den Krieg, da greift man nicht zu den Waffen, und unter Verschluß ist alles Eisen. Doch nur so lange kennt und liebt man den Frieden und die Ruhe, bis die Göttin des Verkehrs mit den Sterblichen müde ist und der gleiche Priester sie wieder in ihr Heiligtum zurückgeleitet. Darauf werden Wagen und Tuch und – wenn man es glauben will – die Gottheit selbst in einem einsamen See abgewaschen.«

Ach – würde die Göttin doch niemals müde . . .

Nerthus oder die von der Rheinmündung bis Köln verehrte friesische Göttin Nehalennia wird die von Tacitus erwähnte Göttin Isis sein, der germanische Stämme opferten. Nehalennia trägt auf Votivsteinen meist Fruchtkörbe und Füllhörner – wie die keltisch-germanischen Matronen –, die sie als Wachstums- und Segensgöttin ausweisen. Der Hund an ihrer Seite – Symbol der Unterwelt – zeigt aber auch ihre Funktion als Todesgöttin. Die verschiedenen Kulte und Riten einer mütterlichen Gottheit, einer Großen Mutter, gehen wohl auf vorderasiatische Vorstellungen – wie Astarte oder Kybele – zurück und wurzeln in frühen Vegetationskulten.

Nehalennia war – wie Nerthus – Fruchtbarkeits- und Schiffahrtsgöttin zugleich. Sie verhieß Schutz und Hilfe für die gefahrbringende Fahrt, »ihre am Ufer liegenden Tempel wurden zu Bastionen des Hoffens, an denen man opferte«. Kaufleute und Schiffer widmeten ihr Altäre und Steine mit Dank für ihre Hilfe auf unsicheren Reisen, vor allem bei der Überfahrt nach Britannien. Ein Kaufmann erwähnt eine Schiffsladung mit Terrakotten, die sie heil nach Britannien geleitet habe; auch Wein aus Südfrankreich gelangte wohlbehalten nach England; ein Reisender stattet der Göttin Dank für die Rettung aus Seenot ab; ein anderer bittet um die Genesung seines Sohnes.

Schiffsprozessionen und der alljährliche Festumzug mit dem Bildnis der Göttin Nerthus zum Frühlingsanfang wurden überall mit Tänzen und Gesängen freudig begrüßt. P. Hermann beschreibt in seinen »Altdeutschen Kultgebräuchen« einen solchen Umzug, wie er aus dem 10. Jahrhundert von der Äbtissin Marcsuith vom Kloster Schildesche bei Bielefeld bezeugt ist: »Am Abend vor der Feier versammelte man sich an heiliger Kultusstätte, hielt das Opfermahl, wozu jeder beisteuerte, unter Tanz und Gesang ab und zog am anderen Morgen vor Sonnenaufgang um die Saatfelder in langer Prozession, voran der Priester, in der Mitte die Götterbilder in weißer Umhüllung und am Schlusse die zum Opfer bestimmten Tiere. Unter den heiligen Eichbäumen oder am heiligen Quell machte der Zug halt, der Priester segnete die Feldfrüchte und flehte, gegen Sonnenaufgang das Antlitz gerichtet, die Götter um Schutz und Schirm vor Unwetter, Hagel und Mißwuchs, um Segen für Saat und Vieh an. Bei der Rückkehr wurde das Götterbild an den altheiligen Ort zurückgeführt, in dem Tempel oder an heiligen Bäumen aufgehängt oder auf Baumstämmen aufgestellt, das gemeinschaftliche Opfer gebracht und das Opfermahl gehalten. Der Gottheit wurden Tiere geschlachtet, Brot, Eier, Pflanzen und Früchte des Feldes geopfert und Feuer angezündet. Unter dem Singen feierlicher, alter Weisen tanzte man jauchzend um den brennenden Holzstoß, steckte verglimmte Scheite des Opferfeuers gegen Hagel und Blitz in die Felder oder streute die Asche darauf.«

Das zähe Beharren auf dem alten Brauch der Umzüge veranlaßte den Bischof von Lüttich 1246, ein Fest einzuführen, das Papst Urban IV. 1264 zu einem allgemeinen christlichen Fest, dem Fronleichnamsfest, erhob. Prozessionen ziehen segnend durch die Felder und Fluren, um günstiges Wetter und gute Ernten bittend. Zweige, Laub und Blumen schmücken den Weg der Prozession.

Auch die feierliche Schiffsprozession der »Mühlheimer Gottestracht« zu Fronleichnam auf dem Rhein auf einem mit Blumen, Laubgebinden, grünen Zweigen und Fahnen geschmückten Schiff erinnert an die alten heidnischen Umzüge. Unter einem Baldachin trägt der Priester die goldene Monstranz, die das Allerheiligste birgt. Mitglieder der Sebastianus-Schützenbruderschaft – Nachfolger der heidnischen Männerbünde – machen mit ihren Böllerschüssen dabei einen »Heidenlärm«.

So übernahm die christliche Kirche in ihrem Fronleichnamsfest den überlieferten Brauch der Schiffsprozessionen und Flurumgänge des alten Vegetationsfestes zu Ehren der Göttin Nehalennia/Nerthus/Isis.

Unseren Vorfahren galten Frauen noch als heilig. Sie spielten eine hervorragende Rolle in Weissagung und Kult, beobachteten »als heiligste Zeugen« die Schlachten und feuerten die Kämpfenden an. »Sie bestürmten die Krieger unablässig mit Bitten, hielten ihnen ihre entblößte Brust entgegen und wiesen auf die unmittelbar drohende Gefangenschaft hin, die den Germanen weit unerträglicher und schrecklicher in Hinblick auf ihre Frauen ist.«
Zur Zeit des Kaisers Vespasian wurde die Seherin Veleda als göttliches Wesen betrachtet. »Doch auch schon in grauer Vorzeit haben die Germanen Albruna und mehrere andere Frauen verehrt, aber nicht aus Schmeichelei und ohne daß sie sie gleichsam erst zu Göttinnen machten.« Stimme und Flug von Vögeln wurden befragt und auf das Wiehern von Pferden geachtet. Schneeweiße Rosse weideten in heiligen Hainen, Vertraute der Götter.
Auf Losorakel legten die Germanen wie kaum ein anderes Volk Wert: »Sie zerschneiden den dünnen Zweig eines fruchttragenden Baumes in kleine Stücke, machen diese durch gewisse Zeichen kenntlich und streuen sie dann über ein weißes Laken.« Drei Stäbchen wurden nacheinander unter Gebeten aufgenommen und nach den vorher eingeritzten Zeichen gedeutet.
Wichtig beim Orakel war, aus welcher Himmelsrichtung die befragten Zeichen kamen. Diese »Ortung« (Orientierung) spielte später eine Rolle bei den berühmt-berüchtigten Ortungslinien germanischer Heiligtümer, wie sie Wilhelm Teudt um die Externsteine, das »schlechthin einzigartige Denkmal germanischer Kulturbetätigung«, wob. »Heilige Linien der Vorzeit« umspannen seitdem deutsche Lande. Von Röhrigs »Heilige[n] Linien durch Ostfriesland« bis zu den »merkwürdigen Lagebeziehungen im Gelände um Emetzheim« beim bayerischen Weißenburg oder den rheinischen »Ortungserscheinungen am Brunholdisstuhl um 1000 v. Chr.« spinnen sie ein dichtes Netz von – angeblichem – Kultplatz zu Kultplatz. Selbstverständlich

immer Sonnenwend- und Mondwendlinien folgend. So gibt es »Urortungslinien«, Kalenderstätten und Sternwarten germanischer Priester-Astronomen, Gestirnheiligtümer des »allbeherrschenden Sonnenkultes und der Sonnenverehrung«.

Die auf den Landkarten eingezeichneten Verbindungslinien der angeblich heiligen Orte sind sicherlich bestechend – aber auch ziemlich umstritten. Der heißeste Kampf brennt seit über fünfzig Jahren um die Deutung der Externsteine und das sternkundliche Wissen unserer Vorfahren, seitdem Teudt sein Werk »Germanische Heiligtümer« veröffentlichte.

Begierig griffen die Nationalsozialisten Teudts Verehrung der alten Germanen auf und erhoben 1933 die Externsteine zum deutschen Nationaldenkmal. Der Reichsführer SS Himmler übernahm den Vorsitz der Externstein-Stiftung.

Die Felsgruppe soll an »guten« Tagen bis zu 50000 Besucher anziehen. Der riesig dimensionierte Parkplatz darf nur stundenweise benutzt werden. Zur Winter- und Sommersonnenwende strömen wieder Pilger von weit her zu ihren Ritualen zusammen.

Durch die braune Vergangenheit belastet, scheint bis heute eine sachliche Diskussion zwischen den glühenden Verehrern des vorchristlichen und eifrigen Verfechtern eines christlichen Heiligtums nicht möglich – trotz der hierzu erschienenen 700 Veröffentlichungen.

Auch wenn durch archäologische Ausgrabungen nichts bewiesen ist, die »Heiligkeit« der hochaufragenden Felsen zieht wohl jeden in seinen Bann – und wird es auch bei unseren Vorfahren getan haben. Einzelnstehende schroffe Felsen und Bergkuppen galten von alters her als heilig. Hier fühlte man sich den Himmlischen am nächsten und verehrte sie in seinem Glauben und seinem Kult.

In den Gesetzen der christlichen Bekehrer wurden alle Opferhandlungen an den alten Naturheiligtümern verboten. Die Verehrung heiliger Bäume, Haine, Quellen und Steine wurde mit hohen Strafen – z. T. mit der Todesstrafe – geahndet. Karl der Große ließ 782 in Verden an der Aller angeblich an einem einzigen Tag 4500 »sächsische Edle« enthaupten. (In Wirklichkeit sollen es »nur« 40 gewesen sein.) Im Dritten Reich wurde

daraus sogleich eine Erinnerungsstätte gemacht. Für jeden einzelnen Gefallenen wurde im »Sachsenhain« 1935 ein Stein errichtet. 4500 Findlinge stehen noch heute dort in einer kilometerlangen Allee.
Aber es gibt auch andere Beispiele: Gregor von Tours berichtet von den Goten, daß sie sowohl heidnische Altäre als auch Kirchen verehrten. Der anglische König Redwald hatte ein Heiligtum, in dem sich »ein Altar für Messeopfer und ein Altar für Opfer an die Dämonen« befanden. Und auch Friesenkönig Radbod (679–719) hatte seine eigene Einstellung zum »richtigen« Glauben: »Auf Zureden des Bischofs Wulfram« willigte er ein, sich taufen zu lassen. »Als er bereits seine Füße in das Taufwasser gesetzt hatte und der Bischof ihm die Freuden des Himmels ausmalte, fragte er, wo seine verstorbenen Vorfahren seien. Als ungetaufte Heiden, so antwortete der Bischof, wären sie nicht im Himmel. Woraufhin Radbod seine Füße aus dem Taufbecken zog und entgegnete, dann wolle er auch nicht in den Himmel, er wolle lieber mit tapferen Helden, wie seine Vorfahren es gewesen seien, nach Walhall kommen als mit Leuten, wie die christlichen Missionare es seien, in den Himmel.«
Vom 7. und 8. Jahrhundert an wirkte sich die Missionierung der seit Chlodwig (498) christlichen Franken aus: Glaubensapostel zerstörten Haine und Tempel, errichteten Kreuze und Kirchen auf die heidnischen Kultstätten oder verdammten die Plätze in den Bereich des Bösen. Namen wie Teufelssteine, Hexenberg oder Heidenfels zeugen noch heute von dem Glauben, »dort geht es um«.
Doch es haben sich auch viele theophore Ortsnamen erhalten, die auf eine alte Heiligkeit der Stätte schließen lassen: Die mit Götternamen zusammengesetzten Bezeichnungen wie Thorsberg, Thiesholz und Tieslund (heiliger Hain des Gottes Tyr) oder Helgoland – bei Adam von Bremen noch Heiliglant – mit seinem alten Fositesheiligtum.
Dazu ein Wort des Grazer Religionsphilosophen Prof. Grabner-Haider: »Es gibt keinen Aberglauben. Es gibt nur Glauben. Wer die Macht hat, erklärt das andere zum Aberglauben.«

## Stillewerden

### Heilige Bäume und Berge der Slawen

Am 29. Juni 983 erschien ein mecklenburgisches Heer der verbündeten wendischen Stämme vor Havelberg, ermordete die Besatzung und zerstörte den Bischofssitz. Drei Tage später erreichten die Heerhaufen das Bistum Brandenburg. Bischof Folkmar war bereits geflohen, die Krieger entkamen mit Mühe, die Priester wurden gefangengenommen, der Kirchenschatz geplündert, der drei Jahre zuvor erdrosselte Bischof Dodilo aus seiner Gruft gerissen und geschändet. Der große Slawenaufstand hatte begonnen.
Auch Berlin-Spandau traf der Aufstand der unterworfenen heidnischen Slawen mit voller Wucht. Die erst drei Jahre zuvor über einem heidnischen Heiligtum errichtete christliche Holzkirche wurde zerstört und niedergebrannt, die Reliquien wurden geraubt. Die Spandauer Kirche war eines der frühesten festen Gotteshäuser, denn die von Brandenburg ausgehende Heidenmission bekehrte in ihrer Anfangszeit die Heiden mit Hilfe transportabler Tragaltäre.
Chronist Thietmar, Bischof von Merseburg, hatte geahnt, was im Schreckensjahr 983 auf die christlichen Bekehrer zukommen würde. Hatte doch sein Vater, Graf Siegfried, im Traum Böses vorhergesehen. »Anstelle Christi und seines Fischers, des hochwürdigen Petrus, wurden fortan verschiedene Kulte teuflischen Aberglaubens gefeiert; und nicht nur Heiden, sondern auch Christen lobten diese traurige Wendung.«
Getaufte Slawen kehrten freudig zum alten Glauben zurück. Nach dem »Blutbad von Verden«, in dem Karl der Große den Sachsen das Christentum gewaltsam aufzwang, hatten sich auch die im 6./7. Jahrhundert in das Gebiet zwischen Elbe und Oder eingewanderten Slawen zum »rechten Glauben« bekannt. Damit unterwarfen sie sich aber auch einem neuen Steuersystem, das sie vielerorts knechtete und ausplünderte.
Den Erfolg des Aufstands hatte der Zusammenschluß verschiedener slawischer Stämme – der Lutizenbund – ermöglicht. Einheimische Priester hatten die Auflehnung gepredigt. Ihr bedeu-

tendstes Stammesheiligtum, das südmecklenburgische Rethra, war Zentrum des Widerstands. Rethra, »das wendische Delphi Mecklenburgs«, wichtigster Tempel der vereinigten Wenden, galt als Metropole der Heiden. Wo Rethra genau gelegen hat – »vier Tagesreisen von Hamburg entfernt« –, ist bis heute nicht geklärt, trotz aller Spekulationen und Versuchsgrabungen der Akademie der Wissenschaften in der DDR.

Bischof Thietmar hatte 1005 die Kultstätte geschildert, obwohl er »fast Abscheu davor empfinde, dieser Heiden zu gedenken«. Aber wichtiger war doch die christliche Aufklärung, »damit du, geliebter Leser, ihren eitlen Wahnglauben und den noch niedrigeren Götzendienst dieses Volkes kennenlernst«. In »einem großen Walde, den die Bewohner unversehrt und heilig halten«, stand das aus Holz gebaute Heiligtum. Dem obersten »Dämon« war ein Bild aus Gold geweiht, sein Lager aus Purpur bereitet. Jeder slawische Stamm besaß seinen eigenen Kultplatz oder Tempel mit holzgeschnitzten Götterbildern, zum Teil mit Helmen und Panzern bekleidet. In Mooren haben sich Reste der »Pfahlgötter« erhalten, die offensichtlich im Wald oder an den Rändern von Seen und Mooren errichtet waren.

Die Slawen hatten wohl vielerorts die alten heiligen Stätten der Germanen übernommen, als die in der Völkerwanderungszeit das Gebiet zwischen Elbe und Oder verließen. Auch sie verehrten bestimmte Plätze und Erscheinungen in der Natur, die Wesen, die in einem Baum oder in einer Quelle lebten. Die Kultstätte erforderte keine Bilder, um als Heiligtum zu gelten. Der heilige Baum oder Hain unter freiem Himmel war aus sich selbst heraus geweiht. Auch von der Natur, von den Göttern geschaffene, steil aufragende Felswände, wie die Chamnitzen in Bayern, waren Orte der Verehrung und des Opfers. Die unbewaldeten Höhenzüge, die kahlen Berge galten als Sitz übernatürlicher Mächte.

In Pommern sind Reste eines Opferplatzes mit Umzäunung, Statue und Feuerstelle ausgegraben worden, der astronomisch orientiert war: Die Steine und Pflöcke wiesen Richtung Sonnenaufgang am 21. März, 23. April und 23. September.

Der Landpfarrer Helmold von Bosau begleitete 1156 den neuernannten Bischof Gerold auf seiner Visitationsreise nach Olden-

Das steil aufragende Felsenriff der Chamnitzen bei Kümmersreuth (Bayern)

burg in Holstein. Sieben Jahre zuvor war die Oldenburg im Kampf um die dänische Königsnachfolge zerstört worden und sank in Schutt und Asche. Trotzdem beschloß Erzbischof Hartwig von Hamburg-Bremen die Wiedererrichtung des Oldenburger Bistums. Der greise Vizelin, seit 30 Jahren erfahren in der Missionierung von Slawen, wurde 1147 zum Bischof ernannt. Sein Besuch dort war nur kurz, der Bekehrungsversuch von geringem Erfolg. So gab er Holzfällern Geld zum Bau einer Kapelle und kehrte nach Neumünster zurück, wo er am 12. Dezember 1154 starb.
Doch dann der erneute Versuch im Jahre 1256, von dem Helmold in seiner »Slawenchronik« erzählt. Als sie in bitterster Kälte, unter Bergen von Schnee ankamen, war die Burg verlassen und verödet. In dem winzigen Bethaus des – inzwischen heiligen – Vizelins wurde ein Gottesdienst gehalten. Von den Slawen war außer dem Landesherrn Pribislaw keiner dabei. So verließ der frischgeweihte Bischof den ungastlichen Ort auch bald und ging zwei Tage später in die Kirchengeschichte ein:
»Da geschah es, daß wir auf dem Zuge in einen Wald (Hain, nemus) kamen, den einzigen in jenem Lande, das sich ganz eben hinstreckt. Dort sahen wir zwischen sehr alten Bäumen heilige Eichen, die dem Landesgott Prove geweiht waren; ein freier Hofraum umgab sie und ein sorgfältig von Holz gefügter Zaun mit zwei Pfosten. Denn neben den Hausgöttern und Ortsgötzen, von denen die einzelnen Ortschaften voll sind, bildete dieser Ort ein Heiligtum des ganzen Landes, für das ein eigener Priester, Festlichkeiten und verschiedene Opferhandlungen bestimmt waren. Dort pflegte jeden Dienstag die Landesgemeinde mit Fürst und Priester zum Gericht zusammenzukommen. Der Eintritt in den Hofraum war allen verboten außer dem Priester und denen, die opfern wollten oder von Todesgefahr bedrängt wurden; denn diesen blieb die Zuflucht niemals verwehrt.«
Ein Bild des Gottes Prove fanden Bischof Gerold und sein Chronist Helmold nicht vor, denn: »Die einen stellen phantastische Götzenbilder in Tempeln zur Schau, wie etwa das Plöner Idol namens Podaga, die anderen (Götter) wohnen in Wäldern und

Chamnitzen: slawische Kultstätte bis in das 11. Jahrhundert

Hainen, wie der Gott Prove von Oldenburg und werden nicht abgebildet...
Als wir zu jenem Hain und Hort der Unheiligkeit kamen, rief uns der Bischof auf, tüchtig zuzupacken und das Heiligtum zu zerstören. Er sprang auch selbst vom Pferde und zerschlug mit seinem Stabe die prächtig verzierten Vorderseiten der Tore; wir drangen in den Hof ein, häuften alle Zäune desselben um jene heiligen Bäume herum auf, warfen Feuer in den Holzstapel und machten ihn zum Scheiterhaufen, in steter Angst, von den Eingeborenen überfallen zu werden.«
Im Wienberg (sächsisch = heiliger Hain) bei Putlos, nördlich von Oldenburg, wird das zerstörte Heiligtum vermutet.
Die slawische Religion zerbrach – wie es Prof. J. Herrmann von der Akademie der Wissenschaften in der DDR schildert –, »die Götter waren gestürzt und die heiligen Haine verwüstet, verfemt und verrufen. Nicht der christliche Geist hatte sie besiegt, sondern die schärferen Waffen, die bessere Organisation der Kirche und die übermächtigen Kräfte der deutschen, polnischen, dänischen und pommerschen Feudalheere. Die Götter wechselten ihre Namen, an ihre Stelle traten die Heiligen der Kirche. Die ganze Last der Dämonen und Geister, die Enge des Denkens und die Beschränktheit der Weltanschauung wurden den Menschen – den Bauern und Handwerkern – nicht genommen.«
Bischof Gerold berief Priester Bruno zur Seelsorge der dortigen Gemeinde, veranlaßte die Gründung einer sächsischen Siedlung, erbaute »eine sehr ansehnliche Kirche«, die er Johannes dem Täufer widmete, und ließ sich selbst am Markt ein günstig gelegenes Grundstück schenken.

Wie die Griechen und Römer, die Germanen, Kelten und die vielen namenlosen Stämme der Vorzeit auf deutschem Boden hatten auch die Slawen überirdische Wesen, Geister und Götter in der Natur verehrt: an besonderen, heiligen Plätzen. Durch Kult und Magie, jahreszeitliche Zeremonien mit Musik und Tanz – die Tänzer mit einer Maske in Vogelform –, Gebet, Beschwörung und Opfer – auch Tier- und Menschenopfer – hofften auch sie, die Gunst der Götter zu gewinnen, die Macht der Dämonen abzuwehren, Leben und Fruchtbarkeit der Natur

zu fördern. Eine Natur, die ihnen allen noch heilig war, von der sie selbst nur ein Teil waren. Teil eines großen Ganzen, einer Einheit von Kosmos, Erde, Mensch und Tier.
Auch der herrliche Dom von Ratzeburg steht auf einem solchen alten Platz, dem »Tempel der Göttin Siva, die sie vorzüglich verehrten, der Lieblichen, die sich zur Frühlingszeit in einen Kuckuck verwandelte und ihre wahrsagende Stimme durch die endlosen Wälder spielen ließ. Keine Spur ist von ihrem Heiligtum, ihrem Dienst, ihrem Volke geblieben; aber göttliche Freundlichkeit, mehr als göttliche Strenge und Macht, haben diese Stätte immer umgeben.« So beschreibt Ricarda Huch ihre Empfindungen beim Anblick der alten Opferstätte auf dem höchsten Punkt der Insel im Ratzeburger See.
Oder wie es mein verehrter väterlicher Freund Dr. Heinz-Dietrich Groß, Domprobst von Ratzeburg, vor seinem Tod ausdrückte: »Man hat das Gefühl, daß die Zeit hier stehengeblieben ist. Tiefe Beglückung erfüllt uns, daß es in unserer Welt noch solche Oasen der Stille gibt, an denen man tagsüber die Vögel singen und die Bienen summen hören kann und an denen nachts die Sterne überm dunklen Land stehen. Daß es Räume gibt, in denen man noch beten kann oder, wenn man das Beten verlernt hat, das Stillewerden vor Gott wieder lernt. Hier ist heiliges Land von Anbeginn.«

# Vor- und frühgeschichtliche Kultplätze, Opferstätten und Naturheiligtümer

## Praktische Hinweise

»Wo sind denn die angenagten Knochen?« wollte ein Freund wissen, als ich mit den ersten Fotos von den Kannibalenhöhlen zurückkam. Offensichtlich erwartete er, daß die jahrtausendealten Opfergaben noch so auf den vor- und frühgeschichtlichen Kultplätzen herumliegen.
Wer sich für die Funde interessiert, der muß sich schon ins Museum bemühen. Wen die Fundorte, die Opferplätze und heiligen Stätten unter freiem Himmel reizen, der nehme diesen Führer. Auch wenn da »nur« noch Natur ist – vielleicht spürt mancher, warum unseren Ahnen ausgerechnet dieser Platz heilig war.
Einige Plätze sind nicht leicht zu finden. Dann fluchen Sie bitte nicht gleich, sondern fragen Sie einen älteren Einwohner des nächsten Dorfes. Auf jeden Fall sollten Sie eine gute Karte (höchstens 1:100000), einen Kompaß, feste Schuhe fürs Gelände und eine Taschenlampe für die Höhlen dabei haben. Und fahren Sie nicht mit dem Wagen bis auf die alten Plätze: Für unsere Vorfahren waren sie ein Natur»heiligtum«; der Weg dorthin eine feierliche Prozession, ein Umzug, ein heiliger Gang.
Einige der beschriebenen Höhlen sind lebensgefährlich, wenn sie ohne Taschenlampe betreten werden! Sie liegen einsam, ungesichert, sind innen glitschig und fallen z. T. nach 20 oder 30 Metern – in völliger Dunkelheit – plötzlich senkrecht 20 Meter in die Tiefe. Also Vorsicht – so würde ich meine Leser nicht gern verlieren!
Sonntagvormittags ist zwar Kirchgangzeit, aber es sind nicht die besten Stunden, um beim Besuch eines alten Kultplatzes eine »Heiligkeit« des Ortes zu ahnen. Dann sind die nämlich von Drachenfliegern, Motorseglern und Hobbykletterern belegt – zumindest einige von ihnen.
Selbstverständlich enthält dieses Buch nur eine Auswahl. Auch Gräber, Grabhügel und den reinen Totenkult habe ich nicht mit aufgenommen (wenngleich die rituellen Handlungen natürlich nicht so einfach zu trennen sind).

Funde bitte sofort melden. (Die Telefonnummer ist vor jedem Bundesland angegeben; auch die Polizei nimmt Fundmeldungen entgegen.) Entschädigungen werden nach den Denkmalschutzgesetzen geregelt. Auf keinen Fall selber buddeln! Wertvolle Fundzusammenhänge und Erkenntnisse werden damit unwiederbringlich zerstört. *Dies ist kein Handbuch für Raubgräber!*

# BADEN-WÜRTTEMBERG

Der Messelstein von Donzdorf

Mit Dank an Dr. Gerhard Fingerlin, Freiburg, Prof. Dr. Wolfgang Kimmig, Prof. Dr. Hansjürgen Müller-Beck, Tübingen, Dr. Dieter Planck und Dr. Christoph Unz, Stuttgart.

**Literatur**

K. Bittel, W. Kimmig, S. Schieck, Die Kelten in Baden-Württemberg, Stuttgart 1981
P. Filtzinger, D. Planck, B. Cämmerer, Die Römer in Baden-Württemberg, Stuttgart/Aalen 1986
Führer zu vor- und frühgeschichtlichen Denkmälern, Bd. 3, Mainz 1965, Bd. 40–41, Mainz 1979, Bd. 47, 1981 (vergriffen)
J. Hahn, H. Müller-Beck, W. Taute, Eiszeithöhlen im Lonetal. Führer zu archäologischen Denkmälern in Baden-Württemberg, Bd. 3, Stuttgart 1985
H. Müller-Beck, Urgeschichte in Baden-Württemberg, Stuttgart 1983
H. Müller-Beck, G. Albrecht, Die Anfänge der Kunst vor 30000 Jahren, Stuttgart 1987
K. Spindler, Die frühen Kelten, Stuttgart 1983

**Fundmeldungen**

Landesdenkmalamt Baden-Württemberg,
Abt. Archäologische Denkmalpflege
Silberburgstr. 193
7000 Stuttgart 1
Tel. 0711/6 47 28 29

## Die Eiszeithöhlen der Schwäbischen Alb

Steinzeitkunst war nicht nur »Kunst als Kunst«, sondern Ausdruck früher religiöser Vorstellungen und Riten, der Künstler begabter Handwerker und Schamane/Priester zugleich. Als Beschwörer übermenschlicher Mächte und Vermittler mythisch-magischer Vorstellungen schuf er rituelle Figuren, wie sie in den drei Höhlen *Vogelherd, Hohlenstein-Stadel* und *Geißenklösterle* gefunden wurden.
Die aus der Zeit 34 000 bis 30 000 Jahre vor heute stammenden Elfenbeinfiguren zeigen Kraft und Schnelligkeit symbolisierende Tiere und menschenartige Wesen mit Tiermerkmalen. Der Mensch ist Teil des Ganzen, die Einheit von Mensch und Natur noch ungestört. So entstanden wunderschöne Darstellungen mit großer Ausdruckskraft, die eiszeitliche Jäger in Mitteleuropa lange vor den alten Ägyptern und Mesopotamiern schufen und die – auf Grund der Fundumstände deutbar – absichtlich deponiert wurden. Und immer an derselben Stelle, auch wenn Jahrhunderte dazwischen lagen:
im *Vogelherd bei Stetten,* an der Einmündung des Ostganges in die Haupthalle: aus Mammutelfenbein geschnitzte Bison-, Wildpferd- und Menschenfiguren, auf den Oberflächen Punkt- und Kerbreihen;
im *Geißenklösterle bei Blaubeuren:* Elfenbeinfiguren mit Kerbreihen von Mammut, Bär, Bison und menschlicher Gestalt;
im *Hohlenstein-Stadel* (Lonetal), im hinteren Teil der Höhle, »an der Grenze zwischen Tageslicht und Dunkelheit«: eine Frauenstatuette mit betontem Gesäß und eine Löwe-Mensch-Figur mit Löwenkopf und aufgestellten Ohren, aber mit menschlichem Unterkörper und in menschlicher Haltung.
Müller-Beck: Wir wissen nicht, was in diesen Höhlen geschah, aber die Schnitzereien gehören »in das Gesamtsystem einer mythischen Welt, die als in sich noch völlig geschlossen und unverzichtbar empfunden wurde«. Höhlen, die – über Jahrtausende – immer wieder aufgesucht wurden; und heute erneut: zu Jahreskreisfesten und schamanistischen Ritualen.
Im *Geißenklösterle* wurde 1979 eine rund 30 000 Jahre alte kleine Mammutelfenbeinplatte gefunden. Auf der einen Seite

befindet sich eine menschliche oder Mensch-Tier-Figur mit erhobenen Armen. Auf der Rückseite in vier Reihen kurze Einschnitte, die als Strichkombination 4 × 13 = 52 Mondphasen im Sonnenjahr gedeutet werden, der Vierteilung unserer Jahreszeiten entsprechend. Das Plättchen wird interpretiert als »eine vor 30 Jahrtausenden verfaßte Botschaft, die eindeutig die einfachsten Grundmerkmale der Erde-Mond-Sonne-Bezüge als Himmelsmechanik beschreibt. Sie entspräche grundsätzlich jener Plakette, die die NASA der Sonde ›Pioneer 10‹ mitgegeben hat, die als erstes menschliches Gerät vor kurzem unser Sonnensystem verließ.« Ist diese astronomische Deutung des Plättchens richtig, dokumentiert es »eindrücklich den Grad der damaligen Weltkenntnis, die damit datiert einen beachtlichen Rang erreicht, wobei noch offenbliebe, ob sie nicht sogar schon über die uns bisher bekannte Quelle hinausgegangen war«. (Mit Dank an Prof. Müller-Beck für den freundlichen Hinweis.)

**Zugang**
*Vogelherd:* Von Ulm die A 7 nach Norden, Ausfahrt Niederstotzingen. Über Bissingen Richtung Stetten. Kurz nach Überqueren der Lone führt links die Straße nach Hürben. Hier an der Kreuzung parken.
Auf der Anhöhe liegt dicht unter der Kuppe die Vogelherdhöhle mit drei Eingängen, die durch Gänge miteinander verbunden sind. Ein schmaler Fußweg führt hinauf (Hinweisschild).
Der *Hohlenstein-Felsen* liegt verborgen in einem hohen Fichtenwald nur wenig über dem Talgrund auf dem rechten Loneufer. Vom Vogelherd aus loneaufwärts am linken Loneufer entlang ein Weg von etwa 2,5 km, dann nach links über eine kleine Brücke.
Im Vorderteil der Höhle wurde eine den Ofnethöhlen (s. Bayern) entsprechende Schädelbestattung entdeckt. Die drei menschlichen Schädel ruhten in einer Rötelpackung auf drei Steinschichten und waren einheitlich nach SW ausgerichtet. Um den Frauenschädel waren zwölf Schlundzähne eines Fisches gelegt worden.
Der Stadel ist durch ein Eisengitter vor Raubgrabungen geschützt. (Im Mittelalter war er von der »Ulmer Mauer« versperrt, denn er war offensichtlich ein beliebter Lagerort für Außenseiter, die als Störer der allgemeinen Ordnung galten!)
Das *Geißenklösterle* im Achtal: Von Ulm B 28 nach Blaubeuren. Von Blaubeuren Richtung Schelklingen. Kurz hinter Weiler linker Hand der Straße und des Achtals, etwa bei km 18,5.
Die Höhle liegt etwa 50 m über der Talaue auf halber Höhe des steilen

Löwe-Mensch-Figur aus dem Hohlenstein-Stadel

Die Vogelherdhöhle im Lonetal

Hanges. Die Felsengruppe öffnet sich zur Talseite nach Westen. (Z. Zt. finden dort Ausgrabungen statt.)

**Literatur**

Hahn, Müller-Beck, Taute, a. a. O.
H. Müller-Beck, Überlegungen zur Interpretation früher bildlicher Darstellungen. In: Jagen und Sammeln, Festschrift H.-G. Bandi, Bern 1985
Müller-Beck, Albrecht, a. a. O.

## Der Petersfels bei Engen im Hegau

Auf dem Vorplatz der Höhle lagen die Reste einer frischen Feuerstelle. Ein guter Platz, dachte ich gerade, als eine Frau des Weges kam und mir erzählte, hier sei vor kurzem ein Mord geschehen: »aus der Drogenszene«; der Täter sei nach Indien geflohen.
Vom Petersfels, vor 12 000 Jahren eiszeitlicher Lagerplatz in der Höhle und im freien Gelände davor, stammen kleine, stilisierte Figuren aus fossiler Holzkohle (Gagat). Die Venus-Statuetten – plastische Frauendarstellungen mit stark betontem Gesäß –, eine winzige, detailgerechte Gagatimitation einer Muschel, die Nachbildung eines Käfers, erstaunliche Fischdarstellungen auf Geweih- und Lochstäben, Gravierungen und Ritzungen sind von hoher Qualität; ein großer Teil der Kunstwerke von ein und demselben Künstler/Schamanen hergestellt, einem Gruppenmitglied, das über den Jägeralltag hinaus mehr »wußte«.

**Zugang**

A 81 Stuttgart–Singen, Ausfahrt Engen. Nach Bittelbrunn. Hier die Petersfelsstraße in das Brudertal hinunter. Rechts in das Tal hinein führt ein landwirtschaftlicher Weg Richtung Engen. Nach einer Linkskurve liegt linker Hand gleich neben dem Weg der Eingang zur Höhle.

**Literatur**

G. Albrecht, H. Berke, Neue »Venus«-Gravierungen auf einem Knochenfragment aus dem Magdalénien vom Petersfels. In: Arch. Korrespondenzblatt 10, 1980
Müller-Beck, Albrecht, a. a. O.
E. Schmidt, Eine neu erkannte paläolithische Frauenstatuette vom Petersfels bei Engen (Baden). In: Studien aus Alteuropa I, 1964

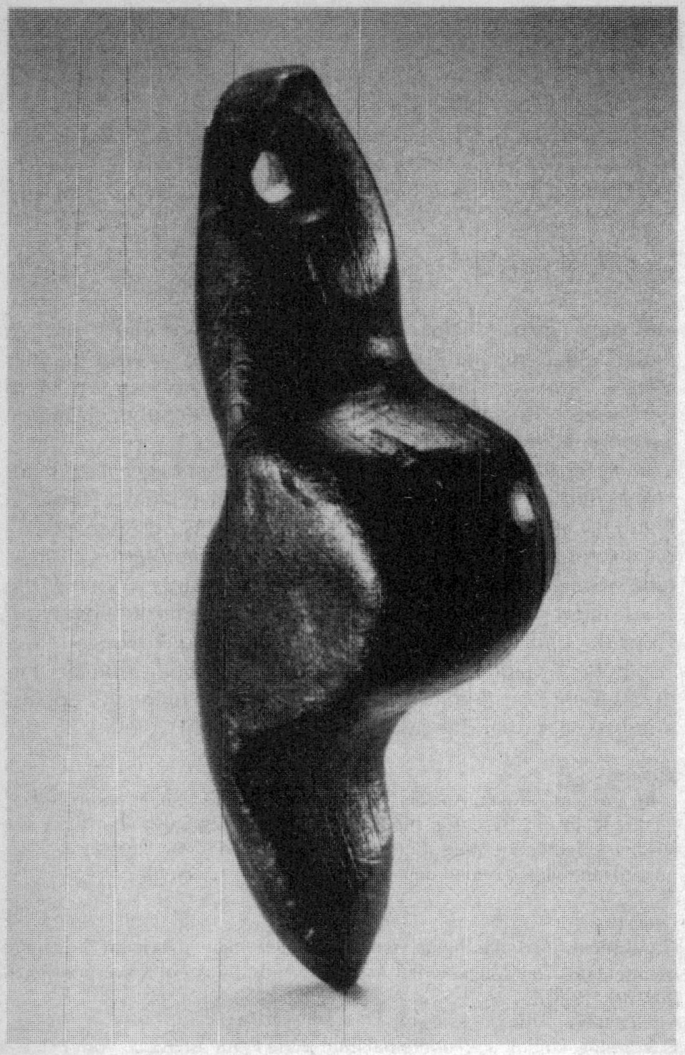

Frauenstatuette vom Petersfels

## Die Dietfurter Höhle bei Sigmaringen

Um die jüngst entdeckten Ritualdarstellungen – Kreuze, Spiralen – in der Lehmplattform wird noch ein großes Geheimnis gemacht. Z. Zt. sind die Archäologen dabei, den Estrichboden als Ganzes herauszunehmen und zu konservieren.
Über Jahrtausende bis in die Neuzeit hinein ist die Burghöhle immer wieder kultisch begangen worden. Speise- und Trankopfer wurden deponiert, rituelle Versammlungen zogen um eine Steinplatte mit einem überdurchschnittlich großen Gefäß, in dem ein geschliffener Kiesel lag. Aus der Bronzezeit stammen die Überreste eines Menschenopfers.
Im Dritten Reich wurde die Höhle als altes germanisches Heiligtum angesehen und entsprechend ausgebaut. Noch nach dem Zweiten Weltkrieg suchten Raubgräber nach einem angeblich verborgenen »goldenen Kegelspiel«.

**Zugang**
Von Stuttgart B 312, 313, 32 bis Sigmaringen. 6 km westlich liegen Ort und Burgruine Dietfurt. Der Burgfelsen befindet sich unmittelbar an der Donau, etwa in halber Höhe zieht sich die Tunnelhöhle durch den Felsklotz, auf dessen Gipfel sich die Ruine erhebt. Der Eingang ist abgeriegelt.

**Literatur**
H.-W. Dämmer, H. Reim, W. Taute, Probegrabungen in der Burghöhle von Dietfurt im oberen Donautal. In: Fundberichte aus Bad.-Württ., Bd. 1, 1974
P. Schauer, Urnenfelderzeitliche Opferplätze in Höhlen und Felsspalten. In: Studien zur Bronzezeit, Festschrift v. Brunn, Mainz 1981
W. Taute, Archäologische Ausgr. in Bad.-Württ., Stuttgart 1987

## Der Menhir von Degernau

Auf der Anhöhe des »Bühlhölzle« steht der 1,80 m hohe Menhir nicht weit von einem rekonstruierten Großsteingrab im Gewann »Toter Mann«. Dessen Deckplatte (3,3 t) und ein Teil der Giebelplatte mit kreisrundem »Seelenloch« sind original erhalten.

**Zugang**
Autobahn A 81 bis Singen, B 314 über Tengen, Stühlingen bis Degernau.

Von Degernau Richtung Erzingen. Nach etwa 1,3 km, südlich der Straße, befindet sich das Großsteingrab. 600 m ostsüdöstlich der Menhir.

**Literatur**

Führer zu vor- und frühgeschichtlichen Denkmälern in Baden-Württemberg, Bd. 4, Stuttgart 1976

## Der Mooropferplatz am Federsee

»Schatzwiese« wird die Parzelle am Federseemoor bei Kappel heute noch genannt. Wertvolle Bronzen wurden hier bei den berühmten – und umstrittenen – urgeschichtlichen Pfahlbausiedlungen entdeckt, die Reste von acht Kinderschädeln ohne Unterkiefer, Holzskulpturen, Mondidole (ausgestellt im Federseemuseum Bad Buchau).
Das Federseegebiet, seit der Steinzeit besiedelt, erscheint mit seinem versumpften Schilfwald voller seltener Gräser, Pflanzen und Tiere auch heute noch wie eine verwunschene Fabelwelt.

**Zugang**

Von Ulm A 30 bis Biberach, über Mittelbiberach, Oggelshausen nach Bad Buchau, Kappel. Die »Schatzwiesen« liegen 1 km westlich von Kappel, linker Hand des Weges Kappel–Kanzach. Das Federseemuseum ist vom 15. 3.–31. 10. täglich (außer mittags), im Winter nur sonntags 13–16 Uhr geöffnet (Tel. 07582/83 50).

**Literatur**

W. H. Zimmermann, Urgeschichtliche Opferfunde aus Flüssen, Mooren, Quellen und Brunnen Südwestdeutschlands. In: Neue Ausgrabungen und Forschungen in Niedersachsen, Bd. 6, 1970.

## Brandopferaltäre

Vergleichbar den griechischen Naturheiligtümern und Opfersitten gibt es auch in Mitteleuropa seit der Bronzezeit Brandopferplätze. Auf herausragenden, von weither sichtbaren Bergvorsprüngen und Felskuppen wurden Feuer entzündet und auf dem Brandopferaltar Tiere, Getränke und Speisen mit den zugehörigen – rituell zerschlagenen – Tongefäßen im emporsteigenden Flammenrauch den himmlischen Göttern geweiht. Über viele Jahrhunderte immer wieder an denselben Plätzen. Die frühen Kelten übernahmen Kult und Rituale von ihren Altvorderen und traten nach überkommener Sitte an den geweihten Orten in Verbindung mit ihrer Gottheit.
Einige dieser »geheiligten Stätten in der freien Natur« sind im Alpenraum archäologisch nachgewiesen (s. auch Bayern).

**Literatur**

W. Krämer, Prähistorische Brandopferplätze. In: Helvetia Antiqua, Festschrift Emil Vogt, 1966
B. Rutkowski, Untersuchungen zu bronzezeitlichen Bergheiligtümern auf Kreta. In: Germania 63, 1985
K. Spindler, a. a. O.

## Der Messelstein von Donzdorf

ist ein kleiner Felsvorsprung mit einem weiten Blick über das Lautertal. Hier wurden in einer dicken schwarzen Schicht große Scherbenmassen der rituell zerschlagenen – um sie dem profanen Gebrauch zu entziehen – Tongefäße entdeckt. Das Feuer auf diesem über einem Abhang hervorspringenden Felsplateau muß von weither gesehen worden sein. Unterhalb der Plattform (Vorsicht beim Klettern!) liegt eine kleine Höhle mit Felsdurchblick in die Ebene.

**Zugang**

Von Stuttgart B 10 über Göppingen B 466 Richtung Heidenheim bis Donzdorf. Der Messelstein liegt östlich von Donzdorf. In Donzdorf Richtung Schnittlingen. Rechter Hand ist der Parkplatz eines kleinen Flughafens. Linker Hand führt ein Kiesweg gen Norden. Diesem durch den Messelhof hindurch folgen, bis der gerade Waldweg am Abhang endet. Wenige Meter zuvor führt links (Zeichen: rotes Dreieck in weißem Quadrat) ein leicht ansteigender Waldpfad nach etwa 10 Minuten zu der Felsplattform (dort Hinweisschild »Naturdenkmal«).

## Den Hägelesberg bei Urspring

fand ich bei weitem weniger eindrucksvoll als »Brandopferplatz« (er wird als solcher auch angezweifelt). Vielleicht lag es auch nur an den Fahrgeräuschen der B 10, die gleich am Hägelesberg vorbeiführt, die das Empfinden einer »heiligen Stätte« verhinderten.

**Zugang**
Von Donzdorf, Süßen, weiter die B 10 in Richtung Ulm. Gleich hinter dem Ortsausgang von Urspring liegt links der Hägelesberg. Ein schmaler Weg führt zu der bewaldeten Kuppe, die sich über einem steil abfallenden Felsen erhebt.

## Der Brandopferplatz im Homburger Wald bei Lörrach

ist durch den Bau der Autobahn unterhalb des ehemaligen Kultbezirks in seiner Ausstrahlung ebenfalls gestört. Immer noch werden auf einer flachen Kuppe auf der Anhöhe Mengen kleiner Scherben gefunden, Reste zahlreicher, hier rituell zerschlagener Tongefäße, die die Opfergaben – Speise und Trank – enthielten. (Innerhalb weniger Minuten sammelte ich eine Handvoll der etwa 3000 Jahre alten Scherben vom Opferplatz.)

**Zugang**
A 5, A 98 bis Lörrach. Von Lörrach B 316 Richtung Rheinfelden. Vor der Kreuzung der B 366 mit der neuen Autobahn führt links ein geteerter Weg unter der Autobahn hindurch. Sofort wieder links steil die Anhöhe hinauffahren (Homburger Weg). Der Brandopferplatz liegt auf der ersten Kuppe rechts nach einer scharfen Rechtskurve.

**Literatur**
Führer, Bd. 47, a. a. O.
Unser Lörrach 1983

## Der Rockenbusch bei Buchheim

ist mit unzähligen kleingeschlagenen Gefäßresten und mit Brandspuren übersät und wird als ein alter Brandopferplatz angesehen. Der jetzt bewaldete Bergvorsprung Rockenbusch ist eine steil abfallende, ins Donautal vorspringende Felsnase, die vom Bergmassiv durch ungewöhnlich tiefe, von Menschenhand geschaffene Einschnitte abgetrennt ist. Auf den Terrassen des Nordhanges wurden die Scherben und Brandspuren entdeckt.

**Zugang**
A 81 Stuttgart–Singen, Ausfahrt Geisingen. B 311 über Tuttlingen bis Neuhausen. Richtung Norden nach Fridingen, Buchheim. Von Buchheim die Beuroner Straße Richtung Schloß Bronnen. Vor dem Wald westwärts abbiegen.

1 km oberhalb des Rockenbuschs erhebt sich der spitze Felskegel des *Scheuerlesfels*. Am Fuße der senkrechten Hangwände liegen dicke Packen von Scherben.

## Der Opferplatz Bräunlingen-Waldhausen

liegt wenige Schritte neben der Burgruine Dellingen. Die Ausgräber entdeckten Knochenreste von Schaf, Ziege, Rind und die Scherben von über tausend Weihegefäßen.

**Zugang**
A 81, Ausfahrt Autobahndreieck Bad Dürrheim. Über Donaueschingen nach Bräunlingen, von dort Richtung Waldhausen. Auf halber Strecke befindet sich links der Straße im Wald die Burgruine Dellingen.

## Spätkeltische Heiligtümer (»Viereckschanzen«)

In den heiligen Hainen der Kelten wurden die religiösen Rituale unter freiem Himmel gefeiert. Der Kultbezirk war vom profanen Außen durch eine rechteckige Einfriedung aus Reisig und Holz abgetrennt, später durch Erdwall und Graben. In diesen *nemeta* – ein keltisches Wort für geweihter Ort, Hain, Heiligtum – leiteten die in höchstem Ansehen stehenden keltischen Priester und Seher rituelle Zusammenkünfte und Opferzeremonien.
Die quadratischen oder rechteckigen Anlagen von 60 m bis 140 m Seitenlänge mit einem Eingang, der niemals im Norden liegt, sind aus dem keltisch besiedelten Gebiet von Böhmen bis Frankreich bekannt. Man hielt sie zunächst für römische Verteidigungsanlagen und bezeichnete sie als »Viereckschanzen«, wie sie in der Literatur noch heute überwiegend heißen.
Die heilige Stätte befand sich häufig in der Nähe einer Quelle und wurde durch ein hölzernes Torhaus betreten. Das Innere – nur mit einigen mächtigen alten Eichen bestanden – war eine große leere Fläche für rituelle Versammlungen und Umzüge. In einigen Anlagen wurden bis zu 35 m tiefe Opferschächte und ein kleines hölzernes Kultgebäude entdeckt, Vorgänger des späteren gallischen Umgangstempels aus Stein.
Immer wieder ist bei der erstaunlichen Gleichartigkeit der *nemeta* nach einer höhergeordneten Orientierung der Erbauer gefragt worden, nach einer Ausrichtung auf Sonne, Mond, die Bahnen der Planeten. Wir wissen darüber – noch(?) – nichts.
Mit Hilfe der Luftbildarchäologie wurden in Baden-Württ. bisher 75 »Viereckschanzen« nachgewiesen. Die besterhaltenen, d. h. Wall und Graben, teilweise mit überhöhten Ecken, sind noch gut zu erkennen (aber oft nicht einfach zu finden):

### Altheim-Heiligkreuztal

In den ehemaligen Klosterwäldern südlich von Heiligkreuztal hat man drei »Viereckschanzen« entdeckt. Die erste befindet sich westsüdwestlich der Klosterkirche auf einer flachen Kuppe über dem vom Nußbach durchflossenen Wiesengelände.

Die Wälle der »Viereckschanze« von Hüfingen/Mundelfingen (unten) im Schwarzwald-Baar-Kreis

**Zugang**
Auf der B 311 von Ulm über Ehingen bis Riedlingen, dann über Altheim bis Heiligkreuztal. Etwa 1,5 km westsüdwestlich der Klosterkirche im Wald »Ban«, rechts des Weges, der hier eine scharfe Rechtskurve macht.

Die zweite »Schanze« liegt etwa 1 km südlich der Kirche im Wald »Ruchenholz« auf einer flachen Anhöhe zwischen Nußbach und Soppenbach.

**Zugang**
Linker Hand des Weges von Heiligkreuztal nach SSW.

Folgt man diesem Weg bis zum Hohmichele, dem mit 13,5 m höchsten Grabhügel Mitteleuropas – nicht weit von der Heuneburg, einem keltischen Fürstensitz des 6. und 5. Jahrhunderts v. Chr. –, stößt man unmittelbar östlich des Hohmichele im Wald »Spöckhau« auf einem kleinen Plateau auf die dritte »Schanze«.

## Aldingen-Aixheim

In dichtem Unterholz versteckt und nicht leicht zu finden ist die fast quadratische »Schanze« vom Eichhofswald mit 60 m Seitenlänge.

**Zugang**
A 81 Stuttgart–Singen, Ausfahrt Rottweil, über Rottweil B 14 bis Aixheim, hier Richtung Lauffen über den Neueichhof. Direkt südlich der Straße, 750 m westlich des Neueichhofes im Eichhofwald, 2,1 km westlich von Aixheim.

## Hardheim-Gerichtstetten

1885 war hier die Geburtsstunde der Viereckschanzenforschung, als Kreisrichter Wilhelm Conrady auf die »Schanze« hinwies. Die Ausgräber kamen zu der Überzeugung, ein prähistorisches landwirtschaftliches Gehöft vor sich zu haben. Das Heiligtum liegt in der Abteilung »Zimmerwald«.

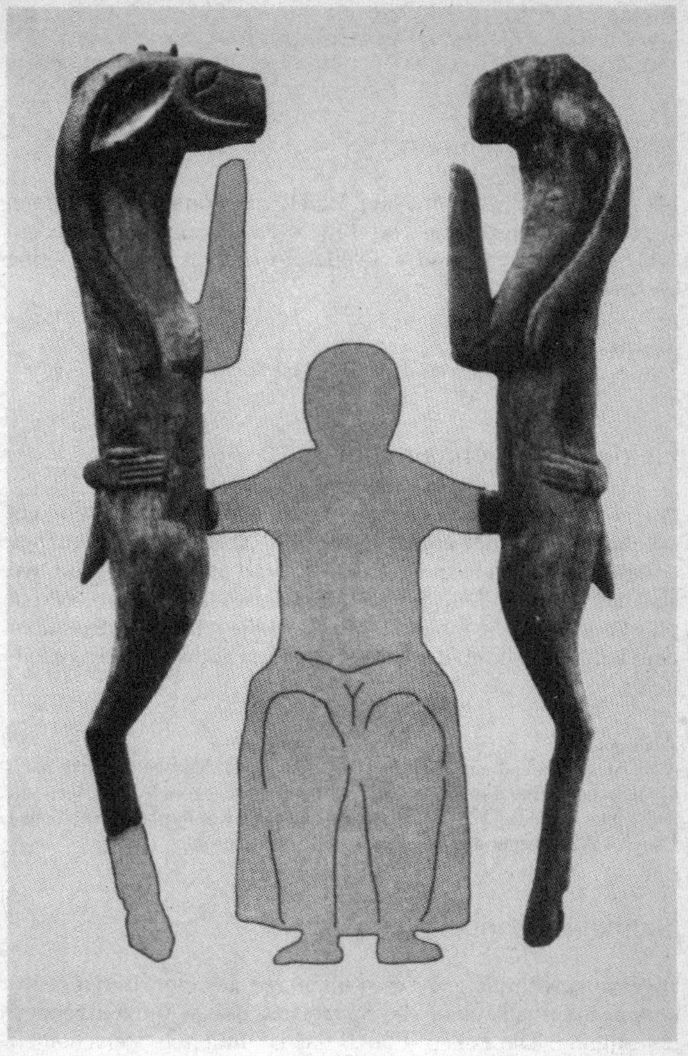

Trägerfiguren am Tor der »Viereckschanze« von Fellbach-Schmiden

**Zugang**
Von Würzburg A 81, Ausfahrt Ahorn. Über Buch nach Gerichtstetten. 1 km südlich von Gerichtstetten, 800 m westlich der Straße nach Eubigheim.

## Königheim-Brehmen

Nicht weit von hier, im Wald östlich von Königheim-Brehmen liegt die Hauptschanze von 113 × 78 m. Südlich davon ein 500 m langer Wall und – wiederum südlich hiervon – eine weitere kleine Schanze.

**Zugang**
A 81 Ausfahrt Tauberbischofsheim, B 27 bis Königheim.

## Heidenheim-Schnaitheim

Bei Heidenheim (südlich von Aalen) hat man eine sehr gut erhaltene Kultanlage entdeckt, die mit 100 × 110 m Seitenlänge annähernd quadratisch ist. Der Wall setzt an der Westseite, wo sich das Tor befand, für 8 m aus (der Graben läuft weiter). Wie so oft ist auch hier die Innenfläche des heiligen Bezirks gegenüber dem Umland erhöht. (Die Wege über den Südwall sind neuzeitlich.)

**Zugang**
A 7, Ausf. Heidenheim Richtung Neresheim. In Steinweiler links nach Kleinkuchen. Hier dem Weg nach Schnaitheim bis zum Wald folgen, zu Fuß weiter Richtung WSW, vorbei an einer alten Köhlerplatte. Nach etwa 1 km im Waldabschnitt »Röserhau«, z. T. im Unterholz.

## Nattheim-Fleinheim

Etwas ungewöhnlich liegt die Kultanlage auf einem Bergrücken, knapp außerhalb einer die Spitze des Berges umgrenzenden Befestigung. Die Ecken – auch das ist unüblich – erscheinen abgerundet.

**Zugang**
Wieder zurück auf die Straße Neresheim-Heidenheim. Über Nattheim bis Fleinheim. Nordwestlich von Fleinheim liegt auf dem nach Osten vorspringenden Höhenrücken »Burg«, 130 m westlich der Abschnittsbefestigung (Wall), die »Schanze« mit dem Tor in der Mitte der Südseite. Der Waldweg führt direkt am Südrand des keltischen Heiligtums vorbei.

## Kirchheim am Ries

Das Heiligtum befindet sich in der Nähe des Ipf, der großen, ehemaligen keltischen Fürstenburg bei Bopfingen. Das Innere der Anlage ist gegenüber dem Außengelände um etwa 1 m erhöht.

**Zugang**
Von Nördlingen B 29 bis Bopfingen. Rechts bis Kirchheim. Am Westende von Kirchheim die Straße gen Norden Richtung Itzlingen. Nach 500 m links abbiegen, Weg nach Jagstheim. 200 m vor dem Ortsanfang, links am Waldrand an einem leichten NO-Hang.

## Leinfelden-Echterdingen

Die annähernd quadratische Kultstätte von knapp 100 m Seitenlänge ist sehr gut erhalten. Sie liegt auf der höchsten Erhebung am Waldrand des »Federlesmahd«. Bereits 1901 wurde die Anlage untersucht.

**Zugang**
Von Stuttgart Richtung Süden nach Echterdingen, 2 km südwestlich von E. im Gemeindewald »Federlesmahd«. Vom Waldparkplatz an der alten Poststraße nach Waldenbuch den beschilderten archäologischen Wegen folgen.

## Nürtingen

Ausgrabungen fanden noch nicht statt, die Anlage wurde erst 1951 entdeckt. Der Grundriß ist fast quadratisch mit Seitenlängen um 100 m. Die Westseite – mit dem vorgelagerten Graben – ist am besten zu erkennen.

**Zugang**
A 8, Ausfahrt Wendlingen, Nürtingen Richtung Großbettlingen. Linker Hand der B 313 im »Kichertwald« 3,5 km südsüdwestlich von Nürtingen bei Punkt 377,3.

## Obermarchtal

Nordöstlich des Kultplatzes liegt ein ausgedehntes Grabhügelfeld von etwa 70 Hügeln, die – sofern sie im Wald liegen – noch recht gut erhalten sind.
Die Nachbarschaft läßt auf einen größeren, frühen Kultbezirk schließen.

**Zugang**
Von Ulm die B 311 über Ehingen nach Obermarchtal. Westlich der Straße nach Reutlingendorf im Wald »Langhau«, etwa 1,5 km südsüdwestlich von Obermarchtal.

## Pliezhausen-Rübgarten

Die Wälle der leicht schiefwinkligen Anlage sind um die 130 m lang. Die erhaltenen Ecken sind deutlich überhöht. Der Torbau in der Mitte der Südostseite ruhte auf zwölf mächtigen Holzpfosten, der Graben ist anscheinend von einer Holzbrücke überspannt worden. Die älteste Anlage war offensichtlich von einem Zaun aus Zweigen eingehegt. In der Nordecke fanden sich die Reste eines kleinen Holzgebäudes.

**Zugang**
Von Stuttgart B 27 bis Tübingen. B 297 Richtung Nürtingen. Hinter Tübingen links zum Gut Einsiedel. 800 m nördlich des Gutes im Wald »Süßer Wasen«, gleich südwestlich der Unterämtler Allee. Historischer Waldpfad.

## Rottweil-Neukirch

Nördlich von Neukirch, westlich des Vaihinger Hofes liegen im Vaihinger Wald zwei »Viereckschanzen«, das »Heidenstädtle«, gut erhalten, aber im Unterholz verborgen, und südlich davon die zweite »Schanze«, vom Waldweg durchschnitten.

**Zugang**

A 81 Stuttgart–Singen, Ausfahrt Rottweil. B 27 Rottweil–Neukirch.

**Literatur**

Kimmig, Bittel, Schieck, a. .a. O. (mit genauen Lageplänen!)
D. Planck, Die Viereckschanze von Fellbach-Schmiden. In: Der Keltenfürst von Hochdorf, Stuttgart 1985
Ders., Eine neuentdeckte keltische Viereckschanze in Fellbach-Schmiden. In: Germania 60, 1982

# Bergheiligtümer

Nach der römischen Besetzung des keltischen Gebietes wurden die mit römischen Götternamen belegten einheimischen Götter, die in der keltischen Naturreligion wurzelten, vielerorts weiterhin in Heiligtümern auf beherrschenden Bergen verehrt. Bergheiligtümer lassen sich in vielen Ländern des antiken Europa und Asien nachweisen als Erscheinungsorte oder Sitz von Göttern, als Verbindungsstätten zwischen Erd- und Himmelsgottheiten. Berge waren »Wesen mit Herzen, die der Kundige schlagen hörte«. Noch in unserer Zeit weigerten sich in Irland Arbeiter, bei der Anlage eines Flugplatzes einen Hügel abzutragen, weil dort die »Feen« säßen.

**Literatur**

Filtzinger, Planck, Cämmerer, a. a. O.
B. Rutkowski, Untersuchungen zu bronzezeitlichen Bergheiligtümern auf Kreta. In: Germania 63, 1985
G. Weisgerber, Bergkult. In: Reallexikon der germ. Altertumskunde 1976

## Die Kultstätte des Merkur auf dem Staufenberg bei Baden-Baden

Vor allem Merkur galt als Gott der Berge, Straßen und Pässe, der Gott des Handels und der Reisenden. Mit Merkur wurde von den Römern der mächtige keltische Gott Teutates umschrieben. Auf dem Staufenberg bei Baden-Baden war eine seiner Kultstätten.

**Zugang**
Von Baden-Baden, vorbei am Neuen Schloß, der Straße Richtung Gernsbach folgen. 2 km vor dem Ort Staufenberg führt rechts ein Waldweg auf die Höhe hinauf. Den Hinweistafeln »Merkur« folgen. (Abends, wenn die Besucher die Bergkuppe verlassen haben, wird es schön dort.)

## Das Bergheiligtum der Diana Abnoba bei Rötenberg

»Wo es rechts zu den Götzenäckern geht«, beschrieb mir der Bauer den Weg. Der Distrikt VIII Abt. 2 im Gemeindewald Rötenberg heißt »Römerbrunnen«. Schön liegt er da, auf der Paßhöhe am Schänzle mit weitem Blick über das Kinzigtal.
Die durch ihre Attribute als einheimische Herrin des Schwarzwaldes gekennzeichnete Göttin wurde in einem Heiligtum mit Quelle und Umgangstempel verehrt. Alte Mauerreste sind im Wald noch gut zu erkennen.

**Zugang**
A 5 Karlsruhe–Freiburg, Ausfahrt Appenweiler, B 28 bis Freudenstadt, B 294 Richtung Schramberg. Kurz hinter Alpirsbach links nach Rötenberg. Hier die Brandsteigstraße bis zum Brandsteighof. Links im Waldrand an der nordwestlichen Ecke liegt die alte Quelle.

## Der Heiligenberg bei Heidelberg

Auch auf dem schon in der Steinzeit besiedelten und von ausgedehnten vorgeschichtlichen Befestigungen umgebenen Heili-

genberg befand sich ein Bergheiligtum. Kelten, frühe Germanen (Neckarsueben), Römer und Christen verehrten in einer ununterbrochenen kultischen Tradition hier ihre Gottheiten. (Im Dritten Reich wurde der Heiligenberg zur »germanischen Feierstätte«; der mächtige Thingplatz ist noch gut erhalten!)
Auch die dem St. Michael geweihte Basilikaruine auf dem Gipfel ist Hinweis auf einen vorchristlichen Bergkult: Michaelskapellen wurden oft am Orte heidnischer Kultstätten errichtet. Hier ist die Ablösung des Merkurkultes durch den christlichen Michaelskult archäologisch belegt: Unter der Basilika liegt ein gallorömischer Tempel. Auch die »collosalische« Statue Dianas ist überliefert.
In den Sagen über Hexenumzüge, die sich um den Berg weben, entdeckt man die Reste heidnischer Kultumzüge.

**Zugang**
A 5 Ausfahrt Heidelberg/Dossenheim. B 3 durch Dossenheim Richtung Heidelberg. Links, nördlich des Neckar, liegt der Heiligenberg. Ausgeschildert.

**Literatur**
Führer, Bd. 3, a. a. O., 1965
P. Marzolff, St. Michael auf dem Heiligenberg, Stadt Heidelberg. In: Archäol. Ausgrabungen in Baden-Württemberg 1982 und 1983

## Der Michaelsberg bei Cleebronn

Der das umliegende Land beherrschende Berg bei Cleebronn wird heute noch Gudingsberg oder Wudingsberg genannt. Unterhalb der schon 793 genannten Michaelskapelle wurde ein gallorömischer Umgangstempel entdeckt.

**Zugang**
Von Heilbronn B 27 Richtung Süden bis Laufen, von dort nach Cleebronn. Etwa 1 km hinter Cleebronn auf der Straße nach Freudental führt der – ausgeschilderte – Weg auf den Michaelsberg.

## Der Michaelsberg bei Gundelsheim

Auch der Michaelsberg am Neckar ist eine »uralte Kultstätte«. In der romanischen Kapelle steht an der Südseite in einer Nische ein Weihealtar des Jupiter und der Juno.

**Zugang**
Von Heilbronn B 27 Richtung Norden bis Gundelsheim. Nördlich von Gundelsheim liegt der Michaelsberg. Ausgeschildert.

## Der Bezenberg in Neuenhaus

Wie auf dem Staufenberg bei Baden-Baden wurde hier – der einheimisch keltischen Göttervorstellungen am ehesten entsprechende Gott – Merkur verehrt. Am nördlichen Hang des Bezenberges liegt die alte Quelle (Stollebrunnen), an der zahlreiche Weihereliefs geborgen wurden.

**Zugang**
Von Stuttgart B 27 Richtung Süden. Rechts nach Neuenhaus abbiegen. Durch Neuenhaus hindurch bis zur Burkhardtsmühle. Parkplatz mit Hinweisschild. Etwa 1 km Richtung Süden zum Bezenberg.

## Das Merkurheiligtum bei Neuhausen

Nicht weit entfernt liegt das einheimisch-keltischen Gottheiten geweihte Merkurheiligtum bei Neuhausen. In Baden-Württemberg sind zur Zeit der römischen Besetzung keinem Gott so viele Bildwerke gestiftet worden wie Merkur, dem Gott der Kaufleute und des Handels. Die Bedeutung seines einheimischen göttlichen Vorgängers Teutates trug sicher viel zu seiner Beliebtheit bei. Die keltische Göttin Rosmerta ist ihm im gallischen Raum als Kultgenossin beigesellt.

**Zugang**
Von Neuenhaus über Aich nach Nürtingen. Von Nürtingen Richtung Neuhausen. Vor Neuhausen Wanderparkplatz Sauhag. Richtung Osten zur Abt. Rotwiesenhalde.

## Drei »starke Plätze« auf der Schwäbischen Alb

Auf der Suche nach den eigenen Wurzeln, der eigenen Kultur, der Verbindung zur eigenen Erde – und nicht derjenigen sibirischer Schamanen, peruanischer Medizinmänner oder balinesischer Zauberer – ist das Aufsuchen von »starken Plätzen« heute ein Muß in jedem besseren Esoterik-Workshop oder spirituellen Seminar. Aber »Vorsicht vor der Urenergie, mit der du in Berührung kommst. Vorsicht vor dem Rausch, in den du geraten kannst!« Denn: »Plätze können wie Drogen wirken.«

Das *Eselsburger Tal bei Heidenheim* ist durch seine Eiszeithöhlen und archäologischen Ausgrabungen bekannt. Hier sind es die »Steinernen Jungfrauen«, die aufgesucht werden, ein Platz, der einige Seminarteilnehmerinnen »glattweg umgehauen« haben soll.

**Zugang**
Von Ulm A 7, Ausfahrt Niederstotzingen, B 19 Richtung Herbrechtingen. Links über Eselsburg in das Brenztal hinein, nördlich von Eselsburg liegen gleich am Wegrand die bizarren Felsnadeln der Steinernen Jungfrauen.

**Literatur**
J. Hahn, Die steinzeitliche Besiedlung des Eselsburger Tales bei Heidenheim, Stuttgart 1984

Die *Quelle im Hungerbrunnental* soll immer dann besonders stark sprudeln, wenn sich Katastrophen anzeigen. Die alte Frau, die uns in einer Gaststätte in der Nähe ein Brot zubereitete, erzählte, daß die Quelle 1914 und 1939 besonders stark gesprudelt habe. Und seit Tschernobyl kommt ohne Unterlaß so viel Wasser hervor, daß sich fast ein kleiner Fluß gebildet hat.

**Zugang**
Von Herbrechtingen nach Dettingen, Heuchlingen. Die Straße von Heuchlingen nach Altheim führt durch das Hungerbrunnental. Auf halber Strecke rechts Parkplatz. Von hier zu Fuß nach links zur Quelle.

»Ein alter Zauber« liegt auf dem *Knillwäldchen bei Sontheim.*

Als »Heiliger Hain« wird er bezeichnet, als alte Orakelstätte – auch ohne archäologische Beweise. Tatsächlich umfängt die Menschen, wenn sie zwischen den beiden hohen Bäumen hineingehen, eine Art heiliger, ehrfürchtiger Atmosphäre. Und es ist gut vorstellbar, daß schon in uralten Zeiten Menschen hier ihre Naturreligion ausübten.

**Zugang**
Von Altheim über Gerstetten Richtung Steinheim. Kurz nach Überqueren der B 466 beim »Wirtshäusle«, bei der Einfahrt nach Sontheim, unterhalb der Steinformation rechts beginnt ein Wanderweg (Tafel mit Geländeplan). Es gibt auch einen befestigten Weg von Sontheim aus Richtung Osten bis unterhalb des Wäldchens, wird aber nicht benutzt, denn: »Du fährst ja auch nicht mit dem Auto in den Kölner Dom.«

## Goldberg und Ipf – Kultstätten noch heute

»Einer der schönsten und stärksten Plätze, die ich kenne«, nennt die Matriarchatsforscherin Ute Schiran, die sich in der Tradition der weisen Frauen und Heilerinnen sieht, den *Ipf* bei Bopfingen. Oben auf dem Plateau, »wo immer der Wind weht«, feiert sie zusammen mit anderen Frauen aus der Umgebung die Jahreskreisfeste und ihre rituellen Zusammenkünfte.
Ja, es ist schön dort oben, auf diesem von einem halbhohen Wall umgebenen ovalen Rund. (Nur nicht gerade am Sonntag, wenn die Modellflugzeuge von dort gestartet werden.) Von weither überragt der kahle Kegel des Ipf – eine alte keltische Fürstenburg mit mächtigen Wallanlagen – die Landschaft des Nördlinger Ries, ein schüsselartig vertieftes Becken von 23 km Durchmesser, das vor 15 Millionen Jahren durch den Aufprall eines großen Himmelskörpers aus dem Weltall entstand. (In diesem riesigen Meteoritenkrater absolvierten die Astronauten von Apollo 14 und 17 ihr geologisches Fieldtraining.)
Die beherrschenden Höhen von Ipf und Goldberg dienten schon dem vorgeschichtlichen Menschen als Siedel- und Kultplatz zugleich. Vom Ipf ist ein an die vorgeschichtliche Bedeutung anknüpfendes mittelalterliches Frühlingsfest bezeugt, das

bis zum Ende des 18. Jahrhunderts begangen wurde, im 19. Jahrhundert dann die Ipfmesse; und heute – siehe oben. Der Bauer auf seinem Trecker grinste, als er den Weg zum *Goldberg* wies. »Gold und Münzen finden Sie da aber nicht mehr. Die haben schon alles rausgeholt.« Siedlung (von der Steinzeit an) und Opferstätte zugleich, bot der Goldberg eine Fülle von Funden. Kreisrunde bis 4 m tiefe Schächte aus der Jungsteinzeit wurden entdeckt, gefüllt mit den Resten ritueller Opferhandlungen, darunter aufgeschlagene menschliche Röhrenknochen und Schädelreste – zum Teil mit Brandspuren, gedeutet als Zeichen kultischen Kannibalismus – und tierische »Zauberknochen«.

**Zugang**

A 7, Ausfahrt Aalen–Westhausen, B 29 bis Bopfingen. In Bopfingen links die Alte Kirchheimer Straße zum Parkplatz am Fuße des *Ipf.* Eine alte Lindenallee führt auf das Plateau. Dieser Weg war auch der antike Zugang zur Keltenburg. Zum *Goldberg* weiter die B 29 Richtung Nördlingen bis Pflaumloch. Hier links Richtung Goldberghausen. Hinter dem Ortsausgang Pflaumloch links am hohen Holzkreuz in den Feldweg biegen, rechter Hand liegt das Plateau des Goldbergs.

**Literatur**

W. Dehn, Vor- und frühgeschichtliche Bodendenkmale aus dem Ries, Nördlingen 1950
Führer, Bd. 40 u. 41, a. a. O.
Ute Manan Schiran, Menschenfrauen fliegen wieder, München 1988

## Naturheilige Plätze im Schwarzwald

Einsame Fundorte von Einzeldeponierungen (im wesentlichen Axt/Beil, Schwert und Lanze) in erreichbarer Nähe von vorgeschichtlichen Siedelgebieten und Straßenführungen, zumeist in der Nähe von Quellen und Mündungen sowie in Höhen- und Paßlagen hat Stefan Winghart, München, für die ostbayerischen Grenzgebiete (s. dort) und den Schwarzwald zusammengetragen. Bei der Auswahl des Platzes und den Beweggründen zur Niederlegung könnte man »an die Indianer denken, die sich

Die Martinskapelle . . .

. . . oberhalb der Bregquelle

eine Zeitlang auf einen Berg für Visionen, Initiation und Namensgebung zurückzogen«.
Die Einzelfunde sind nahezu deckungsgleich den bekannten Weihegaben in Flüssen, Mooren und Quellen. Aber welcher individuelle Glaube, welches Motiv dahintersteckt, welche Rituale an bestimmten naturheiligen Orten gefeiert wurden, können wir »kaum mehr nachvollziehen, da der moderne Mensch Natur im wesentlichen von der überlegenen Warte sieht, sie als etwas Bemitleidenswertes und Schützenswürdiges, nicht hingegen als Bedrohung oder existentielle Grundlage, als *condition humaine,* nimmt«.
Einige Fundplätze vermitteln uns heute noch eine Ahnung der »mythischen Qualität« im Denken der Naturvölker. Die schönsten im Schwarzwald (mit Dank an S. Winghart für die Hinweise) sind:

*Baden-Baden:* Eine schroffe und hohe Felsklippe auf dem Battert, der weitaus höchsten Erhebung der gesamten Umgebung mit hervorragendem Weitblick. Am Südosthang entspringen drei Quellen zur Oos. Desgleichen das Steinwäldchen am südlichen Fuß des Battert über dem Rothenbächletal.

**Zugang**
A 5 südlich von Karlsruhe, Ausfahrt Baden-Baden, im Bereich der Festung Hohenbaden, nördlich von Baden-Baden.

*Hausach,* Ortenaukreis: Bergrücken zwischen zwei Bächen zum breiten Flußtal der Kinzig. Bereich um die Ruine Hausach an der Nordspitze des zum Kinzigtal vorstoßenden Kreuzberges. Auf der anderen Flußseite ist die Mündung des Einbaches.

**Zugang**
A 5, Ausfahrt Lahr, B 415, 33.

*Nußbach, Triberg:* Das rauhe und waldige Bergland auf dem kleinen, 250 m breiten Gratrücken zwischen den beiden Quellbächen der Gutach (Rheinzufluß).

**Zugang**
Von Hausach weiter die B 33 Richtung Triberg, östlich von Triberg, Richtung St. Georgen.

Die Deponierung der Keule oder Hacke aus der Jungsteinzeit erfolgte im Gebiet der Hauptwasserscheide zwischen dem Rhein- und dem Donausystem: Nur 3 km südöstlich der Fundstelle entspringt die *Brigach,* einer der beiden Quellflüsse der Donau. Hier wurde ein gallorömisches Relief mit einer Darstellung einheimischer Gottheiten wie Cernunnos mit einem Hirschen und Astarte/Aphrodite/Venus gefunden, das auf ein altes keltisches *Quellheiligtum* an dieser Stelle schließen läßt.

**Zugang**
Von Nußbach Richtung St. Georgen, Brigach. Von Brigach Straße Richtung Furtwangen, kurz hinter Brigach rechts auf dem Gelände des Hirzbauernhofes.

Von hier weiter nach Schönwald, Farnberg bis zur *Bregquelle,* dem anderen Quellfluß der Donau. Oberhalb liegt die Martinskapelle. Auf dem Zettel, der an der Tür angeschlagen ist, steht: »Die Martinskapelle (alte Missionskirche) wurde erbaut um die Zeit Karls d. Gr. (800 n. Chr.) von Benediktinermönchen, als die Bevölkerung hier noch heidnisch war . . .«

*Marzell,* Gde. Malsberg, Lkr. Lörrach: Auf den Halden 500 m nordöstlich des Dorfes, dem Südhang des Rasinakopfes über dem Mündungswinkel von Kander (östlich) und Maisenbach (westlich). Quellgebiet der Kander.

**Zugang**
A 5, Ausfahrt Müllheim/Neuenburg, B 378 Badenweiler, Marzell.

**Literatur**
S. Winghart, Vorgeschichtliche Deponate im ostbayerischen Grenzgebirge und im Schwarzwald. In: RGK 67, 1986

# BAYERN

Der Rabenfels bei Neuhaus

Mit Dank an Prof. Dr. Walter Torbrügge, Alfred Reichenberger und Manfred Moser, Regensburg, Otto Braasch, Landshut, Frau Dr. Ingrid Burger, Kelheim, Ferdinand Leja, Nürnberg, Dr. Rudolf Albert Maier und Dr. Stefan Winghart, München.

**Literatur**

R. Christlein, O. Braasch, Das unterirdische Bayern, Stuttgart 1982
Führer zu archäologischen Denkmälern in Deutschland, Bd. 5 u. 6, Stuttgart 1984
Führer zu vor- und frühgeschichtlichen Denkmälern, Bd. 8, Mainz 1967; Bd. 18, Mainz 1971/78; Bd. 40 u. 41, Mainz 1979 (vergriffen)
W. Torbrügge, H. P. Uenze, Bilder zur Vorgeschichte Bayerns, Konstanz 1968

**Fundmeldungen**

Bayer. Landesamt für Denkmalpflege
Abt. für Vor- und Frühgeschichte
Am Hofgraben 4
8000 München 1
Tel. 089/2 11 41

## Kultfelsen

Wie in Athen der heilige Felsen die ursprüngliche Kultstätte bildete, waren auch unseren Vorfahren »von Natur aus« auffällige Berggipfel, schroffe Abhänge oder einzelne, einsam emporragende Felstürme heilig. Archäologische Funde bestätigen für unseren Raum die antiken Überlieferungen der Verehrung von Gottheiten an Felsaltären.
Das Opferbrauchtum an Felstürmen ist kontinuierlich von der Jungsteinzeit bis zur römischen Besetzung der keltischen Gebiete belegt. Auf einem Plateau vollzog der Priester die rituellen Kulthandlungen und stürzte die geweihten Gaben samt Tongefäßen – um sie dem profanen Gebrauch zu entziehen – den Felsen hinunter.

### Der Rabenfels bei Neuhaus

Am eindrucksvollsten fand ich den Rabenfels bei Neuhaus, von der Form her vergleichbar dem vorspringenden Felsen Peña Tú im spanischen Asturien mit seinen bekannten Kultgravierungen. Mitten im Waldgebiet erhebt sich plötzlich nach einer Biegung gleich neben dem schmalen Weg der 40 m hohe kahle Felsturm: Senkrecht ragt er mit seinen steilen, glatten Wänden in den Himmel; oben, auf der Spitze, verbreitert er sich in eine überhängende Plattform. Auch dort wurden Scherben gefunden, obwohl man nur mit bergsteigerischen Mitteln hinaufgelangen kann.

**Zugang**
A 9 Nürnberg–Berlin. Ausfahrt Plech, über Plech, Höfen nach Neuhaus, Krottensee. Von hier nach Norden Richtung Ranna. An der Straße Neuhaus–Ranna liegt knapp 1 km vor Ranna links an der Straße ein Gedenkstein mit Hütte. Hier rechts in den forstwirtschaftlichen Weg einbiegen. Nach fast 1 km führt ein Weg nach links mit dem Wegweiser »Hohe Tanne«. Diesen Weg nicht nehmen, sondern etwa 200 m weitergehen. Dann den Weg nach links einbiegen. Nach knapp 1 km taucht plötzlich links die in der Sonne fast weiß glänzende, hoch aufragende Wand des Rabenfels auf.

## Der Neutrasfelsen bei Hersbruck

Der weiter südlich liegende Neutrasfelsen bei Hersbruck ist wie der Rabenfels für eine Siedlung oder Fliehburg vollkommen ungeeignet. Auch hier liegt rings um den Felsen alles voller 3000 Jahre alter Keramik. (Bitte bei beiden Felstürmen besonders achtsam sein. Ausgrabungen und Bearbeitung stehen noch bevor! Mit Dank an F. Leja für den freundlichen Hinweis.)

**Zugang**
A 9 Nürnberg–Berlin, Ausfahrt Lauf-Nord, B 14 über Hersbruck bis Pommelsbrunn. Hier links nach *Neutras*. Südlich von Neutras, gegenüber der Wirtshausterrasse liegt der Felsen.

## Der Maximilianfelsen bei Krottensee

Nicht weit vom Rabenfels liegt der 1958 als Kultplatz erkannte Maximilianfelsen bei Krottensee. Auch dieser Felsblock mit seinen senkrechten Wänden und dem nur mit dem Seil zu erkletternden abgetrennten Felsturm ist als Siedel- oder Fluchtstätte undenkbar.
Seiner Form und Lage wegen ist das Massiv immer wieder über Jahrtausende hinweg zu rituellen Opferfeierlichkeiten aufgesucht worden. Die Keramik von der Jungsteinzeit bis zu den Kelten lag vorwiegend am Fuß der Felsgruppe, in den Spalten und einige Scherben oben auf der Spitze.

**Zugang**
Von Neutras Richtung Osten auf die B 85. Die B 85 über Gaißach Richtung Norden. Etwa 1 km hinter Lunkenreuth führt links ein Weg in den Wald hinein zur ausgeschilderten Maximiliansgrotte in Krottensee, heute eine Schauhöhle, früher kultisch genutzt. Auf halber Strecke liegt rechts an diesem Waldweg eine Parkeinbuchtung. Von hier führt ein Pfad die Anhöhe zum Felsmassiv empor. Leider wird der Maximilianfelsen heute von Kletterern als Übungswand benutzt und ist voller Einpickelungen.

**Literatur**
A. Stroh, Der Maximilianfelsen im Landkreis Eschenbach (Oberpfalz). In: Aus Bayerns Frühzeit, München 1962

Der Maximilianfelsen bei Krottensee

## Der Motzenstein bei Wattendorf

Die wie ein gewaltiger hohler Zahn aufragende Felsgruppe mit einer ziemlich ebenen inneren Plattform ist ein seit der Jungsteinzeit immer wieder aufgesuchter Kultfelsen. Der Sage nach zog von Wattendorf den Grund herauf das Wilde Heer.

**Zugang**
Von Bamberg B 505 Richtung Nordosten bis Scheßlitz. Von hier bis Wattendorf. 500 m südöstlich des Dorfes liegt der *Motzenstein.*

**Literatur**
O. Kunkel, Die Jungfernhöhle bei Tiefenellern, München 1955

## Die Chamnitzen bei Kümmersreuth

Im Klotzgau, dem »Land der glucksenden Quellbäche«, liegen die Chamnitzen (bis 1760 Kemnitzen), zwischen Kümmersreuth und Lahm, wo einem der Sage nach die Wilde Jagd begegnen kann. Das sich über 300 m erstreckende, steil aufragende Felsenriff war für eine Siedlung gänzlich ungeeignet. So werden die hier gefundenen zerschlagenen Gefäße als Reste von Opfergaben gedeutet, die die urgeschichtliche Bevölkerung bis zu den Kelten, Germanen und Slawen – wohl noch nach deren offizieller Christianisierung – an dieser Stätte uns unbekannten Gottheiten weihte (s. S. 98).

**Zugang**
Von Wattendorf bis Kümmersreuth. Auf der Straße nach Schwabthal, Lahm liegt rechts ein Parkplatz mit Hinweisschild auf das Loipengebiet. Diesem Weg folgen bis zur Kreuzung mit Wegweiser nach rechts zu den Chamnitzen. (1 km nordnordwestlich liegt der Felsklotz *Hohler Stein,* wie die Chamnitzen Kultstätte wohl bis in das 11. Jahrhundert n. Chr.)

**Literatur**
H. Jakob, Der Klotzgau – ein slawischer Kleingau am Rande der Fränkischen Alb. In: Zeitschrift für Archäologie, Jg. 16, 1982

## Der Hohle Stein bei Stücht

Auch am Hohlen Stein bei Stücht, einem nach allen Seiten steil aufragenden kleinen Felsplateau, weisen bronzezeitliche Funde (Ritualdolch) auf einen geheiligten Platz unserer Vorfahren hin. (Mit Dank an Prof. Torbrügge für den freundlichen Hinweis auf diese drei Kultstätten.)

**Zugang**
A 73 Nürnberg–Bamberg, Ausfahrt Forchheim-Nord, B 470 Richtung Osten über Ebermannstadt, links nach Heiligenstadt, Stücht. Auf der Straße von Stücht nach Brunn links nach Reckendorf abbiegen. Gleich nördlich von Reckendorf liegt der Felsen Hohler Stein. (Nicht weit von hier ist die als »Kannibalenhöhle« bekannte Jungfernhöhle von Tiefenellern, s. dort.)

**Literatur**
Ausgrabungen und Funde in Oberfranken 4, 1983/84

## Der Maifelsen bei Essing

Dieser Felsstock mit ebenem Plateau fällt nach drei Seiten steil ab. Am südlichen Talhang fanden sich Scherben, »die teilweise fast so dicht lagen wie das Herbstlaub«.
Bis in die jüngste Zeit wurde auf dem abliegenden Felsen der Maibaum der Gemeinde Essing aufgestellt.

**Zugang**
Von Regensburg B 16 bis Kelheim, weiter nach Essing. Die neue hölzerne Fußgängerbrücke über den Altmühlkanal bei Neuessing führt direkt auf den Maifelsen zu.

**Literatur**
A. Stroh, Der Maifelsen bei Essing, Ldkr. Kelheim. In: Fundberichte Schwaben, NF 17, 1965

## Die Schellnecker Wänd bei Essing

Der Hang am Fuß der mächtigen Schellnecker Wänd im Altmühltal liegt immer noch voll mit den Scherben rituell zerschlagener Tongefäße, die die Opfergaben – Speise und Trank – enthielten. Man braucht sich nur zu bücken und sie – an den Stellen aufgeworfener Erde – aufzulesen. Der Abstand von der Felswand läßt ein bewußtes Herabwerfen der Keramik vermuten. Die tiefe Scherbenhäufung ist mit kohlschwarzer Erde und verbrannten Tierknochen versetzt, Reste von Opferhandlungen um 1000 v. Chr.
(Im Abri am Fuß der Felswand wurde eine steinzeitliche Doppelbestattung aus dem 6. Jahrtausend v. Chr. entdeckt: Eine junge Frau und ein etwa dreijähriges Mädchen – Mutter und Kind – waren hier beigesetzt, mit einander zugewandten Gesichtern, das Kind in den Armen der Frau ruhend. Über die beiden Gesichter war ein krähengroßer Vogel gebreitet.)

**Zugang**
Vom Maifelsen an der Altmühl entlang Richtung Südosten (vorbei an den *Klausenhöhlen,* in denen ein »Zauberstab« gefunden wurde, ein Lochstab mit einem geritzten Maskenbild), die Straße Essing–Neustadt überquerend, dem Weg am Südufer weiter folgen, bis rechts ein Trampelpfad zu der Felswand führt.

**Literatur**
Führer, Bd. 5 und 6, a. a. O.

## Der Abschnittswall im Walde Brand

Auch die Funde des Felsturms und Abschnittswalles Brand bei Attenzell, »deren Ritualcharakter offensichtlich« ist, weisen auf eine geheiligte Stätte hin und stellen diesen Platz in die Reihe der bisher entdeckten Kultfelsen in Bayern. Die aufgefundenen manipulierten menschlichen Schädelstücke stellen wohl Opferreste dar.

Die Schellnecker Wänd bei Essing

**Zugang**
Von Kelheim aus weiter über Riedenburg bis Kipfenberg, Attenzell Richtung Schambach. Der Felssporn ragt unmittelbar oberhalb der östlichen Steilwand der zu Schambach gehörenden »Lochmühle« oder »Lohmühle« in das Schambachtal. Rückwärts auf der Hochfläche schließt sich der kleine Abschnittswall an.

**Literatur**
R. A. Maier, Zum »Abschnittswall im Walde Brand« des Katalogs Eichstätt von Friedrich Winkelmann. In: Germania 56, 1978

## Aschenaltäre

In die graue Vorzeit der Heroen verweist die Sage die Gründung der ältesten Kultstätte des Zeus im zentralen Heiligtum von Olympia: der große Aschenaltar, kultischer Mittelpunkt der Altis. Im Freien, in einem umhegten heiligen Bezirk, stieg der Rauch der Weihegaben empor und schuf die Verbindung zu den himmlischen Mächten. Gebete und Gesänge, Tänze und rituelle Umzüge werden – wie im alten Griechenland – auch die Opferfeierlichkeiten unserer Vorfahren begleitet haben.
Aschenaltäre an naturheiligen Orten als religiöser Mittelpunkt größerer Gemeinschaften sind für unseren Raum ab der frühen Bronzezeit nachgewiesen worden, Zeugen einer gemeinsamen alteuropäischen Wurzel von Kult und Opferbrauchtum. Die Asche der dargebrachten Speisen und Getränke, der verbrannten Knochen und der zugehörigen zerbrochenen Tongefäße wuchsen teilweise zu meterhohen Hügeln empor.
Die Lage der Kultstätte auf einem heiligen Berggipfel, einem Abhang oder im weiten Talkessel ließ das hoch auflodernde Feuer von weither sichtbar sein.

**Literatur**
W. Krämer, Prähistorische Brandopferplätze. In: Helvetia Antiqua, Festschrift Emil Vogt, 1966.
B. Rutkowski, Untersuchungen zu bronzezeitlichen Bergheiligtümern auf Kreta. In: Germania 63, 1985

# Der Rollenberg bei Hoppingen

Auf einer erhöhten Felsterrasse des Rollenbergs, einem auffälligen einzelnen Bergkegel, dem »Wächter am Austritt der Wörnitz aus dem Ries«, fand sich auf dem Gipfel eine kreisrunde Fläche angefüllt mit Massen von Knochen und Scherben. Das Naturheiligtum ist von einem heute noch schwach sichtbaren, ovalen Steinwall umgeben, Einhegung des Opferplatzes, des heiligen Bezirks.
Das daneben liegende Plateau (Wiese) mit seinen Steinsetzungen läßt an ein Kalendarium denken, an Jahreszeitenfeste und die Beziehung zum Sonnenkult, worauf in der älteren Literatur zu den naturheiligen Brandopferplätzen hingewiesen wird. (Vorsicht: Sonntags ist die Bergkuppe mit Modellflugzeug-Menschen bevölkert!)

**Zugang**
A 7, Ausfahrt Aalen–Westhausen, B 29 bis Nördlingen, B 25 Richtung Harburg. Nordwestlich von Harburg, am Austritt der Wörnitz aus dem Rieskessel, liegt Hoppingen. In Hoppingen die Straße Rollenbergring hinauf. Den zweiten Feldweg rechts bis zur erhöhten Felsterrasse auf der nordöstlichen Spitze des Rollenbergs.

Steinsetzungen auf dem Rollenberg bei Hoppingen

**Literatur**
W. Dehn, Vor- und frühgeschichtliche Bodendenkmale aus dem Ries, Nördlingen 1950
Führer, Bd. 40 u. 41, a. a. O.

## Der Weiherberg bei Christgarten

Auch die Höhe des Weiherbergs wird von einem Ringwall umschlossen. Im Inneren der Einfriedung liegt ein altes sumpfiges Wasserloch, auf der höchsten Felskuppe sind dicht beieinander zwei Opferplätze nachgewiesen worden (heute mit einem grob handgefertigten Kreuz aus dicken Ästen gekennzeichnet; s. S. 83). Außer Tierknochen und Scherben fand sich in den Resten dreier Gefäße verkohlter Emmerweizenbrei als Speiseopfer.

**Zugang**
Von Hoppingen zurück auf die B 25 bis Möttingen (vorbei an Lierheim mit seiner »Hexenküche«, vgl. dort), Balgheim, Niederaltheim, Anhausen. Von der Straße Anhausen Richtung Aufhausen, gut 1 km hinter Christgarten, führt rechts ein befestigter Forstweg den stillen Weiherberg hinauf. Vor dem Tor (läßt sich öffnen) parken und den Weg zu Fuß die Anhöhe hinauf bis zum freien Plateau mit altem Weiher. Im Wald linker Hand auf der höchsten Erhebung nahe dem Nordhang, gleich bei der Felsgruppe, liegen die beiden kleinen – heute mit einem handgefertigten Kreuz »verzierten« – Opferplätze von nur je 2,5 qm Fläche. (Am östlichen Felshang des Weiherbergs liegt eine kleine Höhle mit keltischen Spuren).

**Literatur**
W. Dehn, Vor- und frühgeschichtliche Bodendenkmale aus dem Ries, Nördlingen 1950
Führer, Bd. 40 u. 41, a. a. O.

## Der Osterstein bei Unterfinningen

ist einer der wenigen Kultplätze Deutschlands, der auch als ein solcher offiziell ausgeschildert ist: Der Name des Ortes und die Lage der Scherbenhäufung bei dem auffallenden Felsturm wei-

sen auf ein absichtliches Zerschlagen von Opfergefäßen hin. Das Zertrümmern unterstreicht den Opfergedanken: Was den Überirdischen geweiht ist, soll der Mensch nicht mehr benutzen. Der kultische Charakter wird durch die naheliegenden Grabhügel im Wald noch betont.
»Der Osterstein und seine Umgebung können mit dem Begriff ›Heiliger Bezirk‹ charakterisiert werden.«
Soweit die Hinweistafel auf die vorgeschichtliche Kultstätte, ein ruhig und einsam liegender kleiner Felsturm im Wald. Zehntausende kleiner Scherben lagen in schwarzer Erde über künstlichen Steinsetzungen als Altäre (s. S. 80). Und heute wird der Platz wieder zum Feiern von rituellen Zusammenkünften und Jahreskreisfesten aufgesucht.

**Zugang**

Von Aufhausen über Eglingen, Demmingen nach Unterfinningen. Der Osterstein liegt etwa 1,5 km ostwärts vom Nordausgang des Dorfes. Der Ostersteinstraße und dem Wegweiser mit den roten Punkten folgen bis zu den als »vorgeschichtliche Kultstätte« ausgeschilderten Ostersteinen mit ihrer langen Tradition kultischer Handlungen.

**Literatur**

H. J. Seitz, R. Schottorf, Der Osterstein bei Unterfinningen (Ldkr. Dillingen), eine vorgeschichtliche Kultstätte. In: Bayer. Vorgeschichtsblätter 21, 1955–56

## Der Stätteberg bei Unterhausen

ist heute noch dicht mit der rituell zerschlagenen Keramik bepackt. Hoch über der Donau liegt die Kuppe, steil zum Mündungswinkel der kleinen Paar mit der Donau abstürzend. Die Höhe wird von vorgeschichtlichen Wallanlagen umringt mit einigen mannsgroßen Zwischenräumen und Nischen, wie wir sie von den Felsnischen der kretischen Heiligtümer zur Unterbringung von Kultbildern kennen.
Auf dem höchsten Punkt des nördlichen Innenraums wurden zentnerweise Scherben und verbrannte Knochensplitter aus ver-

schiedenen Perioden geborgen, 1850 vom ersten Ausgräber so gedeutet: »Unstreitig bestand hier einst ein Kochherd.« Ein Opferplatz, der von den frühen Kelten in einer uralten Tradition immer wieder aufgesucht worden ist.

**Zugang**
Von Unterfinningen, Dillingen die B 16 über Donauwörth Richtung Neuburg. In Unterhausen links die Keltenstraße nach Westen, dann nach Norden. Der bewaldete Stätteberg mit seiner Wallanlage liegt genau im Mündungswinkel der Kleinen Paar mit der Donau, unmittelbar am südlichen Donauufer. Am Ende des auf halber Höhe verlaufenden Waldweges, auf der höchsten Kuppe, fällt links der Westhang steil zur Kleinen Paar ab. Rechter Hand ein Plateau und ein kleiner Wall. Etwa 100 m nach rechts, dann etwa 20 m wieder nach rechts, Richtung Süden. In der neu aufgeforsteten leichten Anhöhe liegt der ehemalige Brandopferplatz, der Waldboden ist heute noch voller Scherben von den rituell zerschlagenen Opfergefäßen.

**Literatur**
W. Dehn, Der Stätteberg bei Unterhausen, Ldkr. Neuburg a. d. Donau. In: Germania 30, 1952

## Der Wasserfeldbühel bei Oberaudorf

Stolz vermerkt Dorfpfarrer Fritz Bauer, daß »Oberaudorf einer der wenigen Orte ist, die einen Kultplatz aufweisen können«. Und was für einen! Massenweise wurden Scherben und angebrannte Tierknochen in dem fast rechtwinklig angelegten, 15 m hohen und 100 m langen Opferhügel gefunden. Zahllose Gefäße mit geweihten Gaben sind offensichtlich auf ihm zerschlagen worden, »in Zeremonien von antikischer Würde, die sich jedermann nach seiner Phantasie selbst ausmalen kann. Trotz der zeitlichen und örtlichen Entfernung repräsentiert der Hügel von Oberaudorf jedenfalls dasselbe Prinzip mythischer Erhöhung, wie es den mittelamerikanischen Opferpyramiden und dem babylonischen Turmbau zugrunde liegt.«
Die beiden Flügel des Winkels bilden am Treffpunkt ein kleines Plateau mit Blick gegen die aufgehende Sonne. So mag an diesem heiligen Platz vor vielen Generationen ein Sonnenkult gefeiert worden sein.

**Zugang**
Von München A 8 Richtung Süden, A 93 Richtung Kufstein, Ausfahrt Oberaudorf. Von der Ortsmitte beim Bäckerbrunnen etwa 600 m in Richtung des nordwestlich gelegenen Ortsteils Bad Trißl gehen. Linker Hand im freien Feld liegt der Opferhügel, heute »Gscheier Bichl« genannt.

**Literatur**
F. Bauer, Unser Audorf, Oberaudorf 1980
W. Torbrügge, Vor- und Frühgeschichte in Stadt und Landkreis Rosenheim, 1959

## Der Brandopferplatz von Schongau

Der »Schloßberg« bei Schongau wird im Westen und Norden von einer Lechschleife umflossen. Auf den Burgwiesen im Vorburgbereich des ehemaligen mittelalterlichen Welfenschlosses kam kohlschwarze Erde mit kalzinierten Knochen zutage. Der Bereich der Opferstätte ist heute noch gut am schwarz-kohligen Boden mit einigen fast schwarzen Tonscherben zu erkennen.

**Zugang**
Von München die B 2 über Starnberg, Weilheim, die B 472 bis Peiting. Beim Ortsausgang Peiting Richtung Schongau links am Welfenbrunnen den Berg hinauf zum »Schloßberg« (Hinweisschild). Auf dem Hang unterhalb der Holzhütte auf der Anhöhe liegt im ehemaligen Vorburgbereich der Opferplatz.
(In Alt-Schongau, dem heutigen *Altenstadt,* befindet sich einer der »stärksten« Plätze, wie ich empfand: die über einer alten Steinkirche errichtete päpstliche Basilika St. Michael. Davor ist für Alt-Schongau eine hölzerne Missionskirche belegt. Denn schließlich »befreite der Bannerträger St. Michael die Seelen aus dem Rachen des Löwen und geleitete sie zum heiligen Licht« . . .)

**Literatur**
R. A. Maier, Brandopferplätze um Schongau in Oberbayern. In: Germania 47, 1969

## Der Weinberg bei Burggen

war mit seinen nur 20 Metern Erhöhung nicht leicht zu finden. Selbst die Dorfbewohner hatten nie etwas von ihm gehört, erst recht nicht über den dortigen Brandopferaltar. Sie wiesen mich zu einem einsamen Bauernhof hinter Burggen. Der Bauer dort, der wisse Bescheid.
Und ob er wußte, der alte Mann mit dem stoppeligen Bart und dem – zumindest für Norddeutsche – kaum zu verstehenden Oberbayerisch. Als er mich fragte: »Kennen Sie Strabo?«, glaubte ich zuerst, daß er irgendeinen bayerischen Mundartdichter meinte. Aber nein, es ging tatsächlich um das vom antiken Historiker Strabo 25 v. Chr. beschriebene Opferbrauchtum an Aschenaltären.
Die kleine Anhöhe, an deren nördlichem Fuß das künstlich verlegte Steinpflaster mit dem kohlig versetzten Knochenschutt entdeckt wurde, fällt auf, weil sie unvermittelt und ohne sichtbaren Grund ein hohes Kreuz trägt.

**Zugang**
Von Schongau über Engenwies Richtung Burggen. Auf halbem Weg zwischen Engenwies und Burggen steht linker Hand eine auffällige Linde am

Der Weinberg bei Burggen

Weg. Etwa 100 m davor führt ein Feldweg zum Hügel *»Weinberg«* (mit einem Kreuz auf der Spitze). Der Opferplatz mit Steinpflasterung lag am nördlichen Hangfuß.

**Literatur**

R. A. Maier, Brandopferplätze um Schongau in Oberbayern. In: Germania 47, 1969

## Der Auerberg

Wie beim Weinberg und Schloßberg ist auch hier der Aschenaltar unter der Höhe entdeckt worden. Leider behinderte dichter Hochnebel an diesem Tag den Blick, der vom 1055 m hohen Auerberg aus bei klarem Wetter traumhaft sein muß. Seine beiden Kuppen werden von einem großen, künstlich aufgeschütteten Ringwall umschlossen. Zahlreiche Sagen ranken sich um den Berg mit seinen von Menschenhand angelegten kleinen Plateaus, Podien und Terrassen. In der Nähe der alten Quelle am Westhang entdeckte man die Reste eines »Holzgebäudes«. Außerhalb des Südwalls im auffallend unruhigen Gelände voller Hügelchen und Mulden, versetzt mit kleinen verbrannten Knochenteilen, fand sich im Mittelpunkt ein Steinkranz, in dem keine Funde zutage kamen, vermutlich der Standplatz eines heiligen Steins oder eines Kultbildes. In der davorliegenden tiefen Grube müssen in größerem Ausmaß Tiere verbrannt worden sein, und zwar die Teile von ihnen, die als Fleischgenuß für die Opfernden nicht interessant waren.
Der Boden und die Steine selbst zeigen keine Brandspuren. So kann hier von einem bei Strabo und Caesar überlieferten keltischen Opferritus ausgegangen werden, in dem eine kolossale Kultstatue aus Rutengeflecht und Holz mit den Opfertieren (und -menschen) gefüllt und anschließend in Brand gesetzt wurde. Dafür sprechen auch die im Umkreis gefundenen Eisennägel.

**Zugang**

Von Burggen weiter über Bernbeuren zum Auerberg. (Westlich von Bernbeuren, in der Ortsmitte ausgeschildert.) Am Parkplatz der – viel besuchten – Gaststätte parken. Feldweg gen Süden folgen. Die Kultstätte liegt knapp

300 m südlich der Kirche, gleich rechts vom Weg, 60 m nach der Rechtsbiegung beim Überqueren des Walles.

**Literatur**
W. Krämer, Ein frühkaiserzeitlicher Brandopferplatz auf dem Auerberg im bayerischen Alpenvorland. In: Jahrb. RGZM 13, 1966
G. Ulbert, Der Auerberg. In: Ausgr. in Deutschland, Bd. 1, Mainz 1975

## Kulthöhlen

Religion/Magie und tägliches Leben waren für den Jäger der Alt- und Mittelsteinzeit untrennbar miteinander verwoben. Seine Höhlen waren – wie die Weinberghöhlen bei Mauern oder die Eiszeithöhlen im Lonetal (s. Baden-Württemberg) – Wohn- und Kultraum zugleich.
Irgendwann – vor etwa 6000 Jahren – begannen die Menschen, horizontale Wohnhöhlen und Siedlungsplätze von tabuisierten Kulthöhlen zu trennen, in denen die Opfergaben in senkrecht in das Erdinnere führenden Spalten und Schächten deponiert wurden.

**Literatur**
O. Kunkel, Die Jungfernhöhle – eine neolithische Kultstätte in Oberfranken. In: Neue Ausgrabungen in Deutschland, Berlin 1958
Ders., Die Jungfernhöhle bei Tiefenellern, München 1955
P. Schauer, Urnenfelderzeitliche Opferplätze in Höhlen und Felsspalten. In: Studien zur Bronzezeit, Festschrift v. Brunn, Mainz 1981

## Die androgyne Rote von Mauern

Zur Zeit »wandert« die Rote von Mauern (s. S. 45) durch Deutschland, ältestes Stück (20 000 bis 30 000 v. Chr.) einer Ausstellung über Idole, frühe Götterbilder und Opfergaben.
Das dick mit mineralischer roter Farbe bestrichene altsteinzeitliche Idol mit überbetontem Gesäß »unverkennbar weiblicher Rundung«, gilt als doppelgeschlechtlich: Unterhalb der eingeschnürten Hüfte besteht sie aus einer massiven, abgerundeten

Die Weinberghöhlen bei Mauern

Säule, die durch eine Delle an der Kuppe nachdrücklich als Phallus markiert wird. Zeugnis eines uralten Fruchtbarkeitskultes in den Weinberghöhlen. Eine im Jordantal gefundene Statuette derselben Größe zeigt eine verblüffende Ähnlichkeit.

**Zugang**

B 16 Ingolstadt–Donauwörth. In Burgheim über Bertoldsheim, Rennertshofen bis Mauern. Links durch das Dorf hindurch zum Weinberg. Höhlen mit chronologischer Fundtafel.

**Literatur**

Idole – Frühe Götterbilder und Opfergaben, Mainz 1985

L. Zotz, Das Paläolithikum in den Weinberghöhlen bei Mauern, Bonn 1955

## Die Jungfernhöhle von Tiefenellern

In der unbewohnbaren Jungfernhöhle sind seit der frühen Jungsteinzeit Menschen geopfert worden. Merkwürdig zerschlagene und angesengte Knochen von mindestens 38 Personen – mei-

stens Mädchen unter vierzehn Jahren – wurden im dunklen Höhlenschlund entdeckt. Hirnkapseln und Markknochen waren gewaltsam geöffnet worden: ein Hinweis auf rituelle kannibalische Mahlzeiten, die man auf dem kleinen Plateau über dem Steilhang zum Quellbach feierte. Die Reste des Kultschmauses wurden mit den benutzten Tonschalen und beinernen Eßstäbchen in die Höhle geworfen, Weihegaben an eine Fruchtbarkeitsgottheit, deren Sitz im Schoß der Erde vermutet wurde.
Allerhand Gespenstergeschichten, vor allem die Sage von den Jungfrauen ohne Kopf, sind bis heute mit diesem Felsloch verbunden.

**Zugang**
Von Bamberg Richtung Osten über Pödeldorf, Lohndorf, Tiefenellern bis zur Straße Neudorf–Herzogenreuth. Diese nach rechts Richtung Herzogenreuth. Nach etwa 500 m in den Waldweg rechter Hand einbiegen. Nach knapp 200 m erreicht man eine kleine Waldwiese, von der man nach links abbiegt und vor dem Eingang der Höhle steht, die sich nach Westen öffnet (s. S. 59).

## Das Felsenloch von Plech

»So, die Fleischhöhle suchen Sie«, sagten die Waldarbeiter, die ich nach der Schachthöhle fragte.
Da wußte ich noch nicht, was mir bevorstand. Ich war nicht allein an dem Platz, glücklicherweise. Aber den anderen ging es genauso. Natürlich lagen da keine von Menschen angenagten menschlichen Knochen mehr herum, aber uns wurde der Reihe nach übel. Wie ein Schlund, der einen herabziehen wollte, dieser dunkle, unheimliche Spalt in der Erde.
In den Schacht hinein wurden über größere Zeiträume mindestens 49 Menschen geopfert, vor allem Kinder und Jugendliche. Besonders die Schädelteile zeigten Spuren von Tötungsschlägen und Brandeinwirkungen. Die Knochen waren von Menschenhand zerbrochen und angeschnitten. Der Schädelbecher eines erwachsenen Mannes wurde vermutlich als kultisches Trinkgefäß bei den rituellen Mahlzeiten und kannibalischen Opferhandlungen benutzt.

Das Felsenloch von Plech

**Zugang**

Etwa 2 km ostsüdöstlich von Plech im Distrikt XI, Abt. 10 »Liegerberg«. A 9 Nürnberg–Berlin, Ausfahrt Plech. Von Plech Richtung Höfen durch den Wald. Wo links der Wald aufhört (rechter Hand ein Parkplatz), über die Wiesen und Äcker bis zum Waldrand gehen. Halblinks in den Wald hinein die Anhöhe hinauf. Die Spalte im Boden ist mit einem Maschendrahtzaun gesichert. Vorsicht: Nicht hineinklettern! (Die »Fleischhöhle« liegt übrigens etwa 1 km entfernt!)

**Literatur**

R. A. Maier, Urgeschichtliche Opferreste aus einer Felsspalte und einer Schachthöhle der Fränkischen Alb. In: Germania 55, 1977

## Die Breitensteiner Bäuerin

»Es wohnte einst ein böses Weib zu Breitenstein, wo heute noch die Ruinen des Schloßgutes und ehemaligen Klosters von anderen Zeiten erzählen. Nach ihrem Tode konnte ob der Sünden ihre arme Seele keine Ruhe finden, und sie ging um in den alten Gemächern. Aber mit christlichem Brauch überwältigte man den verderblichen Geist, bannte ihn in einen schwarzen Raben,

den man unter Begleitung von viel Volk hintrug zum nachtschwarzen Abgrund, ihm dort seinen Platz anweisend. Also im Munde des Volkes kurzweg der Name Breitensteinbäuerin entstand. Fronleichnam jedoch ist ihr Tag, da kommt die ›schwoarz Kroah‹ (Rabe, Krähe), und wehe, wer in ihren Machtkreis gelangt. Jäger, Forstleute, alle, die sich am Tage in Neugierde vermaßen, mußten zurückweichen vor Entsetzen.«
Diese unheimliche Volksüberlieferung (nach Spöcker, 1924) hat wie so oft einen realen Hintergrund: In dem Felsschlund wurden in 12 m Tiefe zahlreiche Menschenknochen und 16 -schädel gefunden. Einige der – zusammenpassenden – Schädelstücke sind angebrannt, andere nicht. Hinweis darauf, daß die Menschen außerhalb der Schachthöhle zerlegt, einige Teile gleich in den Spalt geworfen, andere geröstet und verzehrt wurden, bevor man sie mit den benutzten Gefäßen und der Holzkohle hinabwarf. (Mir selber wurde – wieder zu Hause – noch einmal unheimlich: Beim Betrachten der Fotos zeigte sich, daß ein falscher Fotoabzug von einem anderen Kunden dazwischengeraten war: die Röntgenaufnahme eines Schädels – von einem »Längsriß im Scheitel«.)
Die in den Opferhöhlen und -felsspalten nachgewiesenen kannibalischen Mahlzeiten aus Fleisch und Mark der Geopferten entsprechen einem aus Antike und Völkerkunde überlieferten Brauchtum, wonach man sich mit dem Genuß von Menschenfleisch die Kräfte des Opfers aneignete.

**Zugang**

Von Plech weiter die Straße über Höfen, Neuhaus, Richtung Königstein. 2 km vor Königstein rechts geschotterte Forststraße (die zum Bärnhof führt). Hier einbiegen, kurz danach auf der linken Seite Waldparkplatz »Sonnenuhr«. Hier den Holzabfuhrweg hinauf, bis nach etwa 80 m halblinks Steigspuren zur Schachthöhle führen, Schachtöffnung nach Norden (s. S. 65; mit Maschendraht eingezäunte Spalte. Vorsicht!) Etwa 100 m weiter liegt die Schelmbachsteinhöhle mit Tollkirschen vor dem Eingang.

**Literatur**

M. Moser, Plagiozephalie durch asymmetrische Nahtobliteration an einem prähistorischen Schädel aus der Schachthöhle Klingloch bei Kirchenreinbach in der Oberpfalz. In: Festschrift 75 Jahre Anthropol. Staatssammlung München, 1977.

## Die Hexenküche im Kaufertsberg bei Lierheim

Die schachtartig nach oben geöffnete Höhle ließ die Sonne hinein. Warm und hell war es hier. Kröten und Echsen liefen um die frisch benutzte Feuerstelle. Scherben, viel Asche, Kohle und angesengte Menschenknochen aus der Jungsteinzeit wurden hier gefunden, die als Opfergaben durch den Schacht in das Innere der Kulthöhle geworfen worden waren. Vom Ausgräber irrig nach einem Protokoll von 1539 auf die »Verbrennung von Unholden« bezogen, die hier stattgefunden hatte.
Vor dem Höhleneingang wurde eine Schädelbestattung mit Rötelspuren entdeckt, wie sie von den nicht weit entfernten Ofnethöhlen bekannt ist.
Trotzdem: Auch wenn die »Hexenküche« ihren Namen von angeblich hier verbrannten Hexen herleitet, auch wenn sie im Zusammenhang mit Menschenopfer- und Kannibalenhöhlen gesehen wird, vorstellen kann man es sich an diesem stillen, friedlichen Platz nicht. Der niedrige Eingang öffnet sich direkt nach Süden mit einem schönen Blick auf die Randhöhen des Ries, ist umgeben von Blumenwiesen mit Bärlapp, Wermut und wildem Thymian.

**Zugang**
A 7, Ausfahrt Aalen–Westhausen, B 29, 25 über Nördlingen Richtung Harburg. Links nach Lierheim abbiegen. In Lierheim Straße nach Heroldingen. Gleich hinter dem Ortsausgang rechts die Anhöhe ist der Kaufertsberg. Am Fuß der Kuppe (verlassener Steinbruch) Richtung Süden um die Anhöhe herumgehen. Bei der kleinen Baumgruppe liegt der Eingang zur Höhle.

**Literatur**
Führer, Bd. 40, 41, a. a. O.

## Die Ofnethöhlen bei Holheim

Wie die »Hexenküche« gelangten auch die Ofnethöhlen durch ihre Schädelbestattungen zu weltweitem Ruhm. Im Eingangsbezirk der Großen Ofnet wurden zwei Gruben entdeckt, in denen,

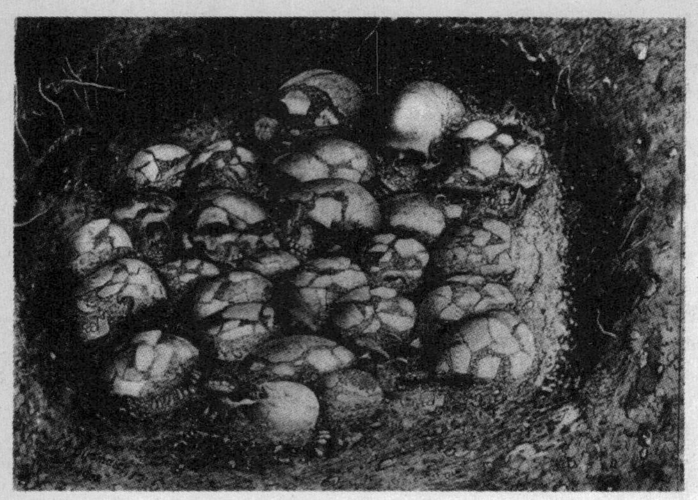

Schädelfund in der Großen Ofnethöhle

vermutlich vor rund 10 000 Jahren, 33 Schädel – davon 20 Kinderschädel – zusammen mit Schmuck und rotem Ocker niedergelegt wurden. Sie waren im Kreis angeordnet und blickten nach Westen zur untergehenden Sonne. Die innen liegenden Schädel waren stärker zertrümmert als die äußeren. Die Schlagverletzungen weisen auf rituelle Tötungen hin. Das Beisetzungsritual als Opferszene. Die Häupter der Frauen und Kinder sind mit ihrem Kopfputz bestattet worden. Die Kinder trugen vor allem Schnecken als Schmuck. Mehr als 4000 Schneckenhäuser wurden gefunden.
Die rechts daneben liegende Kleine Ofnet wurde schon früh durch wilde Gräbereien »ausgeräumt«.
Beide Ofnethöhlen werden heute wieder zum Feiern ritueller Zusammenkünfte aufgesucht. Kürzlich benutzte Feuerstellen befinden sich vor beiden Eingängen, in den Nischen im Inneren Spuren von Kerzentalg. In der Walpurgisnacht zünden die Frauen der Umgebung hier ihre Feuer an und feiern ihre rituellen Feste im jahreszeitlichen Ablauf.

**Zugang**
Von Nördlingen B 466 Richtung Süden bis Holheim. In Holheim Richtung Utzmenningen. Die Höhlen liegen oberhalb eines ausgegrabenen römischen Gutshofes (ausgeschildert).

**Literatur**
Führer, Bd. 40, 41, a. a. O.

## Der Hohlestein bei Edernheim

In einem Quellenschutzgebiet liegt die Höhle, in der auf einer Kalksteinplatte schematisch eingeritzte Menschendarstellungen entdeckt wurden (s. S. 47). Die drei Frauenfiguren spiegeln alte Vorstellungen aus dem Fruchtbarkeitskult.
In Spalten und Gruben wurden kleine Stücke von Menschenknochen, mit Tierknochen und Tonscherben vermischt, deponiert, die auf religiösen Kannibalismus schließen lassen.

**Zugang**
Von Holheim weiter die B 466 bis links Abzweigung nach Edernheim. In Edernheim rechts die Thalmühlstraße. Am Gasthaus Thalmühl Wanderkarte.

**Literatur**
Führer, Bd. 40, 41, a. a. O.

## Die Silberlochhöhle im Galgental

Glücklicherweise kam in der beginnenden Dämmerung Forstamtmann Holzer hinzu, als ich vor dem nur 90 cm hohen Eingang stand. Der Forstamtmann hatte eine starke Stabtaschenlampe bei sich, um zu prüfen, ob er den Zugang absichern lassen muß, weil wieder ein paar Leute da herumgebuddelt hatten.
Nur kriechend gelangt man durch den niedrigen Gang in die 60 m tiefe Höhle. (Vorsicht, sie fällt teilweise steil ab!) Das Silberloch gehört zu den urgeschichtlichen Opferplätzen, in

Schlauchartiger Eingang in die Silberlochhöhle,

die plötzlich steil abfällt

denen Menschen-, Tier- und Sachopfer dargebracht wurden, eine Schachthöhle, bei der waagerecht in den Berg führende Räume mit in die Tiefe stürzenden Spalten verbunden sind, den vermuteten Eingängen zur Unterwelt.

**Zugang**
Von Regensburg B 16 bis Kelheim. Am Nordufer der Altmühl bis zum westlichen Ortsausgang von Essing auf der parallel zur Schnellstraße verlaufenden Straße Richtung Nußhausen bis zum Felsenhäusl. Rechts Richtung Keilsdorf, bis links an der Straße ein Marterl steht. Kurz dahinter in der Einbuchtung parken. Gegenüber führt ein steiler Pfad zu der versteckt liegenden Höhle.

**Literatur**
Führer, Bd. 5, a. a. O.

## Spätkeltische Heiligtümer (»Viereckschanzen«)

Die heiligen Plätze der Kelten lagen abseits von den Siedlungen, in gesuchter Abgeschiedenheit von den politischen und wirtschaftlichen Zentren, wie wir es auch von den antiken Heiligtümern kennen.
Der unbebaute Innenraum der viereckigen Anlagen mit den einzelnstehenden alten Eichen diente den von den keltischen Priestern geleiteten Opferhandlungen und rituellen Versammlungen unter freiem Himmel.
Eine ungewöhnliche Konzentration von 13 keltischen Heiligtümern ist südlich von München entdeckt worden. Während der letzten Jahrhunderte vor Christi Geburt waren die mit heute noch erkennbarem Erdwall und Graben umgebenen Bezirke die Kultstätten der spätkeltischen Bevölkerung (s. Baden-Württemberg).

**Literatur**
Führer, Bd. 18, a. a. O.
K. Schwarz, Die Geschichte eines keltischen Temenos im nördlichen Alpenvorland. In: Ausgrabungen in Deutschland, Bd. 1, 1, Mainz 1975
Ders., Atlas der spätkeltischen Viereckschanzen Bayerns, München 1959 (mit genauen Lageplänen!)

# Die keltischen »Viereckschanzen« südlich von München

In Holzhausen konnte Ausgräber Klaus Schwarz zum erstenmal die verschiedenen Ausbauphasen der ursprünglichen heiligen Haine der Kelten nachweisen. In der ältesten Anlage stieß er auf eine Einhegung des heiligen Bezirks aus einem Zaun von armdicken Hölzern und auf die Standspuren eines hölzernen Kultgebäudes mit Umgang. Vor allem seine Entdeckung von bis zu 35 m tiefen Opferschächten, die organische Substanzen wie Blut und Fleisch und hölzerne Kultpfähle enthielten, bewiesen die kultische Bestimmung der »Schanzen«.
In *Holzhausen* sind zwei »Viereckschanzen« unmittelbar benachbart. In nächster Umgebung von *Deisenhofen* liegen vier Heiligtümer, zwei davon mit besonders großer Ausdehnung. Gut erhalten sind auch Wall und Graben der »Viereckschanze« von *Endlhausen,* mit der Torlücke im Osten. Und die meterhohen Wälle der vorzüglich erhaltenen Kultanlage von *Buchendorf* bestimmen heute noch die Flurgrenzen.

**Zugang**
(Z. T. sind die Anlagen schwer zu finden, vor allem, wenn sie im Wald liegen).
Von München A 995 Richtung Süden, Ausfahrt Oberhaching. Östlich des Ortsteils *Deisenhofen* (im Süden von Oberhaching) liegt 300 m östlich der Straße Deisenhofen–Oberbiberg das erste Heiligtum. Knapp 1 km bevor die Straße die Bahngeleise kreuzt, führt links ein Weg zur »Schanze«. Weiter auf der Straße Richtung Oberbiberg unmittelbar nach dem Überschreiten der Bahnbrücke im Wald die zweite große Schanze, etwa 100 m nördlich der Straße. Weiter auf der Straße Richtung Oberbiberg liegt linker Hand der Wasserbehälter, rechter Hand nach 300 m eine dritte Schanze.
In *Oberbiberg* Schanze mit Ortskirche in der südöstlichen Ecke.
Von Oberbiberg nach *Holzhausen.* Am südlichen Dorfrand von Holzhausen beidseitig der Straße nach Eulenschwang liegen die von Klaus Schwarz gegrabenen Heiligtümer.
Von Eulenschwang nach *Endlhausen.* Vom südlichen Ortsausgang Richtung Fraßhausen. Die Straße tritt nach 400 m in den Hochwald ein. Nach weiteren 500 m, unmittelbar rechts des Weges, stößt man auf die Anlage.
Über Attenham nach Egling, *Neufahrn.* 500 m südlich von Neufahrn auf dem Weg nach Ascholding rechts, 500 m in westlicher Richtung.

Luftbild der »Viereckschanze« von Leeder-Fuchstal

Über Wolfratshausen, Starnberg nach Gauting. Auf der alten Römerstraße Richtung Osten nach *Buchendorf.* Nordöstlich von Buchendorf in freiem Ackergelände leicht zu erkennen.
Von Starnberg Richtung Westen zum Ammersee. Am Westufer liegt *Utting.* Straße Richtung Achselschwang. 1,5 km hinter dem Ortsausgang Utting 200 m rechter Hand der Straße (s. S. 86).
*Leeder-Fuchstal:* Von Utting Richtung Westen auf die B 17 Landsberg–Schongau. Rechts nach Leeder abbiegen. Gut 1 km südwestlich von Leeder in der Flur »Der Burggraben«, rechter Hand des Weges nach Aschthal.

## Poign

Ein sehr gut erhaltenes überaus beeindruckendes spätkeltisches Heiligtum liegt mitten im Wald bei Poign, unweit von Regensburg (mit Dank an A. Reichenberger, der mich hinführte).

**Zugang**
A 93 Regensburg–München, Ausfahrt Bad Abbach, Richtung Köfering. In Poign den Keltenweg nach rechts Richtung Untermassing. Wieder nach rechts unter der Autobahn hindurch. 200 m hinter der Unterführung links (westlich) in den Wald hineingehen, bis man auf den hohen Erdwall mit der Torlücke im Osten stößt.

Erdwall der »Viereckschanze« von Poign

## Laibstadt

Noch gut zu erkennen – im allerdings flachen Ackergelände – ist auch die »Viereckschanze« von Laibstadt.

**Zugang**
A 9 Nürnberg–Ingolstadt, Ausfahrt Hilpoltstein. Richtung Weißenburg über Laibstadt. An der Straße Richtung Reuth hinter dem Ortsausgangsschild von Laibstadt links in den Feldweg einbiegen. Nach etwa 800 m biegt dieser scharf nach rechts ab. Hier parken. Wenige Meter halblinks vor sich erkennt man die erhöhte NW-Ecke der fast quadratischen Anlage.

## Custenlohr

Nördlich von Rothenburg ob der Tauber liegt die »Viereckschanze« von Custenlohr in der Flur »Im Schlößleinsholz«.

**Zugang**
A 7, Ausfahrt Uffenheim–Langensteinach. Richtung Osten bis Custenlohr. Von Custenlohr Richtung Mörlbach, rechts nach Vorderpfeinach. 600 m vor (östlich von) Vorderpfeinach linker Hand der Straße.

## Der Merkurtempel auf dem Greinberg bei Miltenberg

Der Glaube an die Heiligkeit herausragender Berge lebte auch nach der römischen Besetzung in der einheimischen Götterverehrung fort als Zeugnis keltischer Naturreligion. Vor allem Merkur diente zum Umschreiben alter einheimischer Berggottheiten, da die Römer keinen eigentlichen Bergkult kannten. Eines seiner Heiligtümer liegt im Ringwall auf dem von zwei Wällen umschlossenen Gipfel des Greinberges bei Miltenberg.

**Zugang**
Von Frankfurt A 3 Richtung Aschaffenburg, Ausfahrt Stockstadt, B 469 Richtung Süden bis Miltenberg, am Südufer des Mains. Vom Schloß Miltenberg zu Fuß zum Gipfel des Greinberges.

**Literatur**
Führer, Bd. 8, a. a. O.

## Die Ortungen um Emetzheim

Nach der Veröffentlichung der »Germanischen Heiligtümer« des im Dritten Reich zu hohen Ehren gekommenen Prof. Teudt, spannten sich bald überall die »heiligen Linien der Vorzeit« über deutsche Gaue. Ausgangspunkt waren die astronomischen Beobachtungen auf heidnischen Kultplätzen. Vergleichbar den Externsteinen soll auch Emetzheim Zentrum astronomisch orientierter Ortungslinien sein, die von – angeblich – vorchristlichem Heiligtum zu Heiligtum führen. So »ist Emetzheim ohne Zweifel ein sehr alter Kultort« und ein »Götterhain«.
Die Lagepläne mit dem Netz regelmäßiger geometrischer, astronomisch orientierter Figuren sind schon frappierend – doch mit Vorsicht zu genießen.
Bei Emetzheim ist die Sache allerdings »merkwürdig«. Die Straße, die den Hügel zur Kirche hinaufführt, heißt »Hainstraße«. Eine Bäuerin erzählte mir, daß am Nordrand der Hügelumfassung bis vor wenigen Jahren eine Quelle zu sehen war, die

»Jungfrauenquelle«. Unterhalb des »Hains« war früher der Dorfbrunnen, der immer Wasser führte. Sie selbst hat als Kind noch von dort das Wasser geholt.
Vor der Kirche steht ein Stein mit der Inschrift: »Die Sage setzt an diese Stelle die Spuren eines alten von Karl dem Großen 793 zerstörten Tempels.«
Im nahegelegenen Weißenburger Römermuseum ist ein Relief ausgestellt, das zu einer Reliefgruppe gehört, die zumindest schon 1721 im Wirtshaus von Emetzheim stand (das sich darob großer Beliebtheit erfreute). 1771 wurde ein Relief wegen seiner »obszönen Darstellungen« vom Ortspfarrer zerschlagen und vergraben.

**Zugang**

Emetzheim liegt südwestlich von Weißenburg i. B. Von Donauwörth die B 2 Richtung Norden bis *Treuchtlingen.* Auf dem Nagelsberg nordöstlich von Treuchtlingen, auf dem nördlichen Teil der Kuppe, liegt der alte »Hexentanzplatz«, auf den mich ein Großmeister der Rosenkreuzer hinwies. Über Grönhart (europäische Wasserscheide!) nach Emetzheim.

**Literatur**

C. Huber, Merkwürdige Lagebeziehungen im Gelände um Emetzheim. In: Weißenburger Heimatblatt v. 2. 10. 1943

## Naturheilige Plätze im ostbayerischen Grenzgebiet

»Der individuelle Gefühlseindruck, die Ergriffenheit, das Erlebnis oder das Ritual, die zur Niederlegung eines wertvollen Gegenstandes führen, sind nicht nachvollziehbar«, schreibt Stefan Winghart in seiner Zusammenstellung vorgeschichtlicher Deponierungsfunde auf einsamen Berghöhen in der Nähe von Quellen und Flüssen (s. Baden-Württemberg, Schwarzwald). Aber die Umgebung der Fundstellen selbst – mit Dank an Stefan Winghart für die »stärksten« Plätze – gibt schon einen Anhalt, warum sie unseren in mythischem Denken verwobenen Ahnen »von Natur aus« heilig waren:

Emetzheim: Kirche auf einem angeblich 793 zerstörten Tempel

Im hohen Gras der Wiese hinter der Kirche von Emetzheim liegende Figur

*Chamerau,* Kr. Cham: Unterhalb des Gipfels des Kleinen Roßberges am Fuß der Granitfelsgruppe Steinernes Häusel, 1,5 km ostsüdöstlich von Chamerau.

**Zugang**
Von Regensburg B 16, 85 über Cham nach Chamerau.

*Geresdorf,* Gde. Unterzell, Lkr. Cham: Der äußerste Vorsprung des Kühbergs, ein 50 m steil über das Westufer des Perlbaches aufragender Bergsporn, bildet ein kleines, von vier Felsgruppen begrenztes Plateau.

**Zugang**
Von Regenburg B 16 Richtung Roding, kurz hinter Unterzell. Auf dem Kühberg, 700 m südsüdwestlich km 36 der B 16.

*Harlachberg,* Gde. Bodenmais, Lkr. Regen: Auf einem Vorgipfel der Harlachbergspitze in der Waldabtei Riederin, am Fuß des Riederinfelsens (früher Teufelsfelsen). Von Bodenmais nach Harlachberg führt auf halber Strecke links ein Weg zum Riederinfelsen.

**Zugang**
A 3 Regensburg bis Deggendorf, Richtung Norden über Regen nach Bodenmais, 1,6 km südsüdwestlich von Bodenmais.

*Karlstein,* Gde. Regenstauf, Lkr. Regensburg. Unterhalb des felsbesetzten Gipfels des Berges Riesensprung, Ausläufer des Falkensteiner Vorwaldes, der von Ost nach West bis an das Regenufer vorstößt, nördlich vom Tal des Karlsteiner Baches.

**Zugang**
A 93 Regensburg–Weiden, Ausfahrt Regenstauf, nordöstlich von Regenstauf.

*Passau-Grubweg:* 175 m westlich der Ilzbrücke auf dem Ostabhang des Ilzstadtbergs. Vom Gipfel des Berges hat man einen sehr guten Blick über den Mündungswinkel von Donau, Inn und Ilz.

**Zugang**
A 3 Regensburg–Passau, östlich von Passau.

*Riedl,* Gde. Untergriesbach, Lkr. Passau: Die Fundstelle liegt 400 m nordwestlich der Burgruine Neujochenstein, im obersten Bereich des Steilhanges, 600 m westlich des Dantlbaches, der die Landesgrenze nach Österreich bildet. Der Hort war unter einer horizontal liegenden Steinplatte innerhalb einer kreisrunden Steinsetzung vergraben.

**Zugang**
Von Passau weiter östlich am Ufer der Donau entlang bis zur Burgruine Neujochenstein.

*Ränkam,* Gde. Furth, Lkr. Cham: Auf der Kuppe des Petersbühl. Auf der Nordseite des von einer Granitfelsgruppe bekrönten Bühls entspringen vier Quellen.

**Zugang**
Von Regensburg B 16, 85, 20 bis Weiding. Links nach Ränkam.

*Thierling,* Gde. Schorndorf, Lkr. Cham: Auf der Höhe des Rauchenberges.

**Zugang**
Von Regensburg A 3 Richtung Passau. Ausfahrt Straubing, B 20 bis Traitsching, links Weg nach Thierling, rechter Hand der Rauchenberg.

*Traitsching,* Lkr. Cham: Unweit des Rauchenbergs, auf der Ostseite der alten Paßstraße von Straubing über Traitsching nach Cham, befindet sich die »Alte Schanze«. Die Fundstelle liegt innerhalb des mittelalterlichen Walles, knapp 600 m südöstlich von Traitsching.

**Zugang**
2 km östlich des Rauschenbergs, rechter Hand der B 20 nach Cham.

**Literatur**
S. Winghart, Vorgeschichtliche Deponate im ostbayerischen Grenzgebirge und im Schwarzwald. In: RGK 67, 1986

# BERLIN

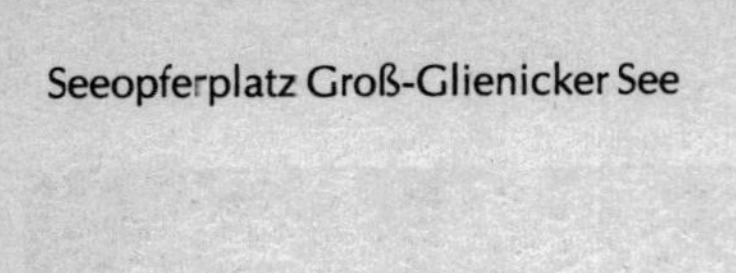

Seeopferplatz Groß-Glienicker See

Mit Dank an Prof. Dr. Adriaan von Müller und Dr. Alfred Kernd'l.

**Literatur**

A. von Müller, Die Archäologie Berlins, Bergisch Gladbach 1986

**Fundmeldungen**

Archäologisches Landesamt Berlin
Schloß Charlottenburg
Langhansbau
1000 Berlin 19
Tel. 030/32 09 11

## Opferplatz Groß-Glienicker See, um 1150 v. Chr.

40 m vom Ufer entfernt entdeckte am 7. September 1967 der Sporttaucher Peter Heidenreich in gut 4 m Tiefe ein vollständig erhaltenes bronzezeitliches Gefäß. Eingebettet in eine Schlammschicht fanden sich die Reste von über 20 aufrecht stehenden Tonkannen und -terrinen, Holzkohle, Tierknochen und Steine. Prof. von Müller, Direktor des Berliner Museums für Vor- und Frühgeschichte: »Ein Paradebeispiel für einen Seeopferplatz.« Wahrscheinlich sind die Opfergaben von einem Einbaum, dessen Reste ganz in der Nähe auf dem Grund geborgen wurden, in den See versenkt worden als Teil einer kultischen Handlung mit Opferung und rituellem Festschmaus am Ufer.

**Zugang**

Der Opferplatz liegt im nördlichen Teil des Groß-Glienicker Sees, an der westlichen Stadtgrenze zur DDR. Stadtauswärts die Heerstraße fahren bis zur Wilhelmstraße – nach links, dann Potsdamer Chaussee, Ritterfelddamm. Rechts in die Uferpromenade einbiegen. Vor der Linkskurve parken. 120 m Richtung NNW bis zum Ufer gehen. Fundplatz 40 m vom Ufer entfernt.

**Literatur**

P. Heidenreich, A. Kernd'l, Ein bronzezeitlicher Opferplatz im Groß-Glienicker See, Berlin-Spandau. In: Ausgrabungen in Berlin 4/1973
A. Kernd'l in: Archäologisches Korrespondenzblatt 3, 1973
A. von Müller, a. a. O., S. 147ff.

## Germanische Brunnenopfer in den Lasszinswiesen Berlin-Spandau, um 100 n. Chr.

Angeregt durch ein herumflatterndes Kiebitzpärchen kletterte Dr. Alfred Kernd'l vom Berliner Archäologischen Landesamt am Rande des dortigen Baggersees eine ausgehobene Sandgrube hinauf, um – wie er mir erzählte – die Paarungsspiele der Kiebitze zu beobachten. Plötzlich sah er beim Herunterklettern am Rand der Grube Scherben und auffällige Erdverfärbungen, aus denen Holzteile herausragten. Insgesamt fanden sich sechs Brunnenschächte, gefüllt mit Flachsbündeln, Vogelskeletten, Teilen eines Pferdes und Resten von menschlichen Schädeln. Angehörige des germanischen Stammes der Semnonen haben hier vermutlich der Erd- und Fruchtbarkeitsgöttin Nerthus/Frigga ihre Opfer gebracht. Im Zusammenhang mit dem Nerthuskult weist Tacitus in seiner »Germania« auch auf Menschenopfer im heiligen Hain der Semnonen hin. Die Flachsbündel passen gut in den Weihegedanken, war Flachs doch im Volksglauben noch im vorigen Jahrhundert eng mit Fruchtbarkeitsmagie verbunden.

**Zugang**

Die Lasszinswiesen liegen direkt an der nordwestlichen Stadtgrenze zur DDR. Der Schönwalder Allee stadtauswärts durch den Berliner Forst Spandau folgen. Etwa 100 m bevor die gradlinige Straße endet, liegt rechter Hand im Wald der ausgehobene Baggersee. Jetzt Naturschutzgebiet (Vogelschutzgebiet).

**Literatur**

W. Gehrke, A. von Müller, Germanische Brunnenopfer in den Lasszinswiesen, Berlin-Spandau. In: Ausgrabungen in Berlin 3, 1972
A. von Müller, a. a. O., S. 205ff.

## Slawischer Umgangstempel in Berlin-Spandau, um 970 n. Chr.

Kleiner Tempel mit Wänden aus Flechtwerk und in der Mitte offenem Dach. Die Opferstelle lag im Zentrum der Kultanlage. An der Ostwand entdeckten die Ausgräber eine eiserne Lanzenspitze schräg im Erdreich steckend. Thietmar, Bischof von Merseburg, beschreibt die Bedeutung der Lanzen als Kultobjekte in einem slawischen Tempel: Die Priester »murmeln geheimnisvoll . . ., während sie zitternd die Erde aufgraben, um dort durch Loswurf Gewißheit über fragliche Dinge zu erlangen. Dann bedecken sie die Lose mit grünem Rasen, stecken zwei Lanzenspitzen über Kreuz in die Erde und führen in demütiger Ergebenheit ein Roß darüber, das als das größte unter allen von ihnen als heilig gehalten wird . . .«

Das Heiligtum, in einem »Rückfall in heidnische Bräuche« um 970 errichtet, bestand nur kurze Zeit. Es wurde bald wieder abgerissen und auf der Grundfläche des Tempels ein christlicher Kultbau errichtet. Die Fundamente der um 980 n. Chr. erbauten Holzkirche sind anläßlich der 750-Jahr-Feier Berlins auf der Erdoberfläche ausgelegt worden. Das Hinweisschild dazu verschweigt den Vorgängerbau, den slawischen Tempel, und berichtet nur vom »gewaltsamen Ende« der Kirche, die 983 n. Chr. »bei dem Aufstand der heidnischen Slawen« abgebrannt wurde.

**Zugang**
Im Vorgarten des Grundstücks Spandauer Burgwall 17

**Literatur**
A. von Müller, a. a. O., S. 281 ff.

## Der Schalenstein im Glienicker Volkspark

Der – vermutlich bronzezeitliche – Schalenstein liegt nicht *in situ,* sondern ist mit anderen Findlingen hierher transportiert worden. Die künstlich eingehauenen Schälchen auf dem etwa 2,5 m langen und 1 m breiten Block dienten wohl zur Aufnahme von Opfergaben im Rahmen eines alten Fruchtbarkeitsritus. Das Einpickeln von Schalen und Näpfchen wird als magische Fortsetzung des megalithischen Steinkults angesehen.

**Zugang**
Vom Schloß Klein-Glienicke (an der südwestlichen Stadtgrenze) Richtung »Bastion« gehen. Der Stein liegt in der Nähe der Teufelsschlucht, diese aufwärts schauend links oben.

**Literatur**
A. von Müller, a. a. O., S. 19

# Die Opferschächte auf der Großen Reiherwerder

In der Nähe einer bronzezeitlichen Siedlung auf der ehemaligen Insel Großer Reiherwerder im Tegeler See wurden mehrere bis 2,40 m tiefe Gruben entdeckt. Auf dem Grund lagen Knochen von Menschen und Tieren, Gefäße und ein vollständiges menschliches Skelett. Der Schädel war vom Rumpf getrennt und nach hinten gedreht. Der berühmte Berliner Arzt Rudolf Virchow untersuchte die gefundenen menschlichen Schädel.
Nach Prof. von Müller kann es sich hier nicht um Bestattungen handeln, sondern vermutlich um Menschenopfer, die zusammen mit anderen Weihegaben in schachtartigen Erdlöchern – von denen heute nichts mehr zu sehen ist – versenkt wurden; vergleichbar im Mittelgebirgsraum den Opferdeponierungen in Felsspalten, den vermuteten Zugängen zur Götterwelt, oder den Opferschächten der »Viereckschanzen«, der spätkeltischen Heiligtümer.

**Zugang**
Geländenase am NW-Ufer des Tegeler Sees, »Borsigvilla«, heute Sitz der Stiftung Deutsche Entwicklungshilfe.

**Literatur**
A. von Müller, a. a. O., S. 149

# HAMBURG

Germanische Siedlung in Rahlstedt

Mit Dank an Prof. Dr. Wolfgang Hübener und Dr. Renate Schneider, Hamburg.

**Fundmeldungen**
Hamburger Museum für Archäologie
Museumsplatz 2
2100 Hamburg 90
Tel. 040/77 17 06 96

Hamburg geht es wie Frankfurt: Die Bodendenkmalpfleger können nur Notgrabungen ausführen, das heißt, die Grabungen werden vorgenommen, um Bebauungsplänen zuvorzukommen: um wenigstens das Notwendigste zu sichern, bevor die Bagger der Tiefbauunternehmer die Erde – und alles was sie schützt – unwiederbringlich zerstören. Nur wenig Zeit bleibt den Archäologen, denn gebaut wird auch beim wichtigsten Fund.

Selbst das Gelände des alten Domplatzes wird jetzt wieder als Parkplatz genutzt. Neubauten und Hochbahnstrecken bedekken bronzezeitliche Siedlungen, Gräberfelder, Hortfunde und heilige Stätten unserer Vorfahren, so in Volksdorf, Sande und Bergedorf. Auf der germanischen Siedlung von Rahlstedt mit ihrer »heiligen Zisterne« steht zwar keine Neubausiedlung, dafür gehört das umfangreiche Gelände jetzt zu einer ehemaligen Müllkippe und ist – aus Gründen, die die Betreiber sicher kennen – eingezäunt. Und gleich daneben ein riesiger militärischer Sicherheitsbereich, Zutritt verboten. Das alles im – eigentlich wunderschönen – »Naturschutzgebiet« des Stellmoorer-Meiendorfer-Tunneltals.

Vorgeschichtliche Naturheiligtümer vorzustellen, die noch eine Ahnung, einen Hauch der alten Heiligkeit der Stätte vermitteln, ist auf Hamburger Gebiet leider nicht mehr möglich!

## Der Zisternenfund von Rahlstedt

Der Platz liegt im Naturschutzgebiet Stellmoorer Tunneltal, in dem Alfred Rust in den dreißiger Jahren seine sensationellen Entdeckungen über das »urreligiöse Verhalten und Opferbrauchtum« der norddeutschen Renjäger und ihre »Opferteiche« machte (s. Schleswig-Holstein).

Doch nicht nur in der Steinzeit war zwischen Ahrensburg und Rahlstedt ein beliebtes Wohngebiet. Als 1973 Spaziergänger in Meiendorf Scherben fanden – und brav ablieferten –, begann die Bodendenkmalpflege mit den ersten Probegrabungen. Seit dem 13. 6. 1988 wird die Ausgrabung – für mindestens zwei bis vier Jahre – fortgesetzt.

Um Christi Geburt erstreckte sich hier eine Siedlung germanischer Stämme. Eine Zisterne wurde besonders verehrt: Die 1,30 m tiefe Zisterne, die bei der Grabung noch funktionierte, hat auf dem Boden eine Steinpflasterung als Wasserfilter. Auf halber Höhe, auf einem künstlich vorbereiteten Sockel, stand ein Votivgefäß, eine Tonschale, ein vollständig erhaltenes, besonders reich verziertes, einzigartig schönes Stück, sicher kein Gebrauchsgegenstand.
Die Besonderheit des Gefäßes und die Art der Deponierung auf dem speziell herausgearbeiteten Absatz sprechen für eine Weihegabe im Zusammenhang mit einer Quell- und Brunnenverehrung.

**Zugang**
B 75 Hamburg–Ahrensburg, in Rahlstedt rechts von der Meiendorfer Straße in den Dassauweg abbiegen, die Bahnlinie überqueren, gleich links in den Hagenweg bis zum rechter Hand liegenden – eingezäunten – Gelände der Müllkippe, in dem jetzt die weiteren Ausgrabungen – bis etwa 1991 – stattfinden.

**Literatur**
Veröffentlichung erst nach Abschluß der Ausgrabungen vorgesehen.

# HESSEN

Die Wilhelmsteine bei Dillenburg

Mit Dank an Dr. R. Gensen, Marburg, Dr. Fritz-Rudolf Herrmann, Wiesbaden, auch für die Hinweise auf noch nicht publizierte Fundstellen, und an Dr. Irene Kappel, Kassel.

**Literatur**

Archäologische Denkmäler in Hessen. Herausgegeben von der Abteilung für Vor- und Frühgeschichte im Landesamt für Denkmalpflege Hessen, 6200 Wiesbaden, Schloß Biebrich

D. Baatz, F.-R. Herrmann, Die Römer in Hessen, Stuttgart 1982

Führer zu archäologischen Denkmälern in Deutschland, Bd. 7 und 8, Stuttgart 1986

Führer zu vor- und frühgeschichtlichen Denkmälern, Bd. 1, Mainz 1964; Bd. 21, Mainz 1972; Bd. 50, Mainz 1982 (Bd. 1 und 21 vergriffen)

I. Kappel, Steinkammergräber und Menhire in Nordhessen. Führer zur nordhessischen Ur- und Frühgeschichte, Heft 5, Kassel 1978

H. Kirchner, Die Menhire in Mitteleuropa und der Menhirgedanke, Mainz 1955 (Immer noch das Standardwerk zu den Menhiren)

**Fundmeldungen**

Abteilung für Vor- und Frühgeschichte
im Landesamt für Denkmalpflege Hessen
Schloß Biebrich
6200 Wiesbaden
Tel. 06121/6 90 60

## Der Hohlestein bei Dörnberg

Erhaben und von dunkler Schönheit liegt sie da, die kleine, mit einem Steinwall geschützte Kuppe, auf der sich ein steiler Basaltfelsen erhebt. Auf der Spitze des Felsens – den man mit einigem Klettergeschick erklimmen kann – befindet sich eine künstlich geschaffene Vertiefung: Ein Becken zum Auffangen von Regenwasser, das außer in besonders trockenen Sommern immer wohlgefüllt ist.
Alter und Funktion der Anlage sind ungewiß, Ausgrabungen haben noch nicht stattgefunden. Vermutet wird ein vorgeschichtliches umhegtes Naturheiligtum. Dafür sprechen die gefundenen eisenzeitlichen Scherben – ich selber fand eine schöne mittelalterliche Scherbe, die ich brav beim zuständigen Denkmalpfleger vorlegte – und der Felsen selbst, der in Lage und Form anderen aufgespürten Opferfelsen vergleichbar ist.
Da noch nicht gegraben ist, bitte besonders achtsam mit dem Platz und eventuellen Funden umgehen!

**Zugang**
Autobahn Göttingen–Kassel, Ausfahrt Kassel-Ost, auf der B 251 Richtung Westen bis Dörnberg. (Um die Ortsdurchfahrt Kassel zu vermeiden, vielleicht besser: am Kasseler Kreuz die Autobahn 44 bis Ausfahrt »Zierenberg«. Dann die B 251 Richtung Dörnberg von westlicher Richtung kommend.) Etwa 1 km vor Dörnberg geteerter Feldweg nach rechts (Richtung Norden). Diesem immer halbrechts folgen, die Kuppe des Katzensteins rechts liegenlassen, bis dann linker Hand die bewaldete Bergkuppe des Hohlensteins mit steilem Felsen auftaucht.

Etwa 1600 m nordwestlich vom Hohlenstein befinden sich die *Helfensteine,* eine weitere umgrenzte Kuppe mit Basaltfelsen. Hier wird ebenfalls ein »Natur-Heiligtum« vermutet, da es sich trotz der – in den Klüften der Nordseite des Felsens – gefundenen vorgeschichtlichen Scherben nicht um einen Siedlungsplatz handeln kann.

**Zugang**
Vom Norden: Von der Straße Zierenberg–Ehrsten rechts Straße zum Dörnberghaus. Hier parken. Am »Jugendhof« vorbei, liegen die Helfensteine in südöstlicher Richtung.

Der Hohlestein bei Dörnberg

Sein Geheimnis bewahrt auch immer noch der *Heiligenberg bei Altendorf.* Am südöstlichen Abhang seiner steilen Kuppe verläuft ein Wall aus zum Teil großen Sandsteinblöcken, der kaum zum militärischen Schutz der Bergkuppe dienen konnte, ebensowenig wie die flachen Wälle am steilen südöstlichen Abhang des Bergausläufers »Ziegenrück«. Hier, am Ziegenrück, (NW-Abhang) befindet sich der »Riesenstein«, ein mächtiger Felsblock mit einer schüsselförmigen Vertiefung mit Abflußrinne, »Opferschale« genannt.

**Zugang**

Von Dörnberg kommend die B 251 bis Istha, links die B 450 Richtung Fritzlar, hiervon rechts nach Elbenberg-Altendorf abbiegen. Südlich von Altendorf, auf der Straße nach Züschen bei km 4,7 rechts Richtung WSW dem Feldweg folgen.

Südlich von Altendorf liegt das *Steinkammergrab von Züschen,* das inzwischen leider so bekannt ist, daß es vor Zerstörern mit einem Zaun geschützt werden mußte. Die über 4000 Jahre alte, 20 m lange, in den Boden eingetiefte Grabkammer wurde vor allem durch die Ritzzeichnungen an den Wänden berühmt. Die abstrakten Darstellungen von Rindern, Rindergespannen und der »Dolmengöttin« finden Parallelen zu jüngeren europäischen Felsritzungen. Sie spiegeln die religiösen Vorstellungen einer frühen bäuerlichen Kultur: die Sorge um Fruchtbarkeit und Wachstum in Verbindung mit einer im Bereich der Megalithkulturen mehrfach bezeugten weiblichen Gottheit. Eine Abschlußplatte mit kreisrunder Öffnung trennt die eigentliche Steinkammer von einem kleinen Vorraum. Die dortigen Funde und Brandplätze deuten auf Opfergaben und -feiern.

**Literatur**

I. Kappel, a. a. O.
Führer, Bd. 7, a. a. O.
Führer, Bd. 8, a. a. O.

## Die Steinkammer-Höhlen bei Breitscheid-Erdbach

Zwerge und wilde Weiber wohnen dort in den Kalkfelsen mit den in der Erde verschwindenden Bächen, die plötzlich als Karstquelle wieder austreten. So jedenfalls wird es berichtet. Ein Wacholdersammler führte mich zu den drei Höhlen. Die mittlere ist die »Kleine Steinkammer«, die »mit Sicherheit keine Wohnhöhle« (F.-R. Herrmann) war. Die gefundenen Weihegaben aus dem 6. Jahrhundert v. Chr. weisen auf Kulthandlungen hin. (Menschliche Skelettreste mit Schmuckbeigaben, Keramikbruchstücke).
Die Kleine Steinkammer hat zwei Eingänge. Der obere Eingang öffnet sich am steilen Hang nach Nordosten. Vom Hintergrund des 8 m langen Höhlenraumes aus führt über eine knapp 1 m tiefe Stufe ein enger Gang gewinkelt abwärts. Nach 14 m endet er im unteren Eingang, der über 6 m tiefer liegt. Also Vorsicht! Und Taschenlampe nicht vergessen.

**Zugang**

Autobahn A 45 Gießen–Siegen. Ausfahrt Herborn-West. Auf der B 255 Richtung W bis Abzweigung Uckersdorf, links nach Erdbach. Vom alten Bahnhof den Mühlweg hoch bis zum Parkplatz, dem linken Weg den Berg hoch folgen, bis rechts ein Wegweiser den Waldpfad hinaufführt.

Die Steinkammer-Höhlen bei Breitscheid-Erdbach

**Literatur**

Steinkammer-Höhlen und Wildweiberhäuschen. Archäologische Denkmäler in Hessen, a. a. O., Bd. 68

## Die Wilhelmsteine bei Dillenburg

Bewiesen ist nichts, vermutet wird viel ... So, wie die Felsgruppe dort im Wald liegt, wird sie mit dem Opferplatz Maximilianfelsen in Bayern verglichen und den Naturheiligtümern zugerechnet. Bitte besonders sorgfältig sein, es haben noch keine Ausgrabungen stattgefunden!

**Zugang**

Autobahn A 45 Gießen–Siegen, Ausfahrt Herborn-Süd. Die B 255 bis Bischoffen, dort nach links über Siegbach bis Tringenstein. Auf der Straße von Tringenstein nach Hirzenhain rechts Parkeinbuchtung mit Wanderschutzhütte. Hinweisschild »Wanderweg nach den Wilhelmsteinen«.

## Der Kapellenberg bei Hofheim am Taunus

Erst als 1666 eine Bergkapelle direkt neben dem – vermutlich eisenzeitlichen – Heiligtum errichtet wurde, erhielt der alte »Rabenberg« seinen heutigen Namen. Die Eremitage bei der Wallfahrtskapelle gab der am Westhang des Berges gelegenen Quelle ihren Namen »Einsiedlerborn«.
Bereits im 4. Jahrtausend v. Chr. befand sich hier eine ausgedehnte Höhensiedlung. Der den ganzen Kapellenberg umgebende Ringwall ist jedoch frühmittelalterlich. Für uns interessant ist die kreisrunde Grabenanlage direkt westlich der Kapelle, vom Weg genau in der Mitte durchschnitten. (Teilweise auch »Rundschanze« genannt.) Der Bezirk von etwa 60 m Durchmesser wurde von einer Palisade und hinter dieser von einem Graben umhegt, wehrtechnisch also unsinnig. In der Mitte befand sich ein Rundbau von 5 m Durchmesser. Vermutlich handelt es sich um ein Heiligtum, dem eisenzeitlichen Goloring bei Koblenz (siehe dort) und den englischen *henge-monuments* ver-

gleichbar: kreisrunde ebene Plätze von 30 m bis 300 m Durchmesser, die mit einem Graben und/oder Wall umgeben sind (z. B. Avebury oder Woodhenge).

**Zugang**
Der Kapellenberg liegt nördlich von Hofheim. Autobahn Frankfurt–Wiesbaden, Ausfahrt Frankfurt-Zeilsheim. Geradeaus Richtung W der »Zeil« folgen. Den »Kreuzweg« hinauf bis zur Bergkapelle, die schon von weitem zu sehen ist.

**Literatur**
Der Kapellenberg bei Hofheim am Taunus. Archäologische Denkmäler in Hessen, a. a. O., Bd. 30

## Der Menhir von Wolfershausen

Der Bauer, den ich auf seinem Acker nach dem Weg fragte, erinnerte sich an die Erzählungen seines Großvaters: Überall, wo jetzt die urbar gemachten Felder liegen, standen früher mächtige Eichenwälder. Der »Riesenstein« habe auf einer Anhöhe mitten im Eichenwald gethront. Was er bedeutete? Er kennt nur die Sagen vom Riesen Lothar, der den Stein hinter dem Riesen Kunibert herschleuderte, als der seine Geliebte entführte.
Der größte Menhir Nordhessens ist immerhin 4 m hoch und 4 m breit. An seinem Fuß sollen menschliche Knochen ausgegraben worden sein. Er liegt sehr schön, original am Fundort, auf einer kleinen, bewachsenen Anhöhe.

**Zugang**
Autobahn A 7, Ausfahrt Guxhagen. Von Guxhagen nach Wolfershausen. Kurz vor Wolfershausen, vor der Eisenbahnunterführung, rechts dem geteerten landwirtschaftlichen Weg parallel zur Bahnstrecke folgen. Nach etwa 300 m ist rechter Hand der »Riesenstein« auf seiner Anhöhe zu sehen.

**Literatur**
Führer, Bd. 8, a. a. O.
I. Kappel, a. a. O.
H. Kirchner, a. a. O.

Der 4 m hohe Menhir von Wolfershausen

## Der Menhir von Maden

Der 2 m hohe »Malstein« – im Mittelalter Wahrzeichen einer Gerichtsstätte – steht original an der Fundstelle am Ortseingang von Maden. Grabungen im Siebenjährigen Krieg – auf der Suche nach Schätzen – erbrachten nur die Überreste menschlicher Knochen (s. S. 73).
Der Sage nach wollte der Teufel mit diesem Stein die erste Kirche des Bonifatius in Fritzlar zerschmettern, die Bonifatius angeblich aus dem Holz der 723 von ihm gefällten Donareiche errichtet hatte. Der Felsblock blieb jedoch an seinem Ärmel hängen und fiel just auf das Feld vor Maden. Die Abdrücke der Teufelskralle sind noch gut zu erkennen – so man's glaubt.

**Zugang**
Autobahn Kassel–Fritzlar, Ausfahrt Fritzlar. Über Werkel, Obervorschütz nach Maden. Rechter Hand vor dem Ortseingangsschild Pfad mit Hinweis »Wotanstein«.

**Literatur**
Führer, Bd. 8, a. a. O.
I. Kappel, a. a. O.
H. Kirchner, a. a. O.

*Weitere Menhire:*
*Langenstein,* Kr. Marburg (vor der Friedhofsmauer); *Guntershausen,* Kr. Kassel; östlich von *Großenritte,* Kr. Kassel; *Werkel; Bensheim,* Kr. Bergstraße; *Bürstadt,* Kr. Bergstraße; *Alsbach,* Kr. Darmstadt; *Kelsterbach a. M.,* Kr. Groß-Gerau; *Langen,* Kr. Offenbach a. M.
Noch nicht veröffentlichte – nach der Zusammenstellung von H. Kirchner entdeckte – Menhire, die mir freundlicherweise der Leiter der Abteilung für Vor- und Frühgeschichte im Landesamt für Denkmalpflege, Dr. Herrmann, nannte:
Menhir von *Ober-Mörlen,* auf der Höhe nördlich vom Galgenberg. (A 5 Frankfurt–Gießen, Ausfahrt Bad Nauheim. Der Galgenberg liegt nördlich von Ober-Mörlen.)
Weiter nördlich ein Menhir am nördlichen Ortsausgang von *Butzbach,* B 3 Richtung Gießen.

Menhir an der Straße zwischen *Münzenberg* und Trais-Münzenberg (südöstlich von Gießen. A 45, Ausfahrt Münzenberg).
Menhir von *Wersau,* Gde. Brensbach. Am Waldrand zwischen Wersau und Groß Bieberau (südöstlich von Darmstadt, B 449, 426, 38).

## Der Dünsberg bei Gießen

Die mächtige Kuppe des Dünsbergs überragt schon von weitem sichtbar die Landschaft. Für Kelten, Germanen – bis zur römischen Zerstörung durch Drusus – und später wieder für die Alamannen war er naturgegebener Mittelpunkt von Verwaltung und Kult. Heute führt ein archäologischer Wanderweg vom Parkplatz über die alten Wallanlagen zum Gipfel. Auf dem nach Osten hervorspringenden Sporn (bei Tor 9) wurden massenhaft verbogene und zerbrochene Waffen gefunden.
Opferplatz oder Siedlungsrest? Nur – bei Verlusten auf einem Siedlungsplatz werden die Teile normalerweise aufgesammelt, und sei es nur wegen der Wiederverwendung des Rohmaterials. Und so werden hier auch Parallelen gezogen zu den Moor-opfern wie am Thorsberger Moor in Schleswig-Holstein und die Vielzahl der bewußt zerstörten Waffen als Hinweis auf ein altes Heiligtum gedeutet.

**Zugang**
Nordwestlich von Gießen, westlich der Straße von Fellingshausen nach Frankenbach. Parkplatz gegenüber der Abzweigung nach Krumbach.

**Literatur**
Der Dünsberg bei Gießen. Archäologische Denkmäler in Hessen, a. a. O., Bd. 60.

## Das Jupiterheiligtum in der »Haselburg« bei Hummetroth

Die Haselburg ist eine der größten römischen Gutshöfe unter den rund 300 in Hessen bekannten *villae rusticae.* Das Besondere ist ein ungewöhnlich großer abgetrennter heiliger Bezirk mit einer extrem hohen Jupitergigantensäule. Daß hier einmal der genaue Standort einer Säule bestimmt werden kann, gilt als Glücksfall. Auch wenn sie – wie üblich – als »heidnisches Götzenwerk« zerschlagen und vergraben wurde. Die dem Jupiter entsprechende Gottheit dieses galloromanischen Kultdenkmals ist in der keltischen Mythologie zu suchen.

**Zugang**
Südöstlich von Darmstadt, B 449, 426, 38 bis Brensbach, Straße Richtung Höchst im Odenwald, südöstlich von Hummetroth.

**Literatur**
Die villa rustica »Haselburg« bei Hummetroth, Archäologische Denkmäler in Hessen, a. a. O., Bd. 55

## Flußopfer im alten Neckarbett bei Goddelau

Über Jahrtausende sind hier, an einer alten Furt über den vermoorten Ur-Neckar, Weihegaben bei der Anrufung von Naturkräften versenkt worden: Von den Äxten aus Hirschgeweih in der Steinzeit bis zur Terrakottafigur einer sitzenden weiblichen Gottheit, die Servandus in Köln am 13. September 165 n. Chr. hergestellt hat. Von den 50 Gefäßen, die als Opfergaben dem Fluß übergeben wurden, fällt vor allem ein Topf mit plastischer Gesichtsdarstellung auf, in den Brandüberreste eingefüllt waren.

**Zugang**
Goddelau liegt westlich von Darmstadt, an der B 44 zwischen Groß-Gerau und Gernsheim.
Der Fundplatz – von den Ausgrabungen ist heute nichts mehr zu sehen – befindet sich 1 km östlich von Goddelau in einem flachen Wiesengelände. Am Schwimmbad vorbei, durch ein Wäldchen, entlang eines von Pappeln gesäumten Weges.

**Literatur**
Riedstadt-Goddelau, Kreis Groß-Gerau, Holzbrücken im alten Neckarbett. Archäologische Denkmäler in Hessen, a. a. O., Bd. 20

## Der Bleibeskopf im Taunus

Die versteckt gelegene kleine Höhenkuppe im Staatsforst Bad Homburg v. d. H. mit ihrer romantischen Felskulisse war im 8. Jahrhundert v. Chr. eine befestigte Höhensiedlung. Trotz der verborgenen Lage innerhalb der Kette der Vordertaunushöhen bietet sich von der gewaltigen Felsgruppe im Südosten des »Kopfes« ein weiter Blick in die Rhein-Main-Ebene. Der die Kuppe umgrenzende Ringwall ist noch als niedriger Steinwall unterschiedlich deutlich im Gelände zu erkennen. In seinem östlichen Steinversturz und aus der Mitte des Innenraums wurden sieben Bronzedepots gefunden, die als Weihegaben gedeutet werden. Vermutlich hat der Bleibeskopf mit seinen auffälligen, bizarren Felsen »im Bereich von Kult und Opfer« eine Rolle gespielt.

**Zugang**
Autobahn A 5 bis Homburger Kreuz, A 661 bis Ausfahrt Oberursel-Nord. Nach Oberstedten bis zum Parkplatz am Hirschgarten oder am Forellengut. Wanderweg zum Bleibeskopf.

**Literatur**
Der späturnenfelderzeitliche Ringwall auf dem Bleibeskopf im Taunus. Archäologische Denkmäler in Hessen, a. a. O., Bd. 27

*Weitere alte Kultplätze* werden vermutet in:
*Eckelskirche,* 2,5 km westnordwestlich von Sterzhausen (B 62 Marburg–Biedenkopf). Kleiner Steinringwall oberhalb des Hanges »Schloßberg«: »umhegtes Naturheiligtum«.
*Wüstegarten,* 2,6 km ostnordöstlich von Dodenhausen, Gde. Haina (B 3 Fritzlar–Marburg, in Gilserberg nördlich nach Dodenhausen). Ringwallanlage auf der höchsten Erhebung des Kellerwaldes, des höchsten Berges Oberhessens.
*Kreuzberg* (südöstlich Fulda, A 7, Ausfahrt Bad Brückenau/Wildflecken, bis Wildflecken, südöstlich von Oberwildflekken). Der die höchste flachgewölbte Erhebung des Kreuzberges umgebende Ringwall wird als Umhegung eines großen heiligen Bezirks gedeutet (oberhalb des Franziskanerklosters, von den »Drei Kreuzen« ausgehend). Der hl. Kilian soll 686 hier gepre-

digt und an der Stelle einer heidnischen Kultstätte ein Kreuz errichtet haben. Deshalb der Name Kreuzberg.
Nichts gefunden, nichts bewiesen am märchenhaften *»Frau Holle Teich«* am *Hohen Meißner.* Nur die Sage berichtet, daß hier der Eingang zu Frau Holles unterirdischem Reich liege. (Von Norden kommend die A 7, Ausfahrt Hannoversch-Münden/Werratal, die B 80, 451, in Velmeden Straße nach Osten.)

# NIEDERSACHSEN

»Steinkirche« bei Scharzfeld

Mit Dank an Dr. Hajo Hayen und Reinhard Schneider, Oldenburg, Hery A. Lauer M. A., Angerstein, Michael Geschwinde M. A., Hildesheim, Dr. Wolfgang Schlüter, Osnabrück, Dr. Detlef Schünemann, Verden, Dr. Dr. Günter Wegner, Hannover, Dr. W.-H. Zimmermann, Wilhelmshaven.

**Literatur**

Führer zu archäologischen Denkmälern in Deutschland, Bd. 4, Stuttgart 1984
Führer zu vor- und frühgeschichtlichen Denkmälern, Mainz, Bd. 16, 1970; Bd. 36, 1978; Bd. 44, 1979; Bd. 49, 1981 (vergriffen)
H. A. Lauer, Archäologische Wanderungen in Ostniedersachsen, Göttingen 1979
Ders., Archäologische Wanderungen im nördlichen Niedersachsen, Angerstein 1983
Ders., Archäologische Wanderungen in Südniedersachsen, Angerstein 1988 (Zu beziehen über: Verlag H. Lauer, Alte Str. 4, 3412 Angerstein)

**Fundmeldungen**

Institut für Denkmalpflege
Postfach 1 07
3000 Hannover 1
Tel. 0511/10 81

# Der Wurmberg bei Braunlage

Der erste Schnee war gefallen an diesem Novembermorgen. Der Gipfel des nach dem – benachbarten – Brocken zweithöchsten Berges im Oberharz war in Wolken gehüllt. Die Seilbahn, die seit einigen Jahren von Braunlage hinaufführt, hatte samt allen touristischen Einrichtungen glücklicherweise Betriebsferien. Und so – allein dort oben auf dem Plateau – kam schon eine Ahnung auf, warum dieser Platz Kultstätte für die Menschen aus der Zeit vor Christi Geburt war.
Im »Hexenarchiv« des Hamburgischen Museums für Völkerkunde hatte ich zuerst über den Wurmberg gelesen: eine Notiz aus der Celleschen Zeitung vom 4. Juli 1956. Auf dem in urgeschichtlicher Zeit eingeebneten Plateau hatte der hannoversche Archäologe Dr. Nowothnig »die Fundamente von mindestens zwei tempelartigen Bauwerken« entdeckt.
Die »sehr bedeutende heidnische Kultstätte« war in den Harzsagen längst bekannt – vor ihrer archäologischen Entdeckung. Nowothnig erforschte den im Volksmund »Hexentreppe«, früher »Heidentreppe«, genannten Aufstieg aus großen Felsbrokken, der genau an dem Steinwall endet, hinter dem die Fundamente der Kultstätte liegen. Und er ließ sich von einer überlieferten Sage anregen, daß es auf der entgegengesetzten Seite einen zweiten Weg zum »heidnischen Tempel« gäbe. Tatsächlich fand er dort – 50 cm unter dem Moorboden – den Steinplattenweg einer zweiten »Hexentreppe«. Aber wenn die Cellesche Zeitung vor über dreißig Jahren auf das Rätsel der in den Felsen eingebauten riesigen Steinterrassen hinwies, die das Wurmbergplateau unterhalb des Kultplatzes wie ein Ring umschließen, und hoffte, daß die noch ungeklärten Wurmberg-Geheimnisse bald gelöst werden können, so sind die Wissenschaftler mit ihren Erklärungen über Funktion und Datierung der Anlage zu keinem weiteren Ergebnis gekommen. Es gilt immer noch die Feststellung von Prof. Jankuhn: »Nach wie vor ungeklärt bleibt also der Wurmberg.«
Trotz der Zerstörungen, die beim Bau der unsäglichen Sprungschanze angerichtet wurden, ist die 80 m lange, den Osthang steil hinaufsteigende »Heidentreppe« aus unbearbeiteten Horn-

Der Wurmberg bei Braunlage: Alter Prozessionsweg zum Heidentempel

felsblöcken gut erkennbar. Der unmittelbar anschließende Steinpflasterweg führt direkt zur Zentralanlage. Innerhalb des leicht ovalen, nur halbhohen Ringwalles von 24 × 26 m lagen die als Tempelanlage bezeichneten Steinbauten aus vermutlich keltischer Zeit.

**Zugang**
Autobahn A 7, Ausfahrt Rhüden (Harz) (oder vom Süden her Göttingen-Nord), B 82, 6, 4 bis Braunlage, Seilbahn von Braunlage auf den Gipfel. Bei der Sprungschanzen-Gaststätte Hinweisschild. Oder – besser – von einem Parkplatz auf halber Höhe des Wurmbergs über einen Waldweg Anstieg zum Gipfelplateau.

**Literatur**
Führer, Bd. 36, a. a. O., mit weiteren Literaturhinweisen
H. A. Lauer, Archäologische Wanderungen in Ostniedersachsen, a. a. O.

## Der Altarstein bei Dransfeld

Wir können nur vermuten, daß die Benennung der Sandsteinblöcke am Hengelsberg auf die Erinnerung an eine urzeitliche Heiligkeit der Stätte zurückgeht. Sicher ist, daß es sich bei dem größten der Steine, dem in zwei Teile gebrochenen nördlichsten Block, um einen Schalenstein handelt. Die 14 kreisrunden Vertiefungen sind künstlich von Menschen geschaffen worden. Auf vier weiteren flachen Steinen wurden ebensolche schalenförmigen Vertiefungen entdeckt. Auf einem Stein befinden sich lange Wetzrillen, wie wir sie von mittelalterlichen Kirchen her kennen. Das ausgeschliffene Steinmehl wurde damals als Heilmittel benutzt.

**Zugang**
Der Altarstein liegt am Osthang des Hengelsbergs im Dransfelder Stadtwald. Autobahn A 7, Ausfahrt Göttingen. B 3 bis Dransfeld. In Dransfeld links die »Hoher-Hagen-Straße« bis rechter Hand Schranke. Hier rechts dem Kantor-Forthmann-Weg folgen, bis rechts am Wegrand ein Holz-»Wigwam« mit der Steingruppe auf halber Höhe liegt.

**Literatur**
Führer, Bd. 16, a. a. O.

Der Altarstein bei Dransfeld

## Der Schalenstein von Wiershausen

Am Waldrand, mit weiter, schöner Aussicht über das Werratal, liegt der dem Altarstein bei Dransfeld ähnliche Sandsteinblock. Die 55 Schälchen sind von Menschenhand eingetieft. Der auf dem flach liegenden Stein gefundene Bronzedolch und die Bronzenadel wurden als Opfergaben gedeutet. Der Dolch befand sich bei der Niederlegung in einer geschnitzten Scheide aus Erlenholz, die innen mit feinem Lammfell gefüttert war. Weitere Untersuchungen des umgebenden Erdreichs ergaben eine starke Anreicherung mit Leichenwachs: Auf dem Stein war in der Bronzezeit eine Bestattung vollzogen worden. Hinweis auf ein Menschenopfer?
Da er den Bauer beim Pflügen seines Feldes störte, wurde der 10t schwere Stein von seiner Fundstelle 200 m nach oben an den Waldrand geschleppt, wo er jetzt neben einem Hügelgrab mit Steinkranz-Einfassung liegt.

**Zugang**
Nördlich von Wiershausen. Autobahn A 7, Ausfahrt H.-Münden/Werratal,

55 künstlich eingetiefte Näpfchen auf dem Schalenstein von Wiershausen

Richtung N bis Meensen, links nach Wiershausen. Kurz vor dem Ortseingang führt rechts ein Feldweg Richtung N bis zum Waldrand. Nach links den Waldrand entlang bis zum Stein.

**Literatur**

Führer, Bd. 16, a. a. O.
S. Wilde, H. Lauer, Der Schalenstein von Wiershausen – Ein urgeschichtlicher Kultstein als archäologische Sehenswürdigkeit. Göttinger Jahresblätter 5, 1982

## Die Rothesteinhöhle im Ith

»Zum allgemeinen Entsetzen der umwohnenden Bevölkerung« fanden Schatzgräber in der 70 m langen Spalten-Höhle zwar keine Schätze, aber zahlreiche zerschlagene und angebrannte Menschenknochen. Wobei nur die Mark enthaltenden Röhrenknochen aufgeschlagen und angekohlt waren, die kein Mark enthaltenden Knochen waren unverletzt. Für die ersten Ausgräber Beweis für die Reste der hier, am Rande von Feuerstellen, abgehaltenen Opfermahlzeiten, »die mit dem Kult gewisser

Gottheiten zusammenhingen« und die auf Anthropophagie schließen ließen (griech. anthropos = Mensch und phagein = essen). Für Rudolf Virchow war es »eine Neuigkeit ersten Ranges«, daß Menschenfresserei nicht nur in der Steinzeit, sondern noch in der Bronzezeit, einer »Periode schon vorgerückter Cultur«, üblich gewesen sei.
Erst 1953 wurde eine schmale, nur 50 cm hohe Seitenspalte entdeckt, die zu einer Höhlenkammer führt. Auf einer Opferplatte, einer großen horizontalen Steinplatte, die von einem mächtigen Steinblock begrenzt wird, lagen unter einer Schicht von Fledermausknochen Dolchklingen aus Bronze, Ringe, menschliche Fingerknochen und ein Schädelteil. Der für das Schädeldach eines Kindes – und für ein kultisches Trinkgefäß – gehaltene Knochen stammt indes von einem neugeborenen Rind.
Die Rothesteinhöhle wird heute übereinstimmend als Kultstätte der frühen Bronzezeit angesehen, in der die Überreste der Opfermahlzeiten auf »Kulthandlungen oder Zauberei« schließen lassen.
Vorsicht: Die Höhle liegt sehr unübersichtlich im Felsen. Möglichst nicht allein und auf keinen Fall ohne Taschenlampe hineingehen!

**Zugang**
Am Südostende des Ith, einem 20 km langen, schmalen Höhenrücken, gibt es sechs Höhlen in den zerklüfteten Klippen unterhalb seines Kammes. Die Rothesteinhöhle liegt im Nordteil von Holzen, 2 km nordöstlich von Eschershausen. Autobahn A 7, Ausfahrt Rhüden (Harz), Richtung Westen, Alfeld, Eschershausen. In Holzen die Hüttenstraße hinauf, links abbiegend am Waldrand entlang dem Weg bis zur Parkmöglichkeit folgen. Forstweg 500 m, bis rechts ein weißes Wanderkreuz den teilweise mit Tollkirschen bewachsenen steilen Hang hinaufweist. In der Felswand ist, etwas versteckt, der Eingang, ein schmaler Felsspalt. Dahinter führt ein schmaler Gang in den Fels. (Auf die Felswand neben dem Eingang ist der Name gepinselt.)
Vorsicht: Eine Felsspalte fällt plötzlich 20 m senkrecht in die Tiefe.

Die Rothesteinhöhle im Ith

## Die Kinderhöhle

liegt im gleichen Klippenkamm wie die Rothesteinhöhle, etwa 500 m südöstlich am Fuß der fast senkrecht abfallenden Klippe des Nasensteins. Auch hier wurden in Feuerstellen zahlreiche menschliche, zum Teil angekohlte Knochen geborgen. Dazu zwei menschliche Unterkiefer und zwei Hirnschalen von Kindern. In Nischen waren die zertrümmerten Knochen hoch an die Wand geschichtet.
Auch in der Kinderhöhle wird eine Kultstätte vermutet, in der rituelle Menschenopfer vollzogen wurden.

## Die Nasensteinhöhle

Gleich links von der Kinderhöhle sieht man die schmale Eingangsspalte der Nasensteinhöhle. Im hinteren Bereich ist sie durch einen engen Gang mit der benachbarten Töpferhöhle verbunden.
Unter einer Geröllschicht entdeckten die Ausgräber menschliche Knochen in »nesterweiser« Anordnung. Ab der Jungsteinzeit ist die für eine Besiedlung ungeeignete Nasensteinhöhle als Opferspalte auch für Menschenopfer benutzt worden.
Bitte auch hier größte Vorsicht bei einer Begehung der beiden Höhlen.

**Literatur**
M. Geschwinde, Höhlen im Ith. Urgeschichtliche Opferstätten im südniedersächsischen Bergland, Hildesheim 1988
K. H. Jacob-Friesen, Einführung in Niedersachsens Urgeschichte, Teil II, Hildesheim 1963

## Die Einhornhöhle bei Scharzfeld

Ebenfalls als Kulthöhle wird von einigen Ausgräbern die mit 550 m Länge größte Schauhöhle des Westharzes angesehen, aufgrund der Lage (kleines abgeschlossenes Tal) und der Funde (Knochen mit Brandeinwirkung, menschliche Skelettreste mit

rituellen Schnitten und Zertrümmerungen, Schacht). Virchow grub hier 1872. Und vor ihm war nicht nur Goethe (1784) dort. Schon 1583 wird von Grabungen in der Höhle auf der Suche nach »Einhornknochen« berichtet; dem Knochenmehl wurden heilsame Wirkungen zugeschrieben.
Vom 1. April bis 31. Oktober gibt es Führungen, Tel. 05521/ 3616.
Nicht weit hiervon liegt – ebenfalls oberhalb von Scharzfeld – mit einem weiten, herrlichen Blick über das Mönchetal die ehemals von eiszeitlichen Rentierjägern bewohnte Höhle *Steinkirche*. Irgendwann im frühen Mittelalter wurde die Klufthöhle zu einer christlichen Kultstätte umgebaut: In den Fels der Höhlenwände hinein wurden Altar, Kanzel, Schiff und Nische für einen Weihwasserbehälter geschlagen – wie bei den Externsteinen und wie wir es auch aus den Höhlenkirchen und Klöstern der Türkei und Griechenlands kennen.
Die »recht geheimnisvolle Örtlichkeit, die wirklich jeden ihrer Besucher einem mystischen Sog unterwirft«, ist für die neue »zeitschrift für heidentum und naturreligion« ganz klar eine »heidnische Kultstätte«, eine »uralte Kultstätte der Großen Mutter«. Und die Öffnung in der Höhlendecke ist »ein Sinnbild der Öffnung des mütterlichen Erdenschoßes für die Kräfte des Himmelsvaters«.

**Zugang**

A 7, Ausfahrt Göttingen-Nord, B 27 bis Herzberg, Scharzfeld. In Scharzfeld Hinweistafeln zu beiden Höhlen.

**Literatur**

Führer, Bd. 36, a. a. O.
M. Geschwinde, Höhlen im Ith. Urgeschichtliche Opferstätten im südniedersächsischen Bergland, Hildesheim 1988

## Die Lichtensteinhöhle bei Dorste

1972 wurde der vordere Teil der insgesamt 115 m langen Opferhöhle entdeckt und 1980 der 70 m lange hintere Abschnitt mit den Menschenknochen. Die systematische Erforschung steht

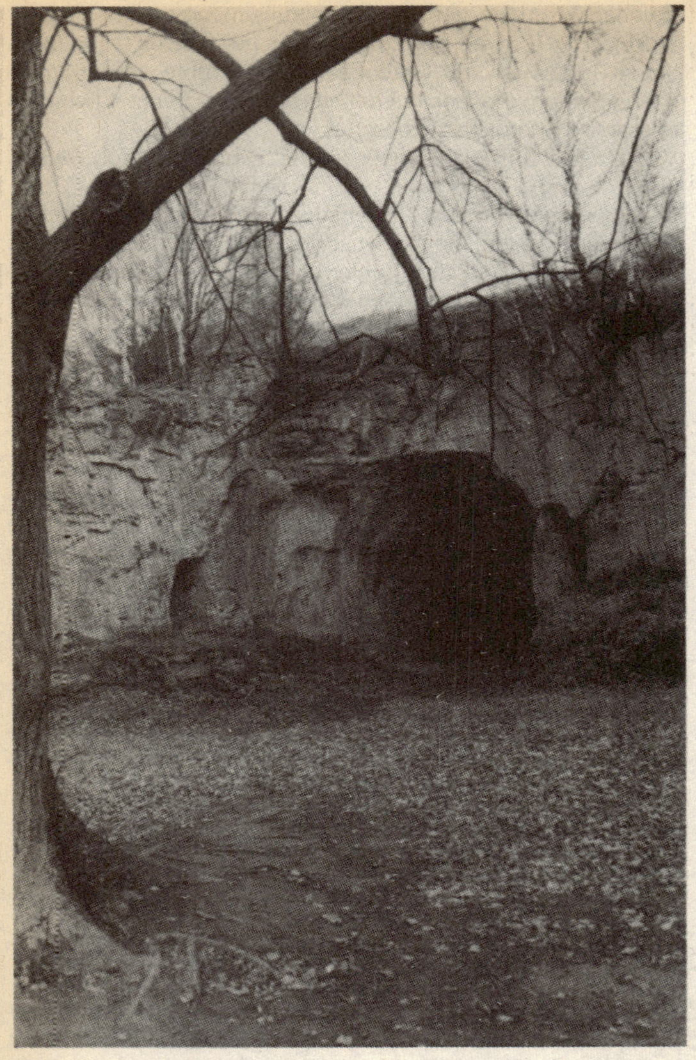

Die einst von eiszeitlichen Rentierjägern bewohnte Höhle »Steinkirche«

erst am Anfang. Bronzegegenstände in Ring- und Spiralform und die Skelettreste von zwei bis drei Dutzend Menschen – überwiegend Kinder und Jugendliche – wurden bisher gefunden. So wird vermutet, daß in der Lichtensteinhöhle kultische Menschenopfer dargebracht wurden.
Ausgrabungen sind geplant, »reiche Funde« werden erwartet.

**Zugang**
A 7, Ausfahrt Northeim-West, B 241 Richtung Osten bis Dorste. Am Ortsausgang von Dorste links Straße Richtung Förste, kurz hinter der Kreuzung rechts dem ansteigenden Feldweg zum Lichtenstein folgen. Die Höhle liegt am Berghang unterhalb der gleichnamigen mittelalterlichen Burgruine. Der Eingang ist gesichert, um sie gegen Raubgräber zu schützen.

**Literatur**
R. Maier, F.-A. Linke, Die Lichtensteinhöhle bei Dorste, Stadt Osterode am Harz. In: Ausgrabungen in Niedersachsen, Archäologische Denkmalpflege 1979–1984, Stuttgart 1985

## Die Apenteichquellen bei Winzenburg

»Eine uralte geweihte Stätte« wird dieses idyllisch am Südhang der Tiebenburg gelegene Quellheiligtum von alters her genannt. Von weit entfernt (von Italien bis England) stammen die Opfergaben, die den Naturkräften und Göttern dargebracht wurden. Von der Steinzeit (Kultbeile) über die Bronzezeit (Fibeln) bis in unsere Tage hinein war dieser Quellhain eine Stätte ehrfurchtsvoller Verehrung.
Eine Frau, die ich dort in der Abenddämmerung mit ihrem Kind auf dem Arm traf, erzählte mir, daß heute noch die Frauen der Umgebung zu Fürbitte und Dank hierherkommen.

**Zugang**
A 7, Ausfahrt Rhüden (Harz) Richtung Westen über Lamspringe nach Winzenburg (südöstlich von Alfeld). Am Ortsausgang Richtung Alfeld rechts Straße »Zum Apenteich«. Parkplatz mit Hinweis zur Apenteichquelle. 5 Minuten Fußweg.

**Literatur**
W. Barner, Opferfunde aus den Quellen der Apenteiche bei Winzenburg, Kr. Alfeld. In: Germania 36, 1958
Ders., Von Kultäxten, Beilzauber und rituellem Bohren. In: Die Kunde N. F. 8, 1957
Führer, Bd. 49, a. a. O.

Obwohl bei Todesstrafe alle kultischen Handlungen in Hainen und an heiligen Quellen verboten waren, muß sich die Verehrung des »hilligen Born« auch noch an anderen Stätten lange erhalten haben *(Lamspringe, Asmund am Kanstein, Asbost bei Elze).*
Auch bei den alten Quellheiligtümern hat die Kirche versucht, christlichen mit überliefertem heidnischem Kult zu verbinden. Folgt man dem Vor- und Frühgeschichtler F. Geschwendt, so gibt es dafür etliche Beispiele. In *Moringen* (A 7, Ausfahrt Northeim-West, B 241 Richtung W) sieht er ein Kultquellengebiet von größter Bedeutung an der alten Martinskirche (oberhalb des Städtchens). Zwei Quellen und ein Quellenteich (heute noch »Opferteich« genannt) umgeben das alte, heute nicht mehr als Kirche benutzte Gemäuer.

**Literatur**
F. Geschwendt, Die ur- und frühgeschichtlichen Funde des Kreises Einbeck, Hildesheim 1954

## Die Beusterburg bei Nordstemmen

Das steinzeitliche Erdwerk liegt zwischen zwei Bachtälern oberhalb der Beusterquelle (400 m östlich). Die Deutung der von einer 2 km langen Umwallung abgegrenzten Innenfläche als »Viehgehege mit begrenztem Verteidigungswert« wird nur von einem Teil der Forscher akzeptiert. Manche halten sie für eine neolithische Kultstätte, für einen Versammlungs-, Markt- und Kultplatz (entsprechend den englischen »causewayed camps«).

**Zugang**
A 7, Ausfahrt Hildesheim, B 1 Richtung W bis Heyersum, Landstraße Rich-

tung Betheln. Nach 2,5 km rechter Hand das Hügelgräberfeld Osterholz. Hier nach links (Richtung SO). 750 m dem Feldweg folgen. Dann Richtung NO Waldweg zur Beusterburg.

**Literatur**
Führer, Bd. 49, a. a. O.

## Der Opferstein von Melzingen

Der im Volksmund »Opferstein« genannte, etwa 2 m lange Findling liegt zentral auf einer Steinpflasterung in einer künstlich vertieften, flachen, kreisförmigen Bodenmulde von etwa 30 m Durchmesser, die von einem niedrigen Erdwall umgrenzt war. Unter dem Stein lagen Votivbeile aus dem Übergang von der Stein- zur Bronzezeit. Auf seiner Oberfläche ist eine breite Furche eingemeißelt, die im Volksmund als »Blutrinne« bezeichnet wird. Der ungewöhnlich hohe Phosphatgehalt – das Vierzigfache der Randwerte – des darunter liegenden Bodens ist ein sicherer Hinweis auf organische Reste wie Opfergaben oder auch Blut, das eine »Blutrinne« herabfließt.
Von alters her wird der Platz von den Menschen der Umgebung mit einer gewissen Scheu betrachtet und heute als überlieferter Kultplatz angesehen.

**Zugang**
A 7, Ausfahrt Soltau-Ost, B 71 bis kurz vor Uelzen. In Bohlsen links Richtung Melzingen. In Melzingen Feldweg nach Süden Richtung Immenhof. Wo der Weg nach links abknickt, 200 m südlich des Weges in einer Bodenvertiefung.

**Literatur**
W.-D. Asmus, Untersuchung des stein-bronzezeitlichen »Opfersteins« von Melzingen, Kr. Uelzen. In: Germania 36, 1958
H. A. Lauer, Ostniedersachsen, a. a. O.

Ein weiterer, im Volksmund »Opferstein« genannter, gewaltiger Findling ist der *Opferstein von Plumbohm.* Tiefe, in seine Oberfläche künstlich eingeschliffene Rillen zeugen von menschlicher Bearbeitung. Weitere Vertiefungen können evtl. als Schälchen angesehen werden.

**Zugang**
B 216 Lüneburg Richtung Dannenberg bis Metzingen, rechts nach Plumbohm, erster Feldweg nach N, nach 400 m liegt links der Stein, 10 m vom Wegesrand.

**Literatur**
H. A. Lauer, Ostniedersachsen, a. a. O.

Ein möglicher Kultstein ist auch der sagenumwobene *Bickelstein* auf einem kleinen Hügel bei *Boitzenhagen*. Kreuz- und hufeisenförmige »Einpickelungen« gaben ihm seinen Namen. Die Bedeutung des Bickelsteins ist noch nicht geklärt. Lauer mag recht haben, daß die Deutung von P. Ahrens aus dem Jahre 1933 wohl aus seiner Zeit heraus entstanden ist, wenn er »Opferrauch vom Bickelstein aufsteigen und blasse Mönche das Götterheiligtum durch das Zeichen des Christentums entweihen« läßt.

**Zugang**
A 370, östlich von Hannover Ausfahrt Burgdorf, B 188 bis Gifhorn, B 248 bis Ehra-Lessien, auf der Straße Richtung Boitzenhagen nach etwa 4 km Waldweg nach rechts, nach 300 m links, in nordöstlicher Richtung.

**Literatur**
H. A. Lauer, Ostniedersachsen, a. a. O.

## Der Süntelstein bei Vehrte

Der 3,80 m hohe Findling steht nordöstlich von Osnabrück, am Südhang der Venner Egge. Der Kultstein soll früher von einem Kranz kleinerer Steine umgeben gewesen sein. Umstritten ist, ob es sich bei dem Süntelstein um einen Menhir handelt.

**Zugang**
Von Osnabrück auf der B 51 nach Vehrte. Auf der Straße Vehrte–Venne ca. 2 km nördlich von Verthe rechts in den durch eine Schranke abgesperrten Waldweg einbiegen. Nach gut 300 m links schmaler Pfad zum Süntelstein.

**Literatur**
Führer, Bd. 44, a. a. O.
Freundlicher Hinweis von H. Lauer

## Der Teufelsstein von Restrup

Der »Teufelsstein« oder »Näpfchenstein« trägt auf seiner gewölbten Oberfläche 66 künstlich eingemeißelte verschieden große Schälchen, die z. T. dicht nebeneinander in vorgearbeiteten Rillen liegen. Unter dem Stein wurden Holzkohle und Knochenreste gefunden, die auf Brandopfer schließen lassen.

**Zugang**
Von Osnabrück nördlich auf der B 68 bis Bersenbrück, B 214 bis Ankum. Straße von Ankum Richtung Bippen. Ca. 2 km vor Bippen rechts Weg zum Kotten einbiegen. Der Schalenstein steht heute in der Nähe des Restruper Großsteingrabes, 750 m südöstlich der flachen Anhöhe, auf der er entdeckt wurde.

**Literatur**
Führer, Bd. 44, a. a. O.
W. Nowothnig, Der Teufelsstein von Restrup, Gde. Bippen, Kr. Bersenbrück. In: Germania 36, 1958

## Die Kultstätte im Dalsch bei Hohenaverbergen

Wie ein Amphitheater am Rand eines Moores nimmt sich das altgermanische Stammesheiligtum aus der Zeit um 500 v. Chr aus. Eine große Anzahl von Menschen konnte sich um die kleine Anhöhe versammeln und sehen und hören, was dort geschah.
Lehrer Früchtenicht aus Hohenaverbergen beschreibt die 1874 zerstörte »Opferstätte«, so daß wir wissen, daß auf der dreieckigen Kuppe ein Felsblock mit einer flachen, »einige Quadratmeter« großen Fläche lag, umgeben von einem Schotterrundweg, zweifellos zum Umschreiten des Findlings. (Die Mulde, in der der Stein lag, ist gut sichtbar.) Drei – eventuell nebeneinander – in den Stein eingehauene Stufen führten hinauf. Nördlich vorgelagert war ein gepflasterter Vorplatz. Darunter – vermutlich kultische – Pflugspuren. Davor eine steingefaßte Opferfeuerstelle. Unmittelbar neben dem Kultstein das heute noch gut zu erkennende künstlich erhöhte Erdpodium, unter dem zwei eigenartige Felsbrocken zutage kamen: der eine vom Kultstein

selbst, der andere von dem roten Granitfindling, der zur Pflasterung des Vorplatzes und des Rundweges benutzt worden war. Gleich nördlich der Anhöhe schlängelt sich das Bett eines versiegten Baches, der damals vermutlich Wasser führte und wesentlicher Bestandteil der Kultstätte gewesen sein mag. Heute wächst noch Binsengras an der alten versiegten Quelle.

**Zugang**

Autobahn A 27, Ausfahrt Verden-Ost, Eitze, Hohenaverbergen, am Ortsausgang an der Gabelung rechts den »Dalschweg« Richtung Wittlohe. In einem großen Linksbogen am Fuß des Lohberges entlang liegt nach gut 2 km rechts ein kleiner Fischteich, der von der Dalschquelle links der Straße gespeist wird. 200 m weiter, vor einer sanften Kuppe, Waldweg nach links. Nach 70 m liegt linker Hand die Anhöhe mit Hinweistafel.

**Literatur**

D. Schünemann, H. Oldenburg, Eine früheisenzeitliche Kultstätte im Dalsch bei Hohenaverbergen, Kr. Verden. In: Die Kunde, N. F. 19, 1968

## Der Giersberg bei Armsen

1984 wurde die »sakrale Stätte« auf einem Hügel über einem Quellhorizont entdeckt. Auf dem höchsten Punkt der Anhöhe sind noch gut die Reste der Steinpflasterung mit dem in der Mitte darunter vergrabenen Findling zu erkennen. Eine ovale Mulde ist von einem künstlich aufgeschütteten flachen Wall umgeben, eine kleine Senke daneben von einem U-förmigen Wall. Das bisherige Fehlen von prähistorischen Funden – abgesehen von den Resten eines Eichenholzfeuers etwa 800 v. Chr. – wird als »typische Fundarmut sakraler Stätten« angesehen. Auffallend ist die Symmetrie der Phosphatanreicherungen – wie sie tierische und pflanzliche Opfergaben hinterlassen – im Verhältnis zur gesamten Anlage. Im Steinpflasterbereich fehlen Phosphate: »Hier hat man sich den Standort des ›Priesters‹ oder Sippen-Oberhauptes vorzustellen, der die mit Opfergaben verbundenen Zeremonien leitete. Mit aller gebotenen Vorsicht kann man diese in Nordwestdeutschland einmalige Anlage vielleicht als Stätte von Erntedankfeiern ansehen. Dabei ist Gestirn-Beobachtung nicht auszuschließen.«

**Zugang**

Von Hohenaverbergen in nordöstlicher Richtung nach Armsen, dort Richtung Kükenmoor. Nach gut 1 km den zweiten Feldweg nach links Richtung Norden in den Wald hinein. Nach 200 m an der Gabelung rechts, wieder 200 m bis zu den beiden aufklappbaren Holzschranken linker Hand. Diesen Weg durch die Sandkuhle hindurch auf die 10 m über der Bachniederung liegende Kuppe des Giersberges (Schautafel).

**Literatur**

D. Schünemann, D. Hasselhof, Der Giersberg bei Armsen, Gemeinde Kirchlinteln im Landkreis Verden – eine »sakrale Stätte« der jüngeren Bronzezeit? In: Die Kunde, N.F. 38, 1987
Dies. in: Heimatkalender für den Landkreis Verden 1988

## Der »Sachsenhain« von Verden

Die Ansammlung von 4500 Findlingen soll an die angeblich 4500 Sachsen erinnern, die Karl der Große 782 im »Blutgericht von Verden« hinrichten ließ. 1935 wurde die kilometerlange Allee, zu der alle Gemeinden Niedersachsens die Steine lieferten, als Gedenkstätte des Dritten Reiches eingeweiht. Für jeden aufständischen heidnischen Sachsentoten reiht sich ein Stein an den anderen. Nach dem Zweiten Weltkrieg erfolgte durch kirchliche Bauwerke – die inzwischen z. T. durch Blitzschlag abgebrannt sind – eine Christianisierung der Stätte.
Der Sachsenhain ist also kein prähistorisches Denkmal. Jedoch befinden sich einige urgeschichtliche, von Menschenhand bearbeitete Schälchen- und phallische Rillensteine unter den Findlingen.

**Zugang**

Im Südwesten von Dauelsen, am Nordausgang von Verden, neben der Bundesbahnstrecke. A 27, Ausfahrt Verden-Nord. B 215 Richtung Verden, unmittelbar hinter der Eisenbahnunterführung Straße nach Norden, Hinweisschild »Storchenstation« folgen. Rechter Hand Parkplatz mit einem der Eingänge.

**Literatur**

H. A. Lauer, nördliches Niedersachsen, a. a. O.

Phallischer Rillenstein im »Sachsenhain« zu Verden (»Stein 219«)

## Der »Kulthügel« von Kirchwalsede

Kult- oder Grabhügel – das ist die Frage. Nur: eine Bestattung war in dem am Weißen Moor gelegenen, nur flach gewölbten Hügel nicht nachweisbar. Auch Hinweise auf die sonst üblichen weiteren Gräber in der Umgebung fehlen.
In der Mitte unter der Hügelkuppe wurden Holzkohle und direkt an der Innenseite der den Hügel umgebenden Steinmauer ein Tongefäß gefunden. Ausgräber R. Dehnke deutet das Bodendenkmal als einen früheisenzeitlichen Kulthügel.

**Zugang**
Östlich der B 215 Rothenburg–Verden liegt Kirchwalsede. In Kirchwalsede Richtung Wittorf-Lüdingen bis rechts die Straße nach Odeweg abzweigt. Nach 400 m rechts parken. Dem halbrechten Feldweg folgen. Nach etwa 250 m in südwestlicher Richtung weitere 250 m auf dem Fußpfad Richtung Süden.

**Literatur**
Führer, Bd. 4, a. a. O.
H. A. Lauer, nördliches Niedersachsen, a. a. O.

## Die Kultfiguren im Wittemoor bei Oldenburg

Umrahmt vom Holler Moor und dem Hilgenloh (= Heiliger Wald) mit seiner auch im trockenen Sommer ergiebigen Quelle liegt das Wittemoor. Ein gut 3 km langer eichener Bohlenweg aus dem 3. Jahrhundert v. Chr. durchquert hier das Moorgelände. Bei der Freilegung der Fahrbahn entdeckte der Ausgräber an einer Furt rechts und links des Weges zwei menschenförmige Kultfiguren, beide je aus einem Eichenbrett hergestellt. Die eine – 105 cm hoch, wegen ihrer robusten, eckigen Form als die »männliche« bezeichnet – lag an der Ostseite des Weges. Ihr gegenüber, auf der Westseite, die 90 cm lange weibliche Kultfigur mit breitem Becken und angedeutetem Geschlechtsmerkmal in Form einer kräftigen senkrechten Kerbe.
Offensichtlich war die weibliche Figur die kultisch höher bewertete: Sie stand auf einem 40 cm hohen Bult, umrahmt von einem

Weibliche (links) und männliche Kultfigur am Bohlenweg im Wittemoor

Kranz kleinerer heller Steine und zahlreichen sorgfältig zurechtgeschnittenen, zerbrochenen Holzstäben, die als Los- und Orakelstäbe gedeutet werden.
Zwei Feuerstellen, die Reste eines torartigen Gerüstes und das gewollte Niederlegen der Kultfiguren und -pfähle verstärken die Vermutung, daß es sich hier um einen Kultplatz an einer besonders gefährlichen Stelle im Moor handelte.
Im weiteren Verlauf des Bohlenweges wurden noch vier Kultfiguren entdeckt. Auch diese durch Niederlegung und Abdecken – offensichtlich nach der Aufgabe des Weges – vor profanem Gebrauch geschützt.

**Zugang**

Westlich von Bremen von der Straße Delmenhorst Richtung Oldenburg rechts nach Linteln abbiegen (12 km vor Oldenburg), Richtung Hude. Links Weg »Zum Wittemoor« folgen. Etwa 1,6 km dem erhöhten Weg durch das Naturschutzgebiet folgen bis zur Wegkreuzung. Hier etwa 400 m nach rechts. Rechts und links sieht man die weißen Tafeln, die den Nord-Süd-Verlauf des gut 3 km langen und 2,5 m breiten Bohlenwegs markieren. (Mit Dank an das Staatl. Museum für Naturkunde und Vorgeschichte in Oldenburg für das Aufstellen der Figuren.)

**Literatur**
H. Hayen, Hölzerne Kultfiguren am Bohlenweg XLII (Ip) im Wittemoor (Gemeinde Berne, Landkreis Wesermarsch). In: Die Kunde, N. F. 22 1971
E. Herberger, Kultplätze mit Holzfiguren. Magisterarbeit, Göttingen 1984. (Dank an Prof. H. Jankuhn für die freundliche Zusendung)
Jacob-Friesen, Einführung in Niedersachsens Urgeschichte, Bd. 3, Hildesheim 1974

# Ein »steinalter« Weg am Ewigen Meer bei Aurich

Der älteste Bohlenweg Ostfrieslands wurde südlich des Naturschutzgebietes »Ewiges Meer« – ein See mitten im Moor – entdeckt und 1984 freigelegt. 4500 Jahre alt ist der aus der jüngeren Steinzeit stammende, 4 m breite Fahrweg zum Überqueren des sumpfigen Geländes.
Wie im Wittemoor wurde auch hier am Rande des Weges ein Kultpfahl aus Erlenrundholz mit einer plastisch geformten Kopfkugel gefunden.
Sein schnurgerader Verlauf (in der Verlängerung genau auf die Kirche von Arle zu), die Nähe zum Zentrum der »Heiligen Linien« durch Ostfriesland und zu Funden wie der Goldenen Sonnenscheibe von Moordorf läßt so manchen hier mit einem »Heiligen Pfahlweg« spekulieren, Bestandteil einer großen astronomischen Anlage der Steinzeit.

**Zugang**
Autobahn Oldenburg–Emden (erst z. T. fertiggestellt). Von Aurich nach Norden Richtung Dornum. Etwa 10 km hinter Aurich links in den »Königsweg« einbiegen, am »Goldmoor« vorbei, bis links Hinweisschild »Zum Ewigen Meer« führt, dort Parkplatz mit Schautafel. Hier gibt es einen neu erbauten Bohlenweg durch das Moor. Der nord-südlich verlaufende steinzeitliche Bohlenweg liegt östlich des Dobbesees, von Tannenhausen in gerader Linie auf die Ostspitze des Ewigen Meers zulaufend.

**Literatur**
H. Hayen, Archäologische Mitteilungen aus Nordwestdeutschland, H. 8, 1985 (XV Le)

# Upstalsboom bei Aurich

Das Zentrum der »Heiligen Linien durch Ostfriesland« wird in dem urgeschichtlichen Grabhügel gesehen, auf dem 1833 eine Steinpyramide errichtet wurde. Ab dem 13. Jahrhundert ist hier eine »Versammlungsstätte der freien Frieslande«, jeweils am Dienstag nach Pfingsten, belegt. Wahrscheinlich fanden schon früher Things am Upstalsboom statt, das bis heute das Symbol der friesischen Freiheit geblieben ist.

**Zugang**
Südwestlich von Aurich, B 210 Richtung Oldersum. Kurz hinter Rahe rechts Hinweisschild.

# NORDRHEIN (-Westfalen)

Kultstätte der keltisch-germanischen Muttergöttinnen in Pesch: der alte Brunnen

Mit Dank an Dr. Anna-Barbara Follmann-Schulz, Dr. H.-E. Joachim, Dr. Harald Koschik, Dr. Jürgen Kunow, Prof. Dr. Christoph B. Rüger, Bonn, und Prof. Dr. Gernot Tromnau, Duisburg.

**Literatur**

A.-B. Follmann-Schulz, Die römischen Tempelanlagen in der Provinz Germania inferior. In: Aufstieg und Niedergang der römischen Welt, Bd. 18, Berlin 1986
Führer zu vor- und frühgeschichtlichen Denkmälern, Bd. 25 u. 26, Mainz 1974 (vergriffen)
H. G. Horn, Die Römer in Nordrhein-Westfalen, Stuttgart 1987
Matronen und verwandte Gottheiten. Ergebnisse eines Kolloquiums. Beihefte der Bonner Jahrbücher, Bd. 44, Bonn 1987

**Fundmeldungen**

Rheinisches Amt für Bodendenkmalpflege
Colmantstr. 14–16
5300 Bonn
Tel. 0228/7 29 41

## Das Matronenheiligtum von Pesch

Pesch, ein Sommer-Sonntagnachmittag. Ferienzeit. Der Platz heißt immer noch »Zum Heidentempel«. Zwei junge Paare picknicken in der Nähe des alten Brunnens. Ein kleiner Junge beobachtet die wenigen Menschen, die zwischen den verfallenen Tempelmauern herumgehen. »Was fotografieren die denn hier?« fragt er angesichts der für ihn nicht sonderlich interessanten Mauerreste. Antwort des Papas: »Du mußt dir vorstellen, wie es hier früher war. Wenn du hier selber buddelst und ein paar Knochen findest, kommst du in die Zeitung.«
Das mit dem Buddeln war kein guter Tip. Da ist schon mit »unnachgiebigem Polizeieinsatz« gedroht worden (wie in Abenden, S. 256), falls Leser mit diesem Buch in der Hand dabei erwischt werden.
Ein schöner, guter Platz dort oben. Die Sage berichtet, daß in der Tiefe des Brunnens in der Christnacht um 12 Uhr ein Glöcklein läutet. Erinnerung an die großen Feste, die dort in der »Mutternacht« gefeiert wurden?
Die Matronae, keltisch-germanische Muttergöttinnen, die die Fruchtbarkeit des Bodens, der Herde und des Menschen segneten, wurden hier in Pesch verehrt. Vielleicht in Fortsetzung eines uralten, aus der Verehrung von heiligen Ziegen entstandenen Mütterkults der Kölner Bucht. Die Baumdarstellungen auf den Matronensteinen geben Hinweise auf die besondere kultische Verehrung des Baumes, auf eine ältere Form des Matronenkults, in der die Gottheiten in Bäumen, in heiligen Hainen verehrt wurden.
Auch Pesch kann in seiner ersten Phase ein Baumheiligtum gewesen sein. Damals war ein offener, mit einem Zaun umfriedeter Bereich der Mittelpunkt der Gesamtanlage; in seinem Zentrum vermutlich eine einzelnstehende Eiche.
Die Göttinnen spendeten Segen, Fruchtbarkeit und Schutz für Familie, Haus und Hof. Meistens sind sie als Dreiheit dargestellt: Zwei ältere Frauen mit großen Hauben, ein junges Mädchen in der Mitte, Fruchtkörbe auf dem Schoß.
Im 1. Jahrhundert wurde in Pesch eine Tempelanlage mit Unterkünften für die Priester(innen) und Pilger errichtet. Ein langer,

Modell des Matronentempels von Pesch

Gallo-römischer Umgangstempel im Matronenheiligtum zu Pesch: vor 2000 Jahren und heute

überdeckter Wandelgang umgab den offenen Festplatz, auf dem Prozessionen und rituelle Versammlungen stattfanden. Auch die kleinasiatische »Große Göttermutter« Kybele wurde später hier verehrt, bis das Heiligtum im 5. Jahrhundert zerstört wurde.

## Das Matronenheiligtum von Zingsheim

»Vor Hirschberg« heißt die Parzelle, in der die Fundamente eines gallo-römischen Umgangstempels gefunden wurden. Nach der römischen Besetzung hatten die Kelten zwar Architektur und Bauweise – in Stein – der Eroberer übernommen. Durch den gallischen Tempel mit seinem offenen Umgang wurde aber nach wie vor die Umgebung, die Natur in die rituellen Handlungen mit einbezogen. Die volle Ausdehnung des Heiligtums ist noch unbekannt. Verehrt wurde eine Dreiheit einheimischer Muttergottheiten, die Matronae Fachinehae, ein offenbar lokal begrenzter Kult. Nahe dem Tempel entsprang eine Quelle.

## Das Matronenheiligtum von Nettersheim

Auf der Anhöhe »Görresburg«, eingebettet in Felder und Wiesen, mit einem wunderschönen weiten Blick über die Eifel, erstreckt sich der freigelegte heilige Bezirk mit den Resten mehrerer Kultbauten, umgeben von einer Umfassungsmauer. Hier wurden die Matronae Aufaniae verehrt, drei keltisch-germanische Muttergöttinnen, deren Kult im Rheinland am weitesten verbreitet war.
Auch in Nettersheim stand vermutlich in einer früheren Phase des Heiligtums ein umhegter Baum im Mittelpunkt des Kultes.

**Zugang**
A 1 Köln-Blankenheim, Ausfahrt Nettersheim. Ein kurzes Stück nach links auf der B 477 (Richtung Süden), dann wieder links Richtung Nöthen/Bad Münstereifel nach *Pesch*. Rechter Hand der Straße Pesch–Nöthen liegt das noch heute »Heidentempel« genannte Matronenheiligtum Pesch. (Vom Parkplatz den Fußweg die bewaldete Anhöhe hinauf.)
Zum Heiligtum *Zingsheim:* Von Pesch zurück bis Zingsheim. Kurz hinter

Freige egte Kultbauten im Matronenheiligtum von Nettersheim

Zingsheim auf der Straße nach Nettersheim links in den Feldweg mit der Hinweistafel »Römischer Tempel« einbiegen. Dann den kleinen Tafeln »archäologisches Denkmal« folgen.
Zum Tempelbezirk *Nettersheim:* Von Zingsheim kommend durch Nettersheim hindurch. Die nach SW ansteigende Anhöhe ganz hinauf. Hier auf der Parzelle Görresburg liegen rechter Hand die restaurierten Mauerreste des Heiligtums. – Alle drei Tempelbezirke sind freigelegt.

**Literatur**

»Matronenkolloquium«, a. a. O.
Follmann-Schulz, a. a. O.
Führer, Bd. 25 u. 26, a. a. O.

## Ein zentrales Stammesheiligtum bei Aachen-Kornelimünster

Die drei gallorömischen Umgangstempel – in der Nachfolge der keltischen Open-air-Religion, die ja keine steinernen Tempelgebäude kannte – waren pompejanisch rot verputzt, der Umgang ein gestampfter Lehmestrich. Auch die Außenseiten der Umgangsmauer waren mit einem roten Putz versehen. Nach einer Erweiterung des einen Tempels wurden seine Innenwände – auch figürlich – bunt bemalt. Die weiteren entdeckten Gebäude deuten auf eine größere Anlage hin, auf das zentrale Stammesheiligtum der keltisch-germanischen Sunuci, wo die – als Fruchtbarkeitsgöttin dargestellte – einheimische Sunuxal verehrt wurde.

**Zugang**

Von Aachen auf der B 258 bis Kornelimünster. Von hier auf der »alten Steinstraße« Richtung Breinig. Etwa 100 m linker Hand der Straße auf einer »Schildchen« genannten nach Süden abfallenden Hochfläche. (Bei Grabungen in der westlich liegenden alten Bergkirche kam in der nordwestlichen Turmecke ein vermutlich aus dem Tempel hierher verschleppter Inschriftenstein zutage). Der Tempelbezirk ist freigelegt und wird z. Zt. restauriert.

**Literatur**

Follmann-Schulz, a. a. O.
E. Gose, Der Tempelbezirk von Cornelimünster. In: Bonner Jahrbücher 155–156, 1955–1956

# Das Matronenheiligtum von Nideggen-Abenden

»Die liebsten Heiligtümer sind mir die unter der Erde«, sprach der Wissenschaftler, und flugs wurde auch der erst 1983 ausgegrabene Tempelbezirk aus Angst vor »wilder Buddelei« wieder zugeschüttet. (Das abgeholzte Rechteck im Wald mit der nagelneuen Fichtenanpflanzung ist natürlich schon auffällig!) Vielleicht auch verständlich: Unter der Erde ist das neuentdeckte Matronenheiligtum noch voll vorhanden und harrt einer späteren Ausgrabung. Im Wald nordöstlich von Abenden finden sich auffällig viele prähistorische Schalensteine, dazu etliche Felsgravierungen an dem nördlich des Heiligtums liegenden Hondjesberg, Mittelberg und dem Kuhlenbusch, die aber zum großen Teil in die Neuzeit datiert werden.

**Zugang**

A 1 Köln-Blankenheim, Ausfahrt AB Kreuz Euskirchen bzw. Zülpich. B 265 über Berg bis Nideggen, Abenden. Das Heiligtum liegt an einem Waldweg auf einem nach Westen zur Rur hin leicht abfallenden Hang, dem »Kirchbusch« südöstlich von Abenden. (Zugang leichter von Berg aus: Straße nach Süden, dann Waldweg nach Westen, etwa 2 km auf Abenden zu).

**Literatur**

W. Schrickel, Verzierte Felsplatten und Steine in der Gemeinde Abenden bei Nideggen, Kreis Düren. In: Bonner Jahrbücher, Bd. 164, 1964
M. Sommer, Ein neuentdecktes Matronenheiligtum bei Nideggen-Abenden, Kr. Düren. In: Ausgrabungen im Rheinland 1983/84, Köln 1985
Ders., Das Heiligtum der Matronae Veteranehae bei Abenden. In: Bonner Jahrbücher, Bd. 185, 1985

# Der Steinkreis von Oberdollendorf

Das gewisse Lächeln bekommen die »ernsten« Wissenschaftler bei den Sensationen der diversen Heimatvereine.
Nun, erstaunlich ist er schon, dieser geometrisch genaue Kreis aus 18 Steinen mit einem neunzehnten außerhalb des Kreises auf dem mit Weißdorn und Wildrosenhecken umsäumten kleinen Plateau nahe dem Rheinufer.

Der Steinkreis von Oberdollendorf

Nachdem »Befragungen älterer Einwohner einschließlich der Kirchenvertreter« nichts ergeben hatten, machten sich die Entdecker »in Erinnerung an ähnliche Anlagen in Griechenland« selbst an die Nachforschungen. Sie erkannten geographische und astronomische Linien, auf die die Steine »mit geradezu bestürzender Genauigkeit« hinweisen: Stein 3 zum Sonnenaufgang zur Sommersonnenwende, Stein 6 zur Wintersonnenwende, Stein 7 auf den Drachenfels, Stein 15 auf das Bonner Münster; und so weiter, Stein für Stein.
Fazit für die Entdecker: ein Steinkreis aus der Zeit um 2000 v. Chr., vergleichbar dem Kreis auf dem Wurmberg von Braunlage.
Nachsatz: Das gewisse Lächeln war berechtigt: Die Bonner Denkmalpfleger datieren nach ihrer Ausgrabung 1988 den Steinkreis von Oberdollendorf auf die zweite Hälfte des 19. Jahrhunderts!

**Zugang**
Rechtsrheinisch zwischen Bonn und Königswinter das Plateau oberhalb, östlich von Oberdollendorf (Fußweg durch die Weinberge).

Stein Nr. 11 des Kreises weist auf den 33 km entfernten *Michelsberg,* auf dem 4000 Jahre alte Scherben gefunden wurden. Die einst Mahlberg genannte Anhöhe diente jahrhundertelang dem Hochgericht Münstereifel als Versammlungsstätte. Seit dem 9. Jahrhundert »Kultstätte des Erzengels Michael«, wie es so schön am Eingang der alten Wallfahrtskapelle auf dem Gipfel heißt. Vom Aachener Münster aus geht die Sonne zur Wintersonnenwende über dem Michelsberg auf.

**Zugang**

AB Kreuz Meckenheim (A 61 mit A 565), B 257 bis Altenahr, Richtung Westen bis zum – zur Gemeinde Mahlberg gehörenden – Michelsberg.

**Literatur**

F. Rogowski, R. Brückel, Der Steinkreis von Oberdollendorf. In: Oberdollendorf und Römlinghoven, 1987
Führer, Bd. 26, a. a. O.

# (Nordrhein-) WESTFALEN

Mit Dank an Dr. Hartmut Polenz, Münster.

**Literatur**

Führer zu archäologischen Denkmälern in Deutschland, Bd. 11, Stuttgart 1985

**Fundmeldungen**

an das Amt für Bodendenkmalpflege
Rothenburg 30
4400 Münster
Tel. 0251/59 12 81

## Die Externsteine bei Horn

Ich fuhr am 21. Dezember, zur Wintersonnenwende, dorthin – und ich war gewarnt: von den Wissenschaftlern vor den Neo-Nazis, die dort ihr (Un-)Wesen trieben; von den Freunden der New-Age-Szene wegen der Schwingungen, die mich erfassen würden, denn dieses Jahr fielen ausgerechnet Wintersonnenwende und Neumond zusammen.
Es war neblig, es nieselte. Ein paar Dutzend, meist jüngere Menschen strichen schon am Nachmittag durch das Gelände, standen in Gruppen zusammen. Britische und niederländische Wagen hatte ich auf dem Parkplatz gesehen. Jeder grüßte jeden, duzte den anderen freundlich. Irgendeine erwartungsvolle Spannung lag über allem. Das Paar in der Nische rechts vom Relief drehte uns zusammengekauert den Rücken zu. Und es war nicht der Duft von Räucherkerzen, der zu uns drang.
Nachts nahm der Nebel noch zu, es begann zu stürmen. Durch die Dunkelheit ging ich vorsichtig den Weg zu den Felsen. Schon von weitem hörte ich eine sich überschlagende, schreiende Stimme, die vom Fuß der Steine herschallte: »Allvater – aaah, Größter der Himmlischen, zeuge das Feuer, ich bin bei Dir, Deine Freunde sind bei Dir, seht her, die Sonnenwende.« Immer und immer wieder schrie die Stimme des Unsichtbaren in die Nacht hinein. Die Felsspitzen waren vom schwankenden Fackelschein erhellt, überall flackerten Lichter, und wie bestellt schrie im Hintergrund ein Käuzchen.
Die Externsteine – ein vorchristliches Heiligtum oder nicht? Bewiesen ist durch Ausgrabungsfunde bisher nichts. Doch haben solche auffälligen im Waldesdunkel geheimnisvoll aufragenden Felsformationen wie die Externsteine ganz sicher auch den vorgeschichtlichen Menschen angezogen. Bereits 1564 werden die Externsteine für eine heidnische Kultstätte gehalten, die Karl der Große in eine christliche umwandelte. Vom 18. Jahrhundert bis heute wird immer wieder die These vertreten, daß die Externsteine der Standort der von Karl dem Großen zerstörten Irminsul gewesen sei, des zentralen sächsischen Heiligtums, der »Hauptgötzensitz der Deutschen«. In der NS-Zeit wurden sie als *die* nationale germanische Kultstätte angesehen,

Die alte Fernstraße zwischen den Externsteinen

ein Sonnenheiligtum, ein altgermanisches Observatorium sternenkundiger Vorfahren, ein deutsches Nationaldenkmal. Der Reichsführer SS Himmler übernahm den Vorsitz der Externsteinstiftung.

Solchermaßen durch eine braune Vergangenheit belastet, ist der Glaubenskrieg um das Heiligtum in den letzten Jahren desto heftiger entbrannt. Und so wallfahrten – vor allem zu den Jahreskreisfesten – die unterschiedlichsten Gruppen zu den Sandsteinfelsen, deren eigenartiger starker Faszination sich kaum jemand entziehen kann: »Man mag sich wehren und wenden, wie man will, man findet sich wie in einem magischen Kreise gefangen...« schrieb Goethe.

Nicht weit von den Felsen entspringen die beiden Quellen, die nördlich und südlich die Sandsteinblöcke einrahmen. Die ehemals sprudelnde Quelle an der Nordostseite des Bärensteins ist heute nur noch an der Bodenfeuchtigkeit zu erkennen. Die *Jakobsquelle* ist wegen ihrer noch erhaltenen Einfassung leicht zu finden: In südwestlicher Richtung der alten Fernstraße zwischen der Felsformation hindurch folgen. Die 1. Straße nach links einbiegen (nach etwa 200 m). Nach etwa 50 m links am

Wegesrand im Gebüsch versteckt sprudelte einst die inzwischen versiegte Jakobsquelle, unschwer an der alten steinernen, kastenartigen Umrahmung, die nach vorne hin offen ist, und dem feuchten Boden auszumachen.

**Zugang**

Von Dortmund auf der B 1 über Soest, Paderborn nach Horn. Dort ausgeschildert. Riesiger Parkplatz. Maximal drei Stunden Aufenthaltsdauer. An »guten« Tagen sollen bis zu 50 000 Menschen die Externsteine besuchen.

**Literatur**

Führer, Bd. 11, a. a. O.
W. Matthes, Corvey und die Externsteine – Schicksal eines vorchristlichen Heiligtums in karolingischer Zeit, Stuttgart 1982
R. Müller, Der Himmel über dem Menschen der Steinzeit, Berlin/Heidelberg/New York 1970
(Mittlerweile über 700 Titel zu den Externsteinen. Das Standardwerk: M. Mundhenk: Forschungen zur Geschichte der Externsteine, 4 Bde., Lemgo 1980)

## Die Steinsetzungen im Leistruper Wald

Der zum großen heiligen Bezirk der Externsteine gehörende heilige Hain wird im 5 km nördlich liegenden Leistruper Wald gesehen. Steinreihen, hufeisenförmige Steinsetzungen und im Volksmund »Opfersteine« genannte Gesteinsblöcke, an denen man Spuren von Bearbeitung erkennt, sind »in ihrer Bedeutung noch ungeklärt«.
Die geraden Steinreihen verliefen parallel nebeneinander, vergleichbar den bretonischen »Alignements«.

**Zugang**

Vom Parkplatz Externsteine die Straße nach links Richtung Detmold. In Hornoldendorf nach rechts bis Diestelbruch. Hier wieder nach rechts die Leistruper-Wald-Straße bis zum Waldcafé. Hier parken. Hinter dem Waldcafé in östlicher Richtung dem Feldweg am Waldrand etwa 400 m folgen, rechts im Wald befinden sich die ersten »Opfersteine«. Südlich davon die anderen Steinsetzungen.

**Literatur**
Führer, Bd. 11, a. a. O.
W. Matthes, Corvey und die Externsteine – Schicksal eines vorchristlichen Heiligtums in karolingischer Zeit, Stuttgart 1982

## Der Ulenstein bei Bad Driburg-Alhausen

Wie in anderen auffälligen Felsbildungen ist auch im Ulenstein ein frühgeschichtlich-germanischer Kultplatz vermutet worden. Seine Felsspalte wurde als Blutrinne und seine Plattform als Opferstelle angesehen. Unter dem überhängenden Felsen fanden 1967 zwei Schüler in etwa 50 cm Tiefe ein menschliches Skelett. Ausgrabungen ergaben – wie bei den 19 km nördlich liegenden Externsteinen – keine Beweise für kultische Handlungen in vor- und frühgeschichtlicher Zeit.
Ich war am Tag nach der Wintersonnenwende da. Aufmerksam geworden durch eine neue leere Streichholzschachtel auf der Felsplattform, entdeckte ich bald die zwei halb abgebrannten Kerzen, eine weiß, eine rot, unter einem flachen Stein versteckt. Überbleibsel der Sonnwendfeier, die in der Nacht hier stattgefunden hatte?

**Zugang**
Von Detmold nach Süden Richtung Bad Driburg. In Reelsen nach links Richtung Alhausen. Kurz vor Alhausen liegt rechts am Wegrand eine Mühle. Schräg gegenüber führt ein geteerter Weg leicht bergan auf einen Bauernhof zu. Rechter Hand auf der mit Holunder und wilden Rosen bewachsenen Kuppe liegt der nur 3,5 m hohe Fels, umgeben von alten Buchen.

**Literatur**
K. Günther, Eine Probegrabung an der Felswand des Ulensteins bei Bad Driburg-Alhausen, Kreis Höxter. In: Ausgrabungen und Funde in Westfalen-Lippe, Bd. 2, 1984

## Ein germanischer Opferplatz in Soest-Ardey

Neun nie versiegende Quellen bilden zusammen einen kleinen Teich, dessen Wasser eine Eigentümlichkeit besitzt: Es wird niemals trübe, sondern bleibt stets »krystallklar«. So steht es noch in einem Bericht von 1938. Leider hat der Zivilisationsmüll unserer Tage erreicht, daß von der »krystallenen« Reinheit nicht mehr viel zu sehen ist. Am Ende einer kleinen Landzunge, die sich früher in den Teich erstreckte, stieß man auf roh behauene, in den Teichgrund getriebene Eichenpfähle und als Opfergaben zu erklärendes Fundgut (Tongefäße, Tierknochen).

**Zugang**
A 44 Dortmund–Soest. Am Westrand von Soest, auf dem Gelände des neuen Schulzentrums. Richtung Hauptschule, rechts ein kleiner Fußweg, auf der Rückseite des Bauernhofs.

**Literatur**
T. Capelle, Ein germanischer Opferplatz in Soest-Ardey? In: Ausgrabungen und Funde in Westfalen-Lippe, 3, 1985

## Die Schalensteine im Brennerberg am Niesetal

Teufels- oder Hexenstein wird der unterhalb des Waldrandweges liegende flache Stein von der Bevölkerung genannt. Der 50 m nördlich liegende »Richtstein« trägt 70 Schälchen, die in bestimmten Reihungen künstlich eingetieft sind. Vorgeschichtliche Scherben wurden daneben gefunden. Am Hang des Brennerberges liegt eine ganze Schalensteinreihe, beiderseits davon eine flache, künstliche Terrassierung, auf dem höchsten Punkt eine Quelle, als Mulde erkennbar. Auf beiden Seiten je ein Grabhügel.
Diese Nachbarschaft deutet auf einen größeren kultischen Bezirk hin.
Das schöne, ruhige Tal- und Waldgebiet sollte vor einer unnötigen Unruhe, gar vor Raubgräbereien bewahrt werden.

**Zugang**
Von Horn-Bad Meinberg auf der B 239 Richtung Osten. Von Schieder Richtung Schwalenberg bis Brakelsiek. Vom westlichen Ortsrand weiter nach Westen bis zum Niesetal. Den Weg rechter Hand etwa 100 m bergan, dann wieder links. Nach etwa 500 m gerader Weg parallel zum Niesetal. Unterhalb der »Teufelstein«, rechts im ansteigenden Hang die Schalensteine. 350 m nordöstlich die Quellmulde.

**Literatur**
Führer, Bd. 11, a. a. O.

## Die Bruchhauser Steine bei Brilon

»Das großartigste Denkmal der Vorzeit in Westfalen« werden die vier mächtigen Felstürme auf der Anhöhe des Istenbergs genannt. Wie die Externsteine sind auch die Bruchhauser Steine Natur- und Kulturdenkmal. Feldstein, Ravenstein, Bornstein – auf seinem Gipfel gibt es eine »kristallklare Quelle« – und Goldstein bilden die aufragenden Eckpfeiler, die mit Steinwällen und davorliegenden Gräben zu einer vorgeschichtlichen Wallanlage zusammengefügt sind.
Aufgrund der um und auf den Felsen geborgenen eisenzeitlichen Scherben wird in den Bruchhauser Steinen ein geschützter »Versammlungsplatz an einem Felsheiligtum« des 6. bis 2. Jahrhunderts v. Chr. vermutet. Vergleichbar den aus der Antike bekannten Heiligtümern auf den höchsten Bergen »in der Nähe der himmlischen Throne«. W. Dehn: »Wenn irgendwo, wird man hier an eine über das Profane hinausgehende Bestimmung der ganzen Anlage denken wollen.« Es ist sogar vermutet worden, daß hier das bei Tacitus erwähnte berühmte Heiligtum der Tamfana zu suchen sei.

**Zugang**
B 7 Meschede Richtung Brilon, in Altenbüren nach Süden B 480, Olsberg, Bruchhausen. Hier bis zur Schützenhalle fahren. Im Naturschutzgebiet nordöstlich von Bruchhausen liegen die vier Felstürme.

**Literatur**
W. Winkelmann, Die Bruchhauser Steine bei Olsberg/Hochsauerlandkreis. In: Frühe Burgen in Westfalen, 3, 1983

W. Dehn, »Heilige« Felsen und Felsheiligtümer. In: AFD, Beiheft 16, Beiträge zur Ur- und Frühgeschichte I, Berlin 1981

## Die Kulthöhlen des Hönnetals

»An solch einen Zauber glaube ich nicht«, sagte die Frau, die ich nach der Leichenhöhle fragte, in der in grauer Vorzeit kultische Menschenopferungen stattgefunden hatten. Aber sie meinte – mit gesenkter Stimme –, daß es Verbindungen zwischen den einzelnen Höhlen gäbe. Ganz niedrige Gänge, man muß dabei auf dem Bauch rutschen. Sie selber war noch nie in den Höhlen. Auch die anderen aus dem Dorf gehen nicht dorthin. Selbst die Lehrerin ist, als sie noch Kinder waren, mit ihnen nicht hineingegangen. Außerdem sei es gefährlich, die Höhlen zu betreten und in den Felswänden herumzuklettern. Erst vor zwei Jahren sei jemand dabei abgestürzt und zu Tode gekommen.
Also Vorsicht! Und Taschenlampe nicht vergessen.
Dr. Hartmut Polenz, Münster, hat nicht weniger als 25 Höhlen im südlichen Westfalen als Kulthöhlen identifiziert, die zum Teil noch erhalten und begehbar sind. Polenz: »Die Außergewöhnlichkeit des Ortes und der Nachweis der Wiederholung von ritualisierten Niederlegungen ausgewählter Objekte spricht gegen eine Bezeichnung dieser Höhlen als Siedlungs- oder Bestattungsplätze im herkömmlichen Sinne. Vielmehr dürfte es sich in allen Fällen um Heiligtümer handeln, in denen es zu brauchmäßigen und religiös motivierten Deponierungen gekommen ist. Die Kulthandlungen und die damit in Verbindung stehenden Opfer mögen am ehesten chthonischen Mächten gegolten haben und sollten wohl letztlich die Fruchtbarkeit von Mensch, Tier und Feld gewährleisten.«
Das gesamte Hönnetal erscheint dem Wanderer wie ein Schlund zur Erde, ein großes Kultgelände, ein riesiges Tempelgebiet, wie das Tal von Delphi.
Die in der *Karhofhöhle bei Volkringhausen* an den Feuerstellen gefundenen Menschenknochen »waren größtenteils zerstückelt und lagen, niemals zu einem Skelett vereinigt, mit Topfscherben wild durcheinander«.

Eingangsspalt in die Karhofhöhle (Hönnetal)

**Zugang**
A 44 Dortmund–Soest Richtung Süden. A 445, Ausfahrt Neheim – Rathausplatz Richtung Westen, Herdringen, Holzen, Albringen. Kurz bevor die Straße von Albringen auf die B 515 stößt (11 km südlich von Menden) links Parkeinbuchtung. Oberhalb davon auf halber Höhe der Felsformation befinden sich die vier Eingänge der Karhofhöhle, die ein ganzes Höhlensystem bildet. Achtung: Die Höhle ist z. T. sehr schmal und sehr rutschig, nicht ohne Licht hineingehen!

Etwa 500 m nördlich, die B 515 entlang, liegt die *Reckenhöhle.* (Inzwischen Schauhöhle. Der ursprüngliche Eingang lag oberhalb des jetzigen.)
Etwas nördlich davon die *Leichenhöhle* oder Grabhöhle, eine typische Höhlenopferstätte. Oberhalb einer 4 m hohen Steilwand führt ein niedriger, enger Gang 23 m tief in den Fels. Im 5. Jahrhundert v. Chr. fanden hier Opfermahlzeiten statt. Gefunden wurden eine Herdstelle mit Holzkohle, Kochtöpfe, geröstetes Getreide, menschliche Oberschenkel und Kiefer, Teile von genau zwölf Schädeln, zwölf Fingerglieder und 400 menschliche Zähne, Schmuck und bearbeitete Menschenknochen.
Gut 1 km nördlich – auf der westlichen Seite der B 515, über die steinerne Brücke, gegenüber den »Sieben Jungfrauen« – liegt die *Feldhofhöhle.* Lageplan am Parkplatz bei »Haus Recke«.
Unterhalb der Burg Klusenstein, auf die man von der Feldhofhöhle aus schaut, erstreckt sich die gut begehbare *Burghöhle.* In der großen Halle wurden im Bereich einer Feuerstelle menschliche Zähne und Schädelteile zusammen mit über 60 Spinnwirteln gefunden. Als Wohnung einer Priesterin oder weisen Frau ist die Höhle gedeutet worden.
Etwa 14 km südlich der Karhofhöhle stößt man auf die *Balver Höhle* (in Balve ausgeschildert). Der Eingang der Flußgrotte ist vergrößert worden, hier finden inzwischen Rockkonzerte statt.
Die *Bilsteinhöhle* bei Warstein, Kreis Soest ist zwar inzwischen auch eine Schauhöhle, aber der Blick in den tiefen Schacht, in dem der Unterweltfluß rauscht, läßt uns schon die Bedeutung der unterirdischen Quellen und Flüsse für unsere Altvorderen ahnen: Um zu den Holden zu kommen, in den Schoß der Mutter Erde, mußte man immer erst durch das Wasser.

(B 55 von Meschede nach Norden bis Warstein, Straße von Warstein nach Hirschberg, nach etwa 2 km links Weg zur Bilsteinhöhle.)
Östlich von Warstein liegt die gut begehbare Höhle *Hohler Stein* bei Kallenhardt. (Von Warstein nach Kallenhardt. In Kallenhardt dem Weg in südlicher Richtung bis zum Wanderparkplatz folgen.) Neben zahlreichem Schmuck, Menschen- und Tierknochen, spinnwirtelähnlichen Gegenständen aus Knochen wurde im Verbindungsgang zwischen den beiden Kammern ein menschliches Skelett mit Schmuckbeigaben gefunden, bei dem es sich offensichtlich um einen lebendig eingemauerten Menschen handelt.

Die Eingänge der berühmten *Veledahöhle* bei Velmede (östlich von Meschede), Hochsauerlandkreis, sind inzwischen durch Gitter und Panzertüren versperrt (desgleichen bei der *Rösenbekker-Höhle,* 9 km östlich von Brilon, die auch sehr schön liegt. Daneben die *Ziegenhöhle*). Die sagenumwobene Veledahöhle (1 km südlich von Velmede Richtung Halbeswig, links hinter dem Steinbruch leicht ansteigender Weg, nach 280 m drei Eingänge) soll ihren Namen von Veleda, einer germanischen Priesterin, haben, die hier gewohnt hat. Uraltes Brauchtum rankt sich um diese Höhle, die auch mit Frau Holle in Verbindung gebracht wird (»Hollenloch«).

**Literatur**

S. Berg, R. Rolle, H. Seemann, Der Archäologe und der Tod, München/Luzern 1981
M. Geschwinde, Höhlen im Ith. Urgeschichtliche Opferstätten im südniedersächsischen Bergland, Hildesheim 1988
H. Polenz, Überlegungen zur Nutzung westfälischer Höhlen während der vorrömischen Eisenzeit. In: Karst und Höhle, München 1983
D. Rothe, Ur- und frühgeschichtliche Funde in südwestfälischen Höhlen. In: Karst und Höhle, München 1983
H. Streich, Unterirdische Zauberreiche des Sauerlandes, Altena 1967

# RHEINLAND-PFALZ

Weg zum ehemaligen Quellheiligtum Möhn

Mit Dank an Prof. Dr. Wolfgang Binsfeld, Dr. Karl-Josef Gilles, Dr. Hartwig Löhr, Trier, Erich Müsch, Mayen, und Dr. Heinz-Josef Engels, Speyer.

**Literatur**

Führer zu archäologischen Denkmälern in Deutschland, Bd. 12, Stuttgart 1986
Führer zu vor- und frühgeschichtlichen Denkmälern, Bd. 13, Mainz 1972/1976; Bd. 32 bis 34, Mainz 1977 (vergriffen, z. T. noch in den Museen erhältlich)

**Fundmeldungen**

Rheinisches Landesmuseum Trier
Archäologische Denkmalpflege
des Landesamtes für Denkmalpflege
Ostallee 44
5500 Trier
Tel. 0651/4 83 68

Landesamt für Denkmalpflege
Abteilung Archäologische Denkmalpflege
Amt Mainz
Große Bleiche 49–51
6500 Mainz
Tel. 06131/23 39 21

Landesamt für Denkmalpflege
Abteilung Archäologische Denkmalpflege
Amt Koblenz
Festung Ehrenbreitstein
5400 Koblenz
Tel. 0261/7 36 26

Landesamt für Denkmalpflege
Abteilung Archäologische Denkmalpflege
Amt Speyer
Kleine Pfaffengasse 10
6720 Speyer
Tel. 06232/7 58 63

# Das Quellheiligtum Wallenborn bei Heckenmünster

Heilige Bäume, Haine und Quellen galten den Galliern als Naturheiligtümer und genossen besondere Verehrung. Speziell für den Raum Trier ist eine Sendpredigt noch aus dem 9. Jahrhundert bekannt, in der von Menschen die Rede ist, die »Hilfe woanders suchen als beim allmächtigen Gott, etwa bei Quellen ...«
In Quellen und Brunnen wurden Opfergaben an die dort wohnenden Gottheiten niedergelegt, dann der heilige Bezirk eingegrenzt, Tempel für die Weihegaben, Unterkünfte für die Pilger, ja – wie in Heckenmünster – ein ganzer Gebäudekomplex als Kur- und Wallfahrtsstätte der keltischen Treverer um die heilige Quelle errichtet (s. S. 101).
Eine so auffällige Erscheinung wie der Wallenborn, eine heute noch brodelnde, stinkende Schwefelquelle, war unseren Ahnen sicher schon vor Errichtung des umfangreichen Pilgerzentrums ein heiliger Ort. Überall gluckert und blubbert es in diesen überaus trockenen Sommerwochen aus dem Boden. Und an den Quellen hört man tief aus der Erde ein unterirdisches Brodeln und Gurgeln. (Und tatsächlich begegnete ich hier meinem ersten Kobold, der mich von einer Baumrinde her ansah. Wer's nicht glaubt, siehe Foto auf S. 274.)
Das heilige = heilende Wasser wurde unter Gebeten und rituellen Kulthandlungen zu Trink- und Badekuren benutzt. Im heutigen dichten Laubwald lag ein typisches gallorömisches Quellheiligtum mit drei Tempeln (südwestlich an die Schwefelquelle anschließend) und einem Theater für kultische Spiele. Für die Pilger gab es östlich des von einer Mauer umgrenzten heiligen Bezirks Herbergen, Bäder und eine Heiltherme mit einem 50 qm großen geheizten Becken. Im Bad wurden Terrakotta-Fragmente von Muttergöttinnen gefunden.
Das Heiligtum, wohl ursprünglich in einem Eichenwald, wurde offenbar im Zusammenhang mit den Germaneneinfällen 275/276 n. Chr. aufgegeben. Aber noch im 17. Jahrhundert schreibt der Jesuit Jakob Masen: »Manche nehmen übrigens diese Quellen, obgleich sie wegen des übermäßigen Schwefelgehaltes und

Am Wallenborn zu Heckenmünster

der durch das stete Wallen verursachten Trübung gar nicht angenehm zu trinken sind, als Medizin.« Und Ende des 19. Jahrhunderts wird bezeugt, daß der Wallenborn immer noch bei Kinderkrankheiten aller Art aufgesucht wird.

**Zugang**

A 48 Koblenz–Trier, Ausfahrt Salmtal, Richtung Westen über Sehlem bis Heckenmünster. Hier (gegenüber der Kirche) links den »Viktoriaweg« bergan nehmen und dann rechts dem Wegweiser zur Viktoriaquelle folgen. (Wanderweg nach Erlenbach) Neben der Schutzhütte liegt die eingefaßte brodelnde »Viktoriaquelle«. Dem Weg ein Stückchen weiter folgen, bis der Waldweg rechts zur ebenfalls eingefaßten Schwefelquelle »Wallenborn« führt.

**Literatur**

W. Binsfeld, Das Quellheiligtum Wallenborn bei Heckenmünster. In: Trierer Zeitschrift 32, 1969

Führer, Bd. 33, a. a. O.

## Das Quellheiligtum bei Hochscheid

Ähnlich wie in Heckenmünster sah es im Pilgerheiligtum von Hochscheid aus. In einem fast quadratischen gallischen Umgangstempel trat eine der Quellen des Koppelbaches aus der Erde. Hier standen auch die Kultbilder der keltischen Fruchtbarkeits- und Heilgöttin Sirona und ihres Gefährten Apollo/Grannus.

Nordwestlich der heiligen Quelle wurden im Laufe des 2. Jahrhunderts n. Chr. Herbergen und Badeanlagen mit Fußbodenheizungen und Warmwasserbecken für die Pilger gebaut. Wie in Heckenmünster sollten auch hier die rituellen Trinkkuren durch Bäder im heilenden Wasser unterstützt werden.

Anders als sonst üblich betraten die Gläubigen den Tempel, in dem »in Räucherkelchen flüssige Duftstoffe brannten, das Dämmerlicht der Cella nur wenig erhellend«. Sie schöpften das Wasser mit Ton- oder Glasbechern und faßten es in Krügen auf Vorrat. Terrakotten von Muttergottheiten wurden als Weihegaben niedergelegt.

Im ehemaligen Quellheiligtum von Heckenmünster

**Zugang**
A 48 Koblenz–Trier, Ausfahrt Ulmen, B 259 nach Cochem, B 49, 421 nach Zell, Kappel. B 327 bis Hochscheid. Von Hochscheid etwa 3,5 km in südsüdöstlicher Richtung (Koppelbach) bis zur Kreuzung mit dem Weg, der links nach Stipshausen und rechts zum Forsthaus Hinzerath führt. Hier nach links, Richtung Stipshausen (Richtung Osten), einbiegen. Nach knapp 300 m liegt links, also nördlich des Weges, im Wald die noch sprudelnde Quelle. Das Heiligtum selbst ist wie Heckenmünster nach den Grabungen wieder zugeschüttet und der Boden aufgeforstet worden.

**Literatur**
Führer, Bd. 34, a. a. O.
G. Weisgerber, Das Pilgerheiligtum des Apollo und der Sirona von Hochscheid im Hunsrück, Bonn 1975

## Der Heideborn bei Trier

Noch heute wird das Wasser des Heideborn zur Heilung von Augenkrankheiten benutzt. Die auf dem Heidenkopf aus dem Felsen rinnende, nie versiegende Quelle durchfloß als Irrbach

Felsenquelle am Heideborn bei Trier

die weiter unten liegenden Heiligtümer des Xulsigiae (Quell- und Heilgöttinnen, den *matres* oder *matronae* im Rheinland vergleichbar) und des Lenus Mars, der – Gesundheit und Heilung schenkende – Hauptgott der Treverer. 60 m vor dem – einst offensichtlich prachtvollen – Tempel standen U-förmige Bänke, auf denen die Abgesandten je eines Treverer-Gaues bei den rituellen Festen saßen. Eine breite Pilger- und Prozessionsstraße führte den Abhang hinauf. Vermutlich war hier das in vorrömische Zeit reichende Zentralheiligtum des Stammes. Die Zerstörung erfolgte wahrscheinlich unter Theodosius dem Großen nach seinem Edikt von 392.
Zum heiligen Bezirk gehörte ein – hier außergewöhnlich großes – Kulttheater. Die entdeckten profanen Bauten und das Bad werden wie in anderen Quellheiligtümern den Pilgern als Herbergen und zu kultischen Wasserkuren gedient haben.
Bei den Weihegaben finden sich in großer Zahl Terrakotten von Muttergöttinnen und von Kapuzenmännern: bärtige alte Männer mit Kahlköpfen und kurzen Beinen, den Zwergen aus unseren Märchen gleichend.

**Zugang**
Am Hang des Markusberges am westlichen Moselufer gegenüber der Stadt Trier. Vom Zentrum Triers aus über die Römerbrücke auf die Westseite der Mosel zum Markusberg. Zwischen den Straßen Tempelweg, Reichertsberg und Irminenwingert lag das Heiligtum. Einige Mauerreste sind noch in den Kleingärten zu erkennen. Zur Quelle die kleine Straße am Irrbach hochgehen. Am Schild »Zum Markusberg« (spätestens hier parken) dem Waldweg rechts bergan bis zur Quelle folgen. Die Felsenquelle ist leicht an einem alten, halb zerfallenen Wassertretbecken zu erkennen.

**Literatur**
Führer, Bd. 32, a. a. O.
E. Gose, Der Tempelbezirk des Lenus Mars in Trier, Berlin 1955 (Besprechung von H. Möbius in: Germania 36, 1958)
H. Merten, Der Kult des Mars im Trevererraum. In: Trierer Zeitschrift 48, 1985

## Das Quellheiligtum von Möhn

»Im Frühjahr kommen die Leute immer noch und suchen nach Münzen und Scherben. Wenn frisch gepflügt ist, finden sie auch welche. Da haben wohl früher Häuser gestanden. Aber das war vor meiner Zeit«, erzählte der Bauer, der gerade bei seiner Heuernte war. Ich hatte ihn nach dem Ausgrabungsbezirk gefragt, denn von dem alten Heiligtum selbst ist nichts mehr zu sehen. Ob er denn auch schon mal etwas gefunden habe, wollte ich wissen. »Ich hab' noch kein Glück gehabt«, sagte er. »Aber ich buddel' da auch nicht. Schließlich gehört das Land nicht mir.« (!!)
In einem von einer Mauer umhegten Bezirk gab es Tempel, Quelle und ein Theater für Kultspiele wie in anderen treverischen Heiligtümern. Unter dem gallorömischen Umgangstempel entdeckten die Ausgräber einen Aschenaltar. Als Weihegaben wurden auffällig viele Schmuckstücke und Münzen gefunden, dazu Tonfiguren von Göttinnen und einem zwergenhaften Kobold mit Kapuze.
Vermutlich hat an dieser Stätte der Kult schon früh, vor der römischen Besetzung, begonnen und auch das Verbot der heidnischen Götterverehrung überdauert.

**Zugang**
Von Trier die B 51 Richtung Bitburg, rechts nach Newel. Straße Newel–Kordel. Nach gut 1 km (auf halber Strecke zum Kimmlingerhof) links in den Feldweg einbiegen. Am Südosthang des Noster-Bergs lag das Heiligtum, unterhalb der Anhöhe.

**Literatur**
Führer, Bd. 33, a. a. O.

## Das Bergheiligtum von Fell

Der freundliche Herr, der mich auf verschlungenen Waldpfaden zu der versteckten Anhöhe hinaufführte – »bitte meinen Namen nicht nennen und keine Fotos!« –, weiß, daß immer noch Raubgräber dort oben ihr Unwesen treiben. Man weiß wohl auch, wer es ist, jemand aus der Gegend auf jeden Fall, »das findet doch sonst keiner«. Die Einwohner sagen: »Hier ist das goldene Kalb vergraben.«
Von den vermuteten Bergheiligtümern ist erst an einem Platz (Fell 1980/81) gegraben worden. Auf dem »Burgkopf« wurden drei gallorömische Umgangstempel entdeckt – unter zweien von ihnen Vorgängerbauten aus Holz – und im Zentrum eines Tempels das Kultbild des Gottes Silvanus, des Hüters der Tiere und des Waldes. Der Umgang für die Prozession um das Kultbild in der Cella war 2 m breit und von Säulen begrenzt. Die sonst bei größeren Heiligtümern üblichen profanen Gebäude wie Pilgerherbergen, Priesterwohnungen und Kaufläden – insbesondere für Devotionalien – wurden nicht gefunden. Ebensowenig die sonst den heiligen Bezirk eingrenzende Mauer.
Möglicherweise knüpft die Kultstätte auf dem Burgkopf an einen älteren Bergkult an; so wie auch Heiligtümer hinter zum Teil mächtigen vorgeschichtlichen Abschnittswällen entdeckt wurden: *Burgkopf bei Sülm* (Kreis Bitburg-Prüm), *Rotkopf bei Hinzenburg* (Kreis Trier-Saarburg), *Bainter Kopf bei Zell, Burglei bei Weiler* (beide Kreis Cochem-Zell), *Druidenstein bei Burgen* (Kreis Mayen-Koblenz).

**Zugang**
Von Trier die A 602 Richtung Koblenz, Ausfahrt Trier-Ehrang. B 52 Rich-

tung Reinsfeld bis Herl. Hier Straße Richtung Wellscheid, bis die Straße den Lorscheider Fellerbach überquert. Hier nach links dem Weg entlang des Baches folgen, vorbei an der Klostermühle, der Helermühle (Kaffeemühle) und den dazugehörenden Ferienhäusern. Weiter dem Weg – halb rechts, nunmehr bergan – gut 1 km folgen. Wo der Weg um den Kamm herum nach rechts führt, biegt links ein schmaler, steiler Weg nach unten ab. Diesem etwa 20 m folgen, dann gleich links den steinigen Pfad emporklettern (vorbei an einem Grenzstein mit rotem Kreuz). Etwa 10 Min. dem moosigen Pfad auf dem langgestreckten Kamm bis zur Kuppe folgen. Auf dem Burgkopf lag das Bergheiligtum. Die Löcher der Pfostenfundamente sind noch gut zu erkennen. (Vorgesehen ist eine Konservierung des Heiligtums. Dann wird es leichter zu finden sein.)

**Literatur**

K.-J. Gilles, Ein römisches Bergheiligtum auf dem Burgkopf bei Fell. In: Kurtrierisches Jahrbuch 23, 1983

Ders., Römische Bergheiligtümer im Trierer Land. In: Trierer Zeitschrift 50, 1987

Ausgegraben und konserviert ist bereits der gallorömische Tempelbezirk (mit einem 13 m tiefen Brunnen) auf dem *Metzenberg bei Tawern.* Hier wurden einheimische und orientalische Gottheiten wie Serapis und Isis verehrt. Eine Tonnachbildung der Artemis von Ephesos wurde als Weihegabe in das Heiligtum mitgebracht.

Auch diese Kultstätte ist – wie die meisten Heiligtümer in Eifel und Hunsrück – in der Mitte des 4. Jahrhunderts aufgegeben worden. 341 hatte Constans ein allgemeines Verbot der Opfer erlassen, was einer Verödung und Schließung der Tempel gleichkam, die bis dahin Mittelpunkt von Kult und Festen waren. 353 verbot sein Bruder Constantius II. bei Enteignung und Todesstrafe Opferhandlungen und das Betreten von Tempeln.

**Zugang**

Von Trier die B 51 Richtung Saarburg, rechts nach Tawern abbiegen, dicht unter dem Kamm des Metzenbergs oberhalb von Tawern, auf dem dem Moseltal zugewandten Hang.

**Literatur**

S. Faust, K.-J. Gilles in: Funde und Ausgrabungen im Bez. Trier 19 (= Kurtrier. Jahrb. 27), 1987

Ebenfalls konserviert ist inzwischen der sog. *Judenkirchhof bei Gerolstein-Pelm.* In der gallorömischen Kultstätte wurde die keltische Göttin Caiva verehrt.

**Zugang**
A 48 Koblenz–Trier, Ausfahrt Daun, B 421, 410 über Daun nach Gerolstein. Zugang von Pelm über die Casselburg. Hinweisschild am Wanderweg.

**Literatur**
Führer, Bd. 33, a. a. O.

## Ein Matronenheiligtum am Bellberg

Als Rest eines ehemaligen riesigen Vulkans der Eifel wird der Ettringer Bellberg bei Mayen angesehen. Beim Abbau der Lavafelder wurden schon vor 100 Jahren ein Sandsteintorso und ein Opferstock aus Basaltlava gefunden. Eine Grabung im April und Mai 1927 legte die Reste eines keltisch-römischen Tempels frei. Der gefundene Korb mit Früchten, Äpfeln und Nüssen aus gelbem Sandstein, wie ihn die keltisch-germanischen Muttergöttinnen auf dem Schoß halten, und der den *matribus domesticis* geweihte Stein zeigen, daß hier ein altes Matronenheiligtum gelegen hat.
Weitere Grabungen erbrachten »eine Anzahl Fundstücke, die zweifellos beweisen, daß die Kultstätte schon im letzten vorchristlichen Jahrhundert bestanden hat«, wie ich – mit einigen Schwierigkeiten – aus dem in altdeutscher Schrift verfaßten Fundbericht von 1927 entziffern konnte.
»Das Herumkraxeln dort ist gefährlich«, warnte der Museumsdirektor. »Es liegt in Ihrer Verantwortung, wenn da jetzt Leute abstürzen oder sich verlaufen!« Nun, so schlimm ist es nicht. Von dem Heiligtum sieht man heute in dem ehemaligen Basaltabbaugebiet aber tatsächlich nichts mehr. Die Natur hat die alten zurückgelassenen Maschinen überwachsen. Haselnußsträucher, Kamille, Holunder, Mohn, Fingerhut, Waldmeister, Schlehe und Johanniskraut fand ich dort – und ein Spinnennest im Schachtelhalm.

**Zugang**
A 48 Koblenz–Trier, Ausfahrt Mayen. Von Mayen Richtung Ettringen. An der Kreuzung 2 km nördlich von Mayen nach rechts, dann sofort den ersten Feldweg links einbiegen. Hier parken. Dem Feldweg nach links U-förmig bis zur Schranke folgen. Dahinter liegt das alte Basaltabbaugebiet (also östlich der Straße, die von der Kreuzung nach Ettringen führt).

## Der Goloring – Henge-Heiligtum im Koberner Wald

Die Einwohner der Umgebung haben »nie etwas davon gehört«, vom Goloring, dem ersten kontinentalen Gegenbeispiel zu den großen englischen Henge-Monumenten. Kein Wunder: Der Bau der Autobahn Koblenz–Trier zerstörte schon einen Teil der Umgebung, die Errichtung einer Bundeswehrschule auf dem ehemals heiligen Gelände verhindert den Zugang. »Betreten verboten bei Schußwaffengebrauch« steht da.
Doch zugänglich sind die außerhalb des eingezäunten Gebiets im lichten Wald liegenden Grabhügel, die im kultischen Zusammenhang mit dem Heiligtum stehen, das als Pilgerziel von weit her einen Kultbetrieb mit »Rummel, Markt und Devotionalienhandlungen« unterhielt.
Der frühkeltische Goloring ist eine kreisförmige Graben-Wall-Anlage von 190 m Durchmesser. Im Innenraum erhebt sich eine bis 1,50 m hohe, künstlich aufgeschüttete kreisrunde Erdplattform. Im Zentrum wurde die Standspur eines mächtigen Pfostens entdeckt, der bis zu 12 m aufgeragt hat.
Die stärksten Übereinstimmungen werden in den englischen Henge-Monumenten gesehen: Kreisrunde, ebene Plätze von 30 bis 300 m Durchmesser, die mit einem Graben und/oder Wall umgeben sind, wie die Heiligtümer von Avebury und Woodhenge (die Holzumsetzung von Stonehenge), Stripple Stones in Cornwall oder King Arthur's Round Table in Westmoreland, der ebenfalls eine konzentrisch runde Erdplattform im Innenraum besitzt. Wie der Goloring enthalten die Henge-Monumente keine Gräber, liegen aber inmitten oder in der Nähe von Hügelgräberfeldern.
Ausgräber J. Röder sieht die nächsten Parallelen dieser »Stätten von Jahreszeitenfesten« in der Mound-Kultur im Südosten der

USA, zieht Vergleiche zum großen Himmelsaltar in Peking und den Heiligtümern Südrhodesiens. Der eingehegte Bezirk als Weltbild, ausgerichtet auf Sonnenbahn und Mondwechsel: »Es gilt, ein Stück Land aus einer profanen Welt herauszuschneiden und es einer neuen Bestimmung zu übergeben, ein Drinnen von einem Draußen zu scheiden.«

**Zugang**

A 48 Koblenz–Trier, Ausfahrt Ochtendung. Landstraße Richtung Wolken. Der Goloring liegt südlich der Straße auf halber Strecke zwischen Karmelenbergerhof und Eiserner Hand im Bundeswehrgelände. Zum Grabhügelfeld »Chorsang« 1 km östlich vom Goloring: Vor der Eisernen Hand liegt rechts ein Kieswerk. Dem Waldweg davor folgen. Beiderseits des Weges erheben sich die Hügel, die teilweise mit Graben und Pfostenkranz umgeben waren.

**Literatur**

Führer, Bd. 12, a. a. O.
J. Röder, Der Goloring. Ein eisenzeitliches Heiligtum vom Henge-Charakter im Koberner Wald (Landkreis Koblenz). In: Bonner Jahrbücher 148, 1948

## Das Dianadenkmal und Fraubillenkreuz auf dem Ferschweiler Plateau

Trauen Sie nicht den Beschreibungen: Da ist von dem Weihestein im Heiligtum der Diana, romantisch mitten im Wald gelegen, die Rede. Das war einmal! Eine Neubausiedlung hat sich ziemlich nahe an die Romantik herangeschoben. Trotzdem: Diana erscheint unberührt. Hinter dem Stein beginnt ein wunderschönes ansteigendes Waldgelände hinauf zum Ferschweiler Plateau, einer Naturfestung voller dämonischer Felsgebilde und dunkler Schluchten. (Ein Reh begleitete mich, nur wenige Meter entfernt, ein ganzes Stück des Weges.) Alte Randbefestigungen – wie der Wall der sog. Wikingerburg – oder Monolithe wie der *Druidenstein*, der *Opferaltar* (der früher die Form eines Bärenkopfes hatte) oder das später christianisierte Fraubillenkreuz zeugen von einer Besiedlung der Hochfläche seit der Jüngeren Steinzeit, aber auch von den alten Sagen im Volke. So

Aus einem Felsblock herausgehauenes Diana-Denkmal

soll der angelsächsische Missionar und friesische Apostel St. Willibrord um 700 n. Chr. das »heidnische Götzenbild« der Diana, das aus einem Felsblock herausgehauen ist, im oberen Teil zerstört haben.
Nicht viel besser erging es dem 3,50 m hohen Menhir Fraubillenkreuz (auch Frau Billen Creutz oder Sybillen Creutz). Willibrord höchstpersönlich soll den oberen Teil in ein Kreuz umgeformt haben. In dem sagenumwobenen Stein hält sich tagsüber die Fee Sybille verborgen, »eine nachts unheilbringende Jägerin«. Wer sein Ohr an den Stein legt, soll eine Frau spinnen hören. Und tatsächlich: Dort drinnen rauscht und knistert es geheimnisvoll (s. S. 75).

**Zugang**
Von Trier die B 51 Richtung Bitburg, links durch Olk auf die entlang der Sûre (Grenze zu Luxemburg) führende Straße über Edingen, Minden, Echternacherbrück bis Weilerbach. Die Neubausiedlung hat sich nahe an das Dianadenkmal herangeschoben: In der Dianastraße gibt es zwischen zwei Häusern (Jägerzaun) einen Durchgang, der nach wenigen Metern zu dem Denkmal führt.
Zum *Fraubillenkreuz* und *Druidenstein:* Von Weilerbach nach Ferschweiler. Hier Richtung Westen dem Wanderweg 7 folgen, der direkt auf den Menhir an einem Kreuzweg im Wald führt. Von hier nach links bis zur Kreuzung Wanderweg 9 mit 8. Hier rechts (Weg 8) abbiegen. Nach wenigen Metern links ein Schildchen »Druidenstein«.
Ein Tip: Besorgen Sie sich in Bollendorf eine Wanderkarte. Sie zeigt den Weg zu weiteren Denkmälern wie die *Artio-Inschrift* für die keltische Bärengöttin in der engen Felsschlucht nahe Weilerbach (s. S. 289).

**Literatur**
Führer, Bd. 33, a. a. O.

## Das Mithrasheiligtum von Schwarzerden

»Im Dunkel der von flackernden Öllämpchen und der Glut des Opferfeuers mystisch erhellten Höhle feierten die Gläubigen nach strengen Riten und nach einer von den Regeln orientalischer Magie bestimmten Liturgie mit Schlachtungen, Verkleidungen, Musik und unter vokalreichen Deklamationen ihr Opfermahl.« So beschreibt Reinhard Schindler die Rituale in den

Der Druidenstein auf dem Ferschweiler Plateau

orientalischen Kulthöhlen (s. Saarbrücken). »Wie durch ein Wunder« ist in der Rückwand der ehemaligen Felsgrotte von Schwarzerden das eingemeißelte Relief des stiertötenden Lichtgottes erhalten geblieben.
Altäre, Feuer- und Wasserbecken waren nach vorgeschriebener Kultordnung im Raum vor dem Bild verteilt. Ein Vorraum schloß den zentralen Kultraum der Felsenhöhle nach außen ab. Der Fußboden des Heiligtums lag 4 m höher als die Wiese mit einem kleinen von Seerosen bedeckten Stausee heute.

**Zugang**
A 62 (von der A 6 Saarbrücken–Kaiserslautern am Autobahndreieck Landstuhl nach Norden), Ausfahrt Reichweiler. Am Nordrand von Schwarzerden, gleich neben der Autobahn – Gemarkung Reichweiler – befindet sich die einzelne, 6 m hohe senkrechte Felswand. Auf ihrer glatten Oberfläche ist die Opferung des Stiers durch Mithra dargestellt. Hinweisschilder – allerdings ziemlich zerfallen – weisen den Weg.

**Literatur**
D. Krencker, Das Mithrasheiligtum in Schwarzerden. In: Germania 9, 1925
R. Schindler, Die Mithrashöhle von Saarbrücken. Führungsblatt 2, Staatliches Konservatoramt Saarbrücken, 1964
Ders., Gallorömische Götter, Kulte und Heiligtümer im Saarland. 12. Bericht der staatlichen Denkmalpflege im Saarland, 1965

## Die »Viereckschanze« auf dem Donnersberg

Der höchste Berg der Pfalz ist vulkanischen Ursprungs. Seine natürliche Festung wurde durch die keltischen Treverer mit einem 8,5 km langen Ringwall zu einer der größten vorgeschichtlichen Schutzanlagen Mitteleuropas ausgebaut, Zuflucht für 5000 Menschen, kultischer und politischer Mittelpunkt der in Rheinhessen und dem Pfälzer Rheintal siedelnden Kelten.
Innerhalb der Siedlung – und das ist einzigartig – liegt das keltische Heiligtum, die »Viereckschanze«, wie sie vor allem in Süddeutschland (s. dort) verbreitet ist. Die streckenweise noch gut erkennbare Graben-Wall-Anlage umgrenzte den heiligen Bezirk von 80 × 100 m mit dem Eingangstor im Süden.

In der Nordost-Ecke stand ein kleines, hölzernes Kultgebäude, dessen Pfostenspuren durch Holzstämme markiert sind. In anderen »Viereckschanzen« entdeckte Opferschächte und die auffällige Nähe der Kultplätze zu Quellen sprechen für eine Verehrung von Quell- und Erdgottheiten.
Ursprünglich galt der Name »Donarsberg« nur für das obere nördliche Massiv, die südlichen Erhebungen hießen Guddesberg (= Wotansberg). Der fränkische Name Thoneresberg (ab 869 n. Chr. belegt) ist vermutlich dem keltischen »Berg des Taranis« nachgebildet oder dem keltischen »dunum«, dem »Berg der Berge«.

**Zugang**
Der Donnersberg ist von weitem zu sehen, bei klarem Wetter von Frankfurt aus. A 63 Mainz–Freimersheim. B 40 Kirchheimbolanden Richtung Rokkenhausen. In Bastenhaus geradeaus auf den Donnersberg. Die Viereckschanze – ausgeschildert – liegt im Fichtenwald nördlich von Fernsehturm und Waldhaus. Hier gibt es die Wanderkarte »Der Keltenweg«.

**Literatur**
H.-J. Engels, Der Donnersberg – Die Viereckschanze, Wiesbaden 1976
Führer, Bd. 13, a. a. O.

## Das Quellheiligtum Heidenfels bei Kindsbach

Noch nach dem Zweiten Weltkrieg behandelten Schwestern des katholischen Waisenhauses in Landstuhl die Augen von Kindern, die an Bindehautentzündung erkrankt waren, mit dem Quellwasser des »Gutenborn«.
Schon in keltischer Zeit, vom 1. Jahrhundert v. Chr. an, wurde die Quelle als heilkräftig angesehen und verehrt. Neben der Quelle wurde eine Töpferei aus dem 3. Jahrhundert ausgegraben, die ausschließlich Henkelkrüge herstellte. Die einheimische gallorömische Bevölkerung hat also offensichtlich dieses Wasser genutzt und auch mitgenommen.
In den beiden »Heidenfelsen« oberhalb der Quelle sind Reliefs eingemeißelt, die keltische Fruchtbarkeitsgöttinnen und gallische Priester vor dem Opferaltar darstellen. Am Fuß des heiligen

Der Kelte Biber verehrte die gallische Bärengöttin Artio (bei Weilerbach)

Felsens wurden Weihegaben wie Terrakotten von sitzenden Matronen gefunden. Vermutlich waren die beiden Felsen die Opferstätten eines größeren heiligen Bezirks vom 1. Jahrhundert v. Chr. bis zum 4. Jahrhundert n. Chr.
Da bleibt nur eine Frage: Wie kommt es, daß in diesem quellenreichen Gebiet ausgerechnet der abseits im Wald liegende Gutenborn zu Heilzwecken aufgesucht wurde? Denn erst in den letzten Jahren gelang es, das Wasser als borhaltig zu analysieren. Und tatsächlich nur das Wasser dieser alten heiligen Quelle am Heidenfels.

**Zugang**
A 6 Kaiserslautern–Saarbrücken. Ausfahrt Landstuhl. B 40 Richtung Kindsbach. Etwa 750 m vor dem Ortsanfang Kindsbach rechts in den Feldweg einbiegen. Nach etwa 500 m liegt links der Heidenfels (mit hölzernem Dach zum Schutz der Reliefs). 20 m unterhalb des Felsens die Quelle (heute k einer Teich).
(Nicht weit von hier steht der Menhir von Mittelbrunn, s. dort.)

**Literatur**
H. Fehr, Die Heidenfelsen bei Kindsbach – Ein gallorömisches Quellheiligtum. In: Jahrb. z. Gesch. v. Stadt u. Landkreis Kaiserslautern 3, 1965

## Das Waldheiligtum Dianas bei Hilst

Da ist nur ein Problem: Es liegt 20 m auf französischem Gebiet. Aber von deutscher Seite aus besser – und ohne Schwierigkeiten – zu erreichen.
Das Relief auf der senkrechten Felswand am Hang stellt die Jagdgöttin Diana mit Pfeil und Bogen und ihrem Jagdhund dar, zu ihren beiden Seiten Herkules und Apollo.

**Zugang**
Von Pirmasens Richtung SW über Trulben nach Hilst. Durch Hilst gen Süden auf dem befestigten landwirtschaftlichen Weg bis zum Parkplatz (linker Hand Wochenendhäuser). Der Waldweg in südöstlicher Richtung bildet die deutsch-französische Grenze und verläuft mal auf dieser, dann auf jener Seite. Nach knapp 500 m liegt rechter Hand am Hang die Felswand.

**Literatur**
Intelligenz-Blatt des Rheinkreises, Speyer, den 22ten März 1828

# Menhire

Die von Menschenhand aufgerichteten Steinblöcke von meist schlanker, spindelartiger Form haben ihre Bedeutung sicher im religiösen Bereich, in der Verehrung von heiligen Steinen. So muß allen Menhiren ein Gedanke zugrunde gelegen haben, der im Zusammenhang mit den Kultstätten der westeuropäischen Megalithkultur des 3. vorchristlichen Jahrtausends zu sehen ist.

Von den knapp 50 nachweisbaren Menhiren in der Pfalz sind die typischsten und markantesten:

*Der »Lange Stein« von Einselthum:* A 63, Ausfahrt Freimersheim. B 40 Kirchheimbolanden, Richtung Osten bis Einselthum. Nördlich von Einselthum im Gewann »Langer Stein«. Die Dorfstraße nach Norden, gepflasterter Wirtschaftsweg auf die Höhe. Der Stein steht gegenüber einer Scheune.

*Der »Lange Stein« von Freinsheim:* A 6, Ausfahrt Grünstadt, B 271 Richtung Bad Dürkheim, links nach Freinsheim. Der Stein steht etwa 160 m südlich der Gaststätte »Musikantenbuckel«.

*Der »Lange Stein« von Mittelbrunn:* A 6, Ausfahrt AB Dreieck Landstuhl. Nach Süden bis Mittelbrunn. Straße nach Langwieden. Nachdem man die Höhe erreicht hat, biegt rechts ein asphaltierter Wirtschaftsweg nach Norden. Nach etwa 30 Minuten Fußweg sieht man den Menhir, rechts im Acker im Langen-Steiner Gewann.

*Der »Hinkelstein« von Otterberg:* Von Kaiserslautern B 270 nach Norden. In Otterbach rechts nach Otterberg. Otterberg Richtung Höringen. Nach etwa 3 km auf der Höhe links der schmalen asphaltierten Straße bis zum Ende folgen. 250 m nach Norden bis zum Grenzstein, 100 m Richtung Westen.

*Der »Lange Stein« von Stahlberg:* A 61, Ausfahrt Gau-Bickelheim. B 420 Richtung Westen, B 48 nach Süden, Richtung Rokkenhausen, rechts nach Stahlberg. Vom südöstlichen Ende des Dorfes aus Wanderweg (weißes Kreuz).

**Literatur**
H.-J. Engels, Fundkarte der sichtbaren vor- und frühgeschichtlichen Denkmäler. In: Pfalzatlas, Textband II, Speyer 1971
O. Gödel, Menhire, Speyer 1987

## Der Brunholdisstuhl – Ein »germanisches Heiligtum« über Bad Dürkheim

Noch heute glaubt mancher lieber den Ausgräbern der SS-Einrichtung Ahnenerbe als den archäologischen Befunden nach dem Zweiten Weltkrieg. Zur Zeit der Externstein-Grabungen – mit ähnlichen Ergebnissen und mit derselben Beachtung in der Bevölkerung – sah man in den beeindruckenden senkrecht aufragenden Felskulissen am Ostrand des frühkeltischen Ringwalls ein »uraltes germanisches Heiligtum«, eine »wahre Sammlung von germanischen Kalender- und Kultzeichen«. Da gibt es eine »Kulthöhle zu Ehren der germanischen Götter«, einen astronomischen Beobachtungsplatz »der vorgeschichtlichen Zeit des allbeherrschenden Sonnenkults und der Sonnenverehrung«, da werden Vergleiche zu Stonehenge gezogen, ist von Ortungslinien die Rede, die vom »Allerheiligsten« ausgehen, und den zwölf heiligen Nächten, den »heidnischen Kultnächten«.
Da ist die Nachkriegsdeutung der Ausgräber natürlich nicht so spannend: Einen römischen Steinbruch haben wir hier, und die Felszeichnungen wie »Sonnenrad«, »Sonnenrosse«, und »Sonnenbahnrunen« sind die Zeichen der Steinbrucharbeiter.

**Zugang**
Vom Sanatorium »Sonnenwende« (!) oberhalb, nordwestlich, von Bad Dürkheim zu Fuß zu erreichen (A 61, Autobahnkreuz Ludwigshafen Richtung Westen, Ausfahrt Feuerberg, weiter bis Bad Dürkheim).

**Literatur**
J. Röder, Der Kriemhildenstuhl. In: Mitteilungen des Hist. Vereins der Pfalz, Bd. 67, Speyer 1969
A. Stoll, Der Brunholdisstuhl am Ringwall über Bad Dürkheim. In: Mannheimer Geschichtsblätter, Jg. 1935, H. 1/3

# SAARLAND

Der Menhir Gollenstein von Blieskastel

Mit Dank an Dr. Andrei Miron und Dr. Franz-Josef Schumacher, Saarbrücken.

**Literatur**

Führer zu vor- und frühgeschichtlichen Denkmälern, Bd. 5, Mainz 1966/1975 (vergriffen)
R. Schindler, Gallorömische Götter, Kulte und Heiligtümer im Saarland. 12. Bericht der Staatlichen Denkmalpflege im Saarland, 1965

**Fundmeldungen**

Staatliches Konservatoramt, Abt. Bodendenkmalpflege
Vorstadtstr. 3
6600 Saarbrücken
Tel. 0681/50 31

## Die Mithrashöhle von Saarbrücken

Das Mithrasheiligtum am Abhang des Halbergs (= Höhlenberg) wird im Volksmund von jeher »Heidenkapelle« genannt. Bereits in spätrömischer Zeit, vermutlich im 4. Jahrhundert, wurde die orientalische Kulthöhle von frühchristlichen Bilderstürmern rigoros zerschlagen. Nur noch Reste des Relief- und Figurenschmucks des Mithrasdienstes konnten sichergestellt werden. Der Mithrasglaube war damals als Weltreligion im römischen Imperium eine starke Konkurrenz zu dem aufstrebenden Christentum. Im späten Mittelalter wurden dann eine christliche Wallfahrtskapelle und eine Eremitenklause eingebaut.
Skulpturreste mit einer Vogelklaue und einem Mondgesicht, Öllämpchen, kleine Tonteller mit Ausgußtülle, Schalen und Schüsseln wurden gefunden, die wohl zu den alle mithräischen Feiern begleitenden kultischen Mahlzeiten gehörten.
Der felsige Untergrund des Plateaus vor der Höhle neigte sich ursprünglich zum Saartal. Eine zweistufige, in den Fels gehauene Treppe führte in die Vorhalle des Kultraums. Links neben der Treppe befand sich eine große Grube mit Eintiefung und Abflußrinne für die vorgeschriebenen rituellen Waschungen und Bäder.

**Zugang**
Die Höhle liegt am Westhang des Halbergs südöstlich vom Saarbrücker Zentrum (auf der Höhe befindet sich jetzt der Saarländische Rundfunk). Die A 6 bis zum Autobahndreieck Saarbrücken fahren, dann in nördlicher Richtung. Rechter Hand der Brebacher Landstraße liegt der Halberg.

**Literatur**
R. Schindler, Die Mithrashöhle von Saarbrücken, Führungsblatt 2, Staatliches Konservatoramt Saarbrücken, 1964

## Der Stumpfe Gipfel bei Homburg

Der tempellose Kultplatz aus vermutlich keltischer Zeit liegt auf einem künstlich von Menschenhand abgeplatteten Gipfelplateau in Dreiecksform. Die drei Seiten wurden von einer rohen

Vermutlich keltischer Kultplatz am Stumpfen Gipfel bei Homburg

Steinfassung mit schmalem Mauerwerk umhegt. Im Osten gab es den Durchlaß für eine schräge Eingangsrampe zu einem großen, flachen Felsblock mit eingearbeiteten Mulden an der Spitze des Dreiecks. Auf die Steinplatte »wurde wohl das abzuschlachtende Opfer gelegt, die Aushöhlungen selbst dienten zum Auffangen des Blutes«.
Der felsige Berg ist von schmalen, künstlich anmutenden Terrassen umlaufen. Die gesamte Anlage läßt auf eine geweihte heilige Stätte der Kelten schließen, zur Huldigung der Götter in der freien Natur.

**Zugang**
Der Stumpfe Gipfel liegt 3 km östlich von Homburg (Saar). A 6, Ausfahrt Homburg. In Homburg Richtung Sanddorf, rechts Abzweigung Käshofen, gleich südlich der Straße erhebt sich der Berg.

**Literatur**
Führer, Bd. 5, a. a. O.
R. Schindler, a. a. O.
D. Schünemann, H. Oldenburg, Eine früheisenzeitliche Kultstätte im Dalsch bei Hohenaverbergen, Kr. Verden. In: Die Kunde N. F. 19, 1968

## Der Gollenstein von Blieskastel

Der mit 7 m größte Menhir Mitteleuropas leitet seinen Namen von *colus,* d. h. Spinnrocken, ab. Seine Entstehung in der Jungsteinzeit wird mit dem Sonnen- und dem Phalluskult in Verbindung gebracht. Vermutlich im Mittelalter wurde die kleine Heiligennische eingemeißelt.
Für die Bevölkerung der Umgebung war der Gollenstein über Jahrhunderte Wallfahrtsziel. Als sie im Zweiten Weltkrieg den Stein aus Schutz (Zielpunkt) vor der französischen Artillerie flach legen wollte, riß das Seil, der Stein stürzte und zerbrach in drei ausgesplitterte Teile. So ist heute kaum noch die menschliche Figur rechts unterhalb der Nische zu erkennen, die für eine vorgeschichtliche Götterfigur – vielleicht der keltische Wettergott Taranis – gehalten wird.

**Zugang**
A 8, Ausfahrt Homburg-Einöd. B 423 Blieskastel Richtung Biesingen. Beim Pappelhof Richtung Norden, bis zum Ende der Siedlung. Von dort Wanderweg zur Anhöhe. Grenzstein der Gemarkung Blieskastel, Alschbach und Lautzkirchen.

**Literatur**
Führer, Bd. 5, a. a. O.
O. Gödel, Menhire, Speyer 1987

## Das Quellheiligtum »Sudelfels« bei Ihn

Der gallischen Quell- und Heilgöttin Sirona – die »Herrin der Sterne« – und ihrem ständigen Begleiter (Apollo) Grannus sowie dem einheimischen segenspendenden Götterpaar Rosmerta und Merkur ist der Tempelbezirk am Sudelfels geweiht. Zahlreiche Statuen, wie die einer weiblichen Gestalt mit Untergewand und Mantel, in der linken Hand eine Schale haltend, deuten auf eine ländliche Kultstätte der einheimischen bäuerlichen Bevölkerung aus der Zeit des 2. bis 4. Jahrhunderts hin. Das heilkräftige, kalkhaltige Wasser der Quelle sprudelt noch heute aus der Erde.

**Zugang**
Der Tempelbezirk liegt an der Grenze der Gemeinden Ihn-Niedaltdorf, am Westfuß des Hirnbergs. Vom Autobahndreieck Saarlouis (A 620 mit A 8) Richtung Westen bis Ihn, hier Richtung Norden. Das Heiligtum, in dem in den letzten Jahren neue Ausgrabungen stattgefunden haben, wird augenblicklich restauriert.

**Literatur**
H. Maisant, Der Kreis Saarlouis in vor- und frühgeschichtlicher Zeit, Saarlouis 1971
R. Schindler, a. a. O.

## Die Kultschächte von Bliesbrücken (Lothringen)

Die antike Stadtanlage erstreckt sich bis auf deutsches Gebiet. Im Rahmen des deutsch-französischen Forschungsprojektes »Europäischer Kulturpark Bliesbruck-Reinheim« begannen 1987 auch deutsche Wissenschaftler mit den Ausgrabungen. Am nördlichen Rand der einstigen gallorömischen Siedlung wurde ein Kultplatz keltischer Tradition, der in gallorömischer Zeit fortbestand, freigelegt.
Eng beisammen liegen mehrere hundert Opfergruben und rund 200 gemauerte Opferschächte, in die Weihegaben ab dem 1. Jahrhundert n. Chr. niedergelegt wurden.
Im Bereich der Gruben und Schächte wurde eine mindestens 300 qm große Pflasterung entdeckt. Die Funde in dieser Zone deuten darauf hin, daß hier rituelle Kultmahle stattfanden. In Verbindung mit den Opferschächten stehen zwei Bauten, einer davon mit einem Bassin für »uns noch unbekannten Kultbräuchen« dienende Zwecke.
Opferschächte wie die hier entdeckten erstrecken sich über den ganzen ursprünglich keltischen Raum auch vorrömischer Zeit und sind denen aus keltischen »Viereckschanzen« vergleichbar. Der Bezirk verweist »auf kultische Begehungen einer großen Kultgemeinde, verbunden mit umfangreichen Schmausereien«.

**Zugang**
A 8, Ausfahrt Homburg-Einöd, B 423 bis Habkirchen (an der französischen

Grenze). Östlich davon Reinheim auf deutscher und Bliesbruck auf französischer Seite. Die deutschen Ausgrabungen finden westlich der Straße Reinheim/Grenze statt.

**Literatur**

J. Schaub, J.-P. Petit, Bliesbrücken – Gallorömische Siedlung in Lothringen, Sarreguemines 1984

## Der Tempelbezirk im Bierbacher Klosterwald

Das bekannteste gallorömische Heiligtum des Saarlandes lag im Bierbacher Klosterwald. In einem Doppeltempel – durch den Umgang von den römischen Tempeln deutlich unterschieden – wurden die altkeltische Göttin Rosmerta und ihr Gefährte Merkur verehrt. Der von Caesar als Merkur bezeichnete keltische Gott galt als der mächtigste unter den gallischen Göttern. Auf einer Waldterrasse lag vor dem eigentlichen, sechs Bauwerke umfassenden, Tempelbezirk ein gebäudeloser Vorhof mit einem Brunnen, der das für die Kulthandlungen erforderliche Wasser lieferte. Die langgestreckte heilige Stätte war von einer Einfriedungsmauer umgrenzt. Der Tempelbezirk, von dessen Bauten – bis auf ein paar überwachsene Steine – kaum noch etwas zu sehen ist, liegt im Bezirk »Dunkeltal«.

**Zugang**

Autobahnkreuz Neunkirchen (A 6 mit A 8). Ausfahrt Homburg-Einöd. Richtung Westen bis Bierbach. Die Fundstelle im Klosterwald liegt knapp 3 km nördlich von Bierbach. Die Funde aus den Grabungen und der rekonstruierte Vierecktempel sind im Freilichtmuseum Homburg-Schwarzenacker ausgestellt. (Von der Ausfahrt Homburg-Einöd an der B 423 Richtung Homburg)

**Literatur**

Der Tempelbezirk im Bierbacher Klosterwald. In: Bericht III des Konservators der geschichtlichen Denkmäler im Saargebiet, 1929
Führer, Bd. 5, a. a. O.
A. Kolling, Funde aus der Römerstadt Schwarzenacker und ihrer nahen Umgebung, Homburg 1971
R. Schindler, a. a. O.

## Das Waldheiligtum Dianas im Hunnenring von Otzenhausen

Der Ring ist ein Dreieck von imponierender Größe – das konnten nur Titanen oder die Hunnen vollbracht haben –, eine gigantische Anlage aus mächtigen Steinwällen. Die keltischen Treverer errichteten die stark befestigte Höhensiedlung in der Zeit der gallischen Freiheitskriege gegen die Römer.
Doch wenn Friedensrichter Husgen im Jahre 1809 berichtet, daß der Steinring von Otzenhausen von vielen für einen Götterhain gehalten wurde, so hatte auch er recht. Mit dem Sieg Caesars über die Gallier hatte die keltische Ringanlage ihre Bedeutung als Befestigung verloren: »Der Wald nahm Besitz von der wüst gewordenen Stätte, und mit ihm zogen dort auch die Dämonen und Geister ein, deren Beistand die inzwischen römisch gewordenen Treverer aus der nächsten Umgebung anflehten.«
Im verlassenen Burgring, zwischen den zusammengestürzten, überwachsenen Steinmauern wurde oberhalb der heute noch sprudelnden Quelle der Göttin Diana ein kleiner, viereckiger Tempel errichtet – vielleicht aus alter heiliger Tradition an dieser Stätte. Eine bronzene Diana-Statue und das Fragment eines steinernen Ebers – der ständige Begleiter gallorömischer Waldgötter – weisen auf ein Waldheiligtum Dianas hin, vielleicht auch auf eine Weihestätte des altgallischen Waldgottes Sucellus oder Silvanus.

**Zugang**
An der Nordgrenze der Gemarkung Otzenhausen. Von Norden die A1, von Osten die A62 bis Autobahndreieck Nonnweiler. Auf der Straße Richtung Norden Otzenhausen durchqueren bis zum Ringwall auf der Südspitze des Dolberg (Hinweistafeln).

**Literatur**
R. Schindler, der Ringwall von Otzenhausen, Führungsblatt 4, Staatliches Konservatoramt Saarbrücken, 1965

# SCHLESWIG-HOLSTEIN

Uralte Eiche am Ufer der Schlei

Mit Dank an Dr. Ingo Gabriel, Dr. Hans Hingst und Prof. Dr. Joachim Reichstein, Schleswig, F.-W. Hasenclever, Reinbek, und Dr. Gottfried Klippel, Aumühle.

**Literatur**

Führer zu archäologischen Denkmälern in Deutschland, Bd. 2, Stuttgart 1983
Führer zu vor- und frühgeschichtlichen Denkmälern, Bd. 9, Mainz 1978; Bd. 10, Mainz 1968 (vergriffen)
E. Herberger, Kultplätze mit Holzfiguren, Magisterarbeit Göttingen 1984 (Mit Dank an Prof. H. Jankuhn für die freundliche Zusendung)
H. Jankuhn, Geschichte Schleswig-Holsteins, Bd. 3, Neumünster 1957
K. W. Struve, H. Hingst, H. Jankuhn, Geschichte Schleswig-Holsteins, Bd. 2, Neumünster 1979

**Fundmeldungen**

An das
Landesamt f. Vor- und Frühgeschichte
von Schleswig-Holstein (LVF)
Schloß Gottorf
2380 Schleswig
Tel. 04621/81 34 00

## Das »Thorsmoor« von Süderbrarup

Vor 2000 Jahren war dieses Moor in unmittelbarer Nähe des Thorsbergs der größte und bedeutendste Opferplatz der Landschaft Angeln, das zentrale Stammesheiligtum der Angeln. Die Kultstätte war dem Gott Thor geweiht. Über 500 Jahre lang wurden hier überaus wertvolle Opfergaben deponiert. Auch mit die ältesten Runendenkmäler der germanischen Welt fanden sich hier – versteckt angebracht – auf Schild und Schwert.
Tongefäße, Wagenteile, Hof- und Hausrat, dann plötzlich Waffen, Teile des Reitzeugs, Münzen, goldene Ringe und Zierscheiben mit dem Bild des germanischen Gottes Tyr, ein einzigartiger silberner Gesichtsmaskenhelm und Bügelkrone, gefertigt von einem germanischen Silberschmied, edelste und wertvollste Teile von Tracht, Schmuck und Bewaffnung wurden in einem Zeitraum von etwa 100 v. Chr. bis 400 n. Chr. geopfert.
Die Weihegaben lagen im Mittelpunkt des Moorbeckens am dichtesten und nahmen zum Rand hin ab. Zum ehemals durch Flechtwerk eingezäunten Opferplatz führte vom Südufer ein Steg aus eingerammten Pfählen mit querliegenden Balken und Reisigabdeckung.
Fast alle Gegenstände waren vor der Niederlegung absichtlich zerschlagen und verbogen, die Textilien zerschnitten worden, um sie dem profanen Gebrauch zu entziehen. Zahlreiche Brandreste und Steine vervollständigen das Bild eines Kultes, der von jahreszeitlichen Bitt- und Dankopfern einer friedfertigen bäuerlichen Gemeinschaft bis zu Opfergaben einer kriegerischen Bevölkerung ab dem 2. nachchristlichen Jahrhundert reicht. Diese Wandlung dürfte mit den Unruhen des Markomannenkrieges (166–180) und dem Emporsteigen einer aristokratischen Führungsschicht zusammenhängen. Die jüngsten Funde reichen bis in die Zeit der Offasage und der beginnenden Abwanderung der Angeln nach England – mit größter Wahrscheinlichkeit hier in Süderbrarup beschlossen, ihrem politischen und kultischen Zentrum.

**Zugang**
A 7 Hamburg–Flensburg, Ausfahrt Schleswig/Schuby, B 201 bis Süderbra-

Silberne Gesichtsmaske, 3. Jh.: Opferfund aus dem Thorsberger Moor

Das Thorsberger Moor, einst zentrales Heiligtum der Angeln

rup, links Richtung Norderbrarup. Kurz vor dem Ortsende von Süderbrarup rechts ein blau-weißes Schild mit dem Hinweis auf das rechter Hand liegende Opfermoor und den gleich gegenüber auf der anderen Straßenseite liegenden Grabhügel *Kummerhy* mit einem kleinen *Steinkreis* um einen Runenstein in der Mitte und einem 2 m hohen »Wächterstein« mit mehr als 45 Schälchen. Die Anordnung der Steine auf dem altgermanischen Grab »gibt der Wissenschaft auch heute noch Rätsel auf«. Vermutet wird in dem Steinkreis eine Darstellung der Sonne. Vom Hügel aus überblickt man das Thorsberger Moor.

**Literatur**

Führer, Bd. 9, a. a. O.
Geschichte Schleswig-Holsteins, Bd. 2, a. a. O.
H. Jankuhn, Nydam und Thorsberg, Wegweiser durch die Sammlung, Heft 3 des Schleswig-Holsteinischen Landesmuseums für Vor- und Frühgeschichte in Schleswig
K. Raddatz, Religionsgeschichtliche Probleme des Thorsberger Moorfundes. In: Vorgeschichtliche Heiligtümer und Opferplätze in Mittel- und Nordeuropa, Göttingen 1970

Steinkreis Kummerhy gegenüber dem Opfermoor

## Die Heilige Quelle von Süderbrarup

Heute noch wird die 700 m östlich des Thorsberger Moores sprudelnde Quelle die »heilige« Quelle genannt. Und der jährlich Anfang August, zu Jacobi, in Süderbrarup stattfindende größte Markt Schleswig-Holsteins soll auf die Wallfahrten der heidnischen Pilger von weit her zurückgehen. Brandstellen und Scherben in der Umgebung der Quelle stammen aus der Zeit vor der Christianisierung. (Die Süderbraruper Kirche ist dem hl. Jakob, dem Schutzherrn der Wallfahrer, geweiht und besitzt immer noch das Marktrecht. Hier hat vermutlich die christliche Kirche direkt den heidnischen Kult übernommen.)
Warum wurde diese und nicht eine der anderen Quellen verehrt? Nun, vor kurzem ist ihr Wasser als schwach radioaktiv erkannt worden, was in einer gewissen Dosis heilend wirkt. Nur: Woher wußten das die Menschen vor 2000 Jahren?
(Als ich die Quelle wieder besuchte, war das Wasser versiegt, und in der Quelleinfassung waren ein paar Münzen, Mark- und Zehn-Pfennig-Stücke, niedergelegt.

Die seit 2000 Jahren »Heilige Quelle« von Süderbrarup

**Zugang**
Vom Thorsberger Moor kurz weiter Richtung Norderbrarup, gleich rechts (vor den Bahnschienen) die Straße »Am Thorsberg« entlang, links in die Bachstraße, wieder links in die Quellenstraße. Rechter Hand gleich neben dem Freibad liegt die eingefaßte heute noch fließende »Heilige Quelle«.

**Literatur**
Führer, Bd. 9, a. a. O.

## Schalensteine im Sachsenwald

Ein »archäologisches Schatzkästlein« wird der Sachsenwald östlich von Hamburg genannt. Weit über tausend vorgeschichtliche Denkmäler und Fundstellen haben sich im Schutz eines uralten Waldgebietes erhalten.
Allein hundert Schalensteine sind hier entdeckt worden. Im Revier Oedendorf hat man – im Dreieck – eine ihre kultische Bedeutung besonders betonende Gruppe von drei Schalensteinen gefunden. Bei dem größten der Findlinge wurden auf der

Oberfläche 116 Schälchen entdeckt. Der Stein war von einer Steinpackung umgeben, dazwischen lagen verstreut Holzkohlestücke und eine Anzahl von Tongefäßscherben der älteren Eisenzeit, die als Opfergaben gedeutet werden. Nordöstlich der Steine liegt ein ausgetrockneter Teich.

**Zugang**
Östlich von Hamburg A 24, Ausfahrt Schwarzenbek/Grande. B 404 Richtung Schwarzenbek. Rechter Hand – südlich von Neukasseburg – liegt die ehemalige Försterei Oedendorf. Hier nach rechts einbiegen. Hinter dem Forsthausgelände – etwa 250 m von der B 404 entfernt – halbrechts Richtung Nordwesten liegt ein Schalenstein mit besonders tiefen Schälchen original am Fundort (Jagen 345).
Zur oben beschriebenen Schalensteingruppe zurück auf die B 404, weiter Richtung Schwarzenbek, den 2. Waldweg links einbiegen (nach etwa 700 m). Nach knapp 500 m ist rechter Hand des Weges eine alte Sandkuhle, gegenüber – links des Weges – im Gelände die drei Schalensteine im Abstand von etwa 30 m (Jagen 257).

**Literatur**
Führer, Bd. 2, a. a. O.
Freundlicher Hinweis von Dr. G. Klippel

## Der Kultplatz Forst Hahnheide bei Trittau

Im Buchenhochwald des Forstes Hahnheide liegt ein ausgedehntes Kultgelände vermutlich der frühen Eisenzeit. Allein 40 Schalensteine sind zusammen mit etlichen Steinreihen in der Landesaufnahme vermerkt. Überwachsen, mit Laub und Moos bedeckt, sind sie heute kaum noch aufzufinden.
Aber gleich am Rande des vermoorten Quellgebietes der Bille ist noch deutlich ein kreisrunder Kultplatz von 6,5 m Durchmesser zu erkennen. Die künstlich eingeebnete Fläche ist von einem halbhohen Steinwall eingegrenzt. Die größeren Steine sind durch Steinpackungen vor dem Umstürzen geschützt. Ein breit eingekerbter Furchenstein, umgeben von einer Steinpflasterung, ist in den Steinkreis eingebunden. Nordnordwestlich hiervon stehen zwei weitere durch Steinpackungen aufrecht gehal-

tene Steine direkt in einer Linie. Genau nördlich des Zentrums der Kultanlage befindet sich in etwa 60 m Entfernung ein weiterer aufrecht stehender Stein in einer Steinpackung.

**Zugang**

A 24 Hamburg–Berlin, Ausfahrt Witzhave, Richtung Trittau. Kurz hinter Trittau – auf der Straße Richtung Mölln – führt links ein denkmalgeschützter Steinpflasterweg nach Hohenfelde, der Hohenfelder Damm. Kurz vor dem Ortseingangsschild Hohenfelde rechts Parkeinbuchtung mit Steinhaufen. (Der Stein auf der umzäunten Anhöhe ist laut Denkmalschützer ohne Bedeutung.) Links von der Straße, also nordwestlich der Parkeinbuchtung, liegt das Quellgebiet der Bille – an den beiden Steinen Jagen 40 und 21 –, an ihrem Rand findet man die Steinsetzungen. (Von der Parkeinbuchtung ein paar Schritte zurück bei Stein 34 in den Wald hineingehen.)

**Literatur**

Freundliche Mitteilung von F.-W. Hasenclever, Vertrauensmann für die vor- und frühgeschichtlichen Denkmäler des Kreises Stormarn

## Der Opferteich von Möhnsen in Lauenburg

Im alten Dorfteich wurden bereits 1893 Opfergaben aus den ersten nachchristlichen Jahrhunderten entdeckt. Um eine aufrecht stehende Kultsäule, ein dicker Pfahlstumpf mit Steinpakkung, waren 15 bis 20 Tongefäße und – kreisförmig – Eichenholzstämme deponiert. Der zum Einschlagen der Stämme verwendete Schlegel lag daneben, um ihn vor profanem Gebrauch zu schützen. Eine bäuerliche Bevölkerung opferte in den Gefäßen Teile der Ernte: als Bittgabe im Frühjahr oder als Dankopfer im Herbst.

**Zugang**

Möhnsen in Lauenburg liegt südlich der neuen A 24 Hamburg–Berlin. Ausfahrt Schwarzenbek/Grande über Kasseburg nach Möhnsen. Am letzten Haus links an der Straße Möhnsen–Basthorst befindet sich der alte Dorfteich.

**Literatur**

Geschichte Schleswig-Holsteins, Bd. 2, a. a. O.
E. Herberger, a. a. O.

H. Jankuhn, Nydam und Thorsberg, Wegweiser durch die Sammlung, Heft 3 des Schleswig-Holsteinischen Landesmuseums für Vor- und Frühgeschichte in Schleswig

## Die Opferteiche von Ahrensburg-Stellmoor

Die wenigsten, die mit der Eisenbahn von Hamburg nach Lübeck fahren, ahnen, daß sie kurz vor Ahrensburg eines der interessantesten Fundgebiete Nordeuropas durchqueren. Endeiszeitliche Renjäger kamen vor rund 14 000 Jahren in diesem Tunneltal an, siedelten hier während der dreimonatigen Sommerjagd und deponierten ihre Votivgaben in den Opferteichen. Zehntausende von Rentierknochen wurden als Weihegaben versenkt und Dutzende von weiblichen zweijährigen Renopfertieren, mit Steinen beschwert, dem Wasser übergeben (s. S. 52). Am Rand des Opferteichs unterhalb des Stellmoor-Hügels fand sich ein 2,11 m hoher Kultpfahl, bekrönt mit dem Schädel eines dreizehnjährigen Renweibchens.
Opferteiche und Kultpfahl werden heute von den jüngeren Wissenschaftlern als Spekulation abgetan. Für alle Befunde gäbe es »einleuchtendere Interpretationsmöglichkeiten«, so z. B. der Gedanke, die Hamburger und Ahrensburger Jäger hätten das kalte Wasser der Teiche als »Kühlschrank« benutzt...

**Zugang**
Von Hamburg die B 75 Richtung Ahrensburg. Am Gut Stellmoor rechts in die Straße »Brauner Hirsch« Richtung »Am Hagen« einbiegen. Die Bahnlinie überqueren. Nach beiden Seiten erstreckt sich das Ahrensburg/Meiendorfer Tunneltal. Kurz hinter der Bahnschranke links der Straße liegt der Stellmoorhügel. Im ehemaligen Teich vor dem Hügel, dem Lagerplatz der Jäger in vielen Sommern, fand Alfred Rust die Opfertiere und den Renschädel-Kultpfahl. Das Gelände gehört zum Gut Stellmoor, auf den Äckern besteht ein Sammelverbot.

**Literatur**
B. Grønnow, Meiendorf and Stellmoor Revisited. An Analysis of Late Palaeolithic Reindeer Exploitation. In: Acta Arch. Kop. 56, 1985
A. Rust, Urreligiöses Verhalten und Opferbrauchtum des eiszeitlichen Homo sapiens, Neumünster 1974

# Das Götterpaar und der Brandopferplatz von Braak bei Eutin

Aufgrund der betonten Geschlechtsmerkmale – die z. T. später »mit dem Beil abgeschlagen« worden sind – werden die beiden überaus eindrucksvollen, 2,80 und 2,30 m hohen Holzfiguren als Fruchtbarkeitsgottheiten angesehen. Gefertigt sind die Kultfiguren aus zwei kräftigen, sich am Ende symmetrisch gabelnden, entrindeten Eichenästen. Gesichtszüge, Haartracht und die Geschlechtsmerkmale einer Frau und eines Mannes sind deutlich herausgearbeitet.
2500 Jahre sind die beiden – wohl ursprünglich aufrecht stehenden – Pfahlgötter alt. Nebeneinander lagen sie im Torf des Aukamper Moores bei Braak. Heute stehen sie in der Nydamhalle des archäologischen Landesmuseums im Schleswiger Schloß Gottorf.
Nur 60 m entfernt befand sich ein Brandopferplatz, der früher vermutlich von einem Wassergraben umgeben war. Auch die neben dem Opferaltar gefundene bearbeitete, 1,78 m lange Astgabel wird als Pfahlgott gedeutet, als primitiver Vorläufer des späteren germanischen Götterpaares.
Das Aukamper Moor war vermutlich über einen längeren Zeitraum ein zentraler Opferplatz und Mittelpunkt religiöser Handlungen.

**Zugang**
B 432 Hamburg–Bad Segeberg Richtung Scharbeutz. In Ahrensbök Richtung Eutin. In Braak den Braaker Mühlenweg nach rechts. Er führt am Nordrand des Aukamper Moors entlang. Kurz vor der Kreuzung Gothendorf–Gr. Meinsdorf liegt rechter Hand sehr schön in einer Senke der jetzige mit hohen Schwarzerlen bewachsene Moorsee.

**Literatur**
M. Gebühr, K. W. Struve, Nydamhalle, Wegweiser durch die Sammlung, Heft 11 des Schleswig-Holsteinischen Landesmuseums für Vor- und Frühgeschichte
Geschichte Schleswig-Holsteins, Bd. 2, a. a. O.
E. Herberger, a. a. O.
H. Hingst, Ein Brandplatz der älteren Eisenzeit aus Braak, Kr. Eutin. In: Offa 24, 1967

Germanische Fruchtbarkeitsgottheiten . . .

... aus dem Braaker Moor

## Im Zauberwald »Ruser Steinbusch«

Jetzt weiß ich endlich, wo das Einhorn wohnt.
Eigentlich wollte ich bei den zahlreichen rechteckigen und ringförmigen Steinsetzungen und -pflasterungen nach dem Schalenstein und der Stele suchen, die eines der vielen Steinreihengräber begrenzen. Doch dann sah ich in der beginnenden Dämmerung das Schild, sorgfältig an eine der alten Weiden rechts des Weges geheftet:
»HALT!
Ihr betretet das Zwergenland!
Um die Zwerge nicht böse zu machen, müßt Ihr das Land im Zwergengang durchqueren. Macht Euch die nächsten 10 Schritte so klein wie möglich. Erst dann dürft Ihr normal weitergehen ins Zauberschloß.«
Die gesuchten Steine habe ich nicht gefunden. Aber es war auch nicht mehr wichtig, in diesem geheimnisvollen verwachsenen Wald mit seinen Steinkreisen, voller Fährten des Wildes.
Ja, hier könnten die Zwerge wohnen – und auch das Einhorn!

**Zugang**
A 1, Ausfahrt Neustadt-Nord, Richtung Schönwalde, Lütjenburg. Kurz vor Lütjenburg in Högsdorf rechts den alten Helmstorfer Weg bis 200 m vor der Kreuzung mit der Wetterader Allee. Hier führt rechts ein Feldweg direkt auf den Ruser Steinbusch mit seinen Steinsetzungen und Urnengrabhügeln, etwa aus dem 4. Jh. v. Chr., zu.

**Literatur**
Führer, Bd. 10, a. a. O.

## Prove – ein slawisches Heiligtum in Oldenburg

»Es traf sich aber, daß wir auf unserer Reise zu einem Walde kamen, dem einzigen in jenem Lande, denn dieses besteht ganz aus bebautem Feld. Da sahen wir unter sehr alten Bäumen heilige Eichen, welche dem Gotte jenes Landes mit Namen Prove geweiht waren. Diese Eichen umgab ein freier Hofraum und ein sehr sorgfältig aus Holz gebauter Zaun, in dem sich zwei

Tore befanden... Dieser Ort war das Heiligtum des ganzen Landes und dafür ein besonderer Oberpriester sowie Feste und verschiedene Arten von Opfern bestimmt.« So beschreibt Helmold von Bosau 1156 in seiner Slawenchronik den Platz. Verschiedene Befunde, der slawische Ortsname Putlos (= am Wald), der sächsische Flurname Wienberg (= heiliger Hain), lassen vermuten, daß hier das slawische Hauptheiligtum des Gottes »Prove zu Oldenburg« gewesen ist. Tatsächlich trägt der Wienberg den einzigen Waldbestand in weiter Umgebung. Und die Volkssage erzählt von unterirdischen Gängen und vom wilden Jäger vom Wienberg.

**Zugang**
A 1 Hamburg–Lübeck–Oldenburg. Nordwestlich von Oldenburg liegt Putlos, nördlich davon im Bundeswehrgelände (Truppenübungsplatz) der Wienberg. Besichtigung möglich nach vorheriger Vereinbarung mit der Kommandantur Putlos.

**Literatur**
Führer, Bd. 9, a. a. O.
K. W. Struve, Die slawischen Burgen in Wagrien. In: Offa 17/18, 1959/61

## Die »Rote Maaß« bei Damp

Unweit der Ostseeküste liegt die 1964 entdeckte germanische Kultstätte.
Ein Steinkreis und mehrere nach den Himmelsrichtungen orientierte viereckige Steinsetzungen »offensichtlich kultischen Charakters« wurden von Prof. C. Ahrens, dem damaligen Leiter des Harburger Helms-Museums, freigelegt. Der Steinkreis von 10 m Durchmesser besteht aus 9 Findlingen, umgeben von einer Anzahl von Brandstellen. Genau im Zentrum des Kreises befand sich ein Gefäß mit einem kopfgroßen Stein. Südlich an den Steinkreis grenzt eine große viereckige Steinsetzung. Weitere Vierecksetzungen mit steingefaßten Zuwegen, Schwellensteinen zum Verschließen dieser Eingänge, die in Brandschichten gefundenen Reste von verbrannten Holzbauten und eine Um-

Steinsetzungen des alten germanischen Kultplatzes von Damp

grenzung der dicht beieinander liegenden Kreis- und Viereckseztungen deuten auf eine größere »unbekannten Kultzwekken dienende« heilige Stätte aus der Zeit des 2. bis 4. nachchristlichen Jahrhunderts.

**Zugang**
A 7, Ausfahrt Rendsburg/Büdelsdorf, B 203 Eckernförde Richtung Kappeln, rechts Richtung Damp bis zur Abzweigung nach links, Richtung Schuby. 1. Weg nach rechts einbiegen. Linker Hand liegt in den Äckern – zum Reventlowschen Gut Damp gehörend – ein mit Tannen durchsetztes Erlenwäldchen in einer feuchten Senke. Am Westrand des Wäldchens entlang. Etwa 20 m vor der NW-Ecke rechts in den Wald hinein bis zum Entwässerungsgraben. Auf der anderen Seite sieht man die Steinsetzungen.

**Literatur**
C. Ahrens, Die »Rote Maaß« bei Damp, ein Kultplatz der nachchristlichen Eisenzeit in Mittelschwansen. In: Offa 23, 1966
D. Schünemann, H. Oldenburg, Eine früheisenzeitliche Kultstätte im Dalsch. In: Die Kunde, N. F. 19, 1968

## Das Hechtmoor bei Satrup

Die festländischen Angeln wohnten in Siedlungsinseln in einem das Land bedeckenden dichten Eichenmischwald. In einigen Fällen ist es den Archäologen gelungen, die zu den Siedlungen gehörigen, in einiger Entfernung dazu liegenden heiligen Stätten der Bewohner zu entdecken. Die Opferstelle im Hechtmoor war ein solches Dorfheiligtum. Etwa 20 m von einer trockenen Landzunge entfernt fand sich in dem kleinen Kesselmoor eine »Plattform« aus behauenen, liegenden Hölzern, mit Heideplacken und Lehm befestigt, die von zugespitzten, senkrecht in den Boden gerammten Pfählen gestützt wurde.
Tongefäße (in Scherben), Haselnüsse, Flachs und verschiedene Holzgeräte wurden von hier aus in den Jahrhunderten vor Christi Geburt in das Moor versenkt. Opfergaben einer bäuerlichen Bevölkerung im Rahmen eines Fruchtbarkeitsrituals, zu dem sicher feierliche Feld- und Waldumzüge gehörten, Musik, Tanz, Gebet und Beschwörung – und ein ausgiebiges Festgelage.

**Zugang**
A 7, Ausfahrt Tarp, Richtung O bis Satrup. In Satrup nach Süden, Esmark, Esmarksüderfeld (links auf dem Waldparkplatz parken), am Haus Nr. 6 rechts den Weg hinein, der durch das Hechtmoor führt. Nach etwa 500 m rechter Hand des Weges (links ist eine kleine Anhöhe zu erkennen) lag die Opferstelle.

**Literatur**
H. Jankuhn, Archäologische Beobachtungen zur Religion der festländischen Angeln. In: Studien zur Sachsenforschung 1, 1977

## Der Mooropferplatz bei Wees/Flensburg

Beim Torfstechen im Flachmoor wurden gleich mehrere Opferstellen aufgedeckt. Die 20 terrinenartigen Gefäße dienten zur Aufnahme der Opfergaben. In Skandinavien wurden durch chemische Analysen vergleichbarer auf Kultplätzen gefundener Tongefäße tierische Fette nachgewiesen.
Die Moorgefäße standen in einer Umhegung aus Flechtzäunen, auf denen zahlreiche Kuhhörner deponiert waren. Alte Moorarbeiter berichteten über einen Erddamm, der zu diesem Platz führte.
Zwischen Holzpackungen und kegelförmigen Erdhügeln waren Feuerstellen angelegt, Zeugen kultischer Handlungen der Angeln in den Jahrhunderten vor und um Christi Geburt. Über viele Generationen kamen am Weeser Opfermoor immer wieder Menschen zusammen, um ihre Götter zu verehren, ihre Geister zu beschwören.

**Zugang**
A 7, Ausfahrt Harrislee, Flensburg, B 199 Richtung Kappeln. Wo links der Weg nach Wees führt, rechts in den Feldweg einbiegen. Nach gut 100 m führt eine Brücke über einen Bach, der das Moor entwässert. Dahinter lagen die Opferstätten.

**Literatur**
Geschichte Schleswig-Holsteins Bd. 2, a. a. O.

Der Schalenstein von Bunsoh mit Hand- und Fußdarstellungen

## Der Schalenstein von Bunsoh

In vielen indogermanischen Religionen versinnbildlichen Hände und Füße die Gegenwart einer Gottheit. In dem einzigartigen Schalenstein von Bunsoh sind neben zahlreichen Schälchen Hand- und Fußdarstellungen und ein Radkreuz eingemeißelt. Der Deckstein eines Megalithgrabes etwa aus der Zeit 2500–2200 v. Chr. verursacht ein eigenartiges Kribbeln, wenn man die Hände auf ihn legt.

**Zugang**
A 23 Hamburg–Itzehoe, B 204 bis Albersdorf, rechts Richtung Bunsoh. 2 km hinter Albersdorf Hinweisschild »Naturdenkmal Schalenstein« zu dem überhöhten Rundhügel mit den Resten eines Steinkranzes.

**Literatur**
Führer, Bd. 9, a. a. O.
K. W. Struve, Die Kultur der Bronzezeit, Wegweiser durch die Sammlung, Heft 8 des Schleswig-Holsteinischen Landesmuseums für Vor- und Frühgeschichte in Schleswig

## Die Burgwälle auf den Nordfriesischen Inseln Föhr und Sylt

Die Tinnumburg auf Sylt, eine Anlage aus der Zeit um Christi Geburt, die im 9. bis 10. Jahrhundert wiederverwendet wurde, und die Lembecksburg auf Föhr lagen auf geschützten Plätzen im Inneren der Inseln an – zumindest bei Flut – schiffbaren Prielen. Also mit einem Zugang zum offenen Meer. Im Mittelpunkt der noch erhaltenen Rundwälle der Tinnumburg und Lembecksburg waren offenbar Wasserstellen. Auf dem inmitten von Archsum auf Sylt gelegenen ehemaligen Burgwall ist heute eine Neubausiedlung entstanden; nur noch der Straßenname »Borig«, friesisch für Burg, erinnert an die alte Stätte.
Siedlungen haben sich aus den Burgwällen nicht ergeben. Offenbar waren sie auch »nicht in erster Linie Fluchtburgen einer einheimischen Bevölkerung, deren Kräfte die Anlage so gewaltiger Erdfestungen bei weitem überstiegen hätte«. Neuerdings werden in den Burgwällen die Umhegungen von heiligen Stätten vermutet. Der Flurname Heiligenort bei Archsum auf Sylt (1769: »auf hilligen Ohrt«) läßt hier schon in der älteren Literatur eine vorchristliche Kultstätte vermuten.

**Zugang**
Die Lembecksburg liegt nördlich von Borgsum auf Föhr, die Tinnumburg gut erkennbar am Südrand von Tinnum auf Sylt.

**Literatur**
Führer, Bd. 9, a. a. O.
W. Laur, Theophore Ortsnamen und Kultstätten. In: Studien zur europäischen Vor- und Frühgeschichte, Neumünster 1968

## Helgoland = Heiliglant

Vorchristliche Kultstätten lassen sich oft an den Ortsnamen erkennen. Im Raum Schleswig/Flensburg gibt es zahlreiche Beispiele: Thorsberg (= heiliger Hügel des Gottes Thor), Helligbek (= Heiligtum), Karr (= Kultstätte, Tempel), Wonsdamm (= heiliger See des Gottes Odin), Wieh (= geweihter Platz, Kultstätte), Tieslund und Thiesholz (= heiliger Hain des Gottes Tyr). Zur Gemarkung *Thiesholz* führt heute noch der »Thiesholzer Weg« (B 201 Schleswig Richtung Süderbrarup, in Böelschuby nach Norden Richtung Mohrkirch).

Auch bei der Insel Helgoland gibt es eine Übereinstimmung von Kultstätte und theophorem Ortsnamen. Helgoland (= heiliges Land) wird noch von Adam von Bremen »Heiliglant« genannt. Wahrscheinlich ist Helgoland die heilige Insel Fositesland, das friesische Heiligtum des Gottes Fosite, des Sohnes Balders, der Gott des Erntesegens und des Friedens.

Vor allem aus der Vita des heiligen Willibrord wissen wir von der besonderen kultischen Bedeutung dieser Insel, der großen Macht ihres Heiligtums und ihrer Unantastbarkeit: »Der Ort ist allen Seeleuten ehrwürdig, vorzüglich den Seeräubern.« (Was selbst Klaus Störtebeker wußte!) Besondere Verehrung und Schutz genoß eine Quelle, aus der man nur schweigend schöpfen durfte.

**Literatur**

C. Ahrens, Vorgeschichte des Kreises Pinneberg und der Insel Helgoland, Neumünster 1966

W. Laur, Theophore Ortsnamen und Kultstätten. In: Studien zur europäischen Vor- und Frühgeschichte, Neumünster 1968

# DIE NEUEN BUNDESLÄNDER

Kulthalle von Parchim

Auch für die vorchristlichen Kultplätze auf dem Gebiet der NB gilt meine ausdrückliche Bitte um Respekt und um äußerst sorgfältigen Umgang. Unseren Ahnen waren diese Stätten heilig. Die schönsten und bedeutendsten vor- und frühgeschichtlichen Heiligtümer werden hier vorgestellt. Dennoch handelt es sich um eine subjektive Auswahl. Es bleibt dem einzelnen überlassen, in der Literatur oder vor Ort weitere alte Naturheiligtümer zu entdecken. Denn sie liegen häufig direkt vor der Haustür . . .

Mit Dank an Dr. Hermann Behrens (Halle/Wedel) für die Hinweise und die Beratung bei der Vorbereitung der Manuskriptarbeiten.

**Literatur**

Hervorragend das soeben erschienene zweibändige Werk des Urania-Verlags: Joachim Herrmann (Hg.), Archäologie in der Deutschen Demokratischen Republik, Leipzig/Jena/Berlin 1989

Ders. (Hg.), Archäologische Denkmale und Umweltgestaltung, Berlin 1978

W. Coblenz (Hg.), Archäologische Denkmale und Funde, Berlin 1979

F. Schlette (Hg.), Religion und Kult in ur- und frühgeschichtlicher Zeit, Berlin 1989

»Eine der vornehmsten Aufgaben der Ur- und Frühgeschichtsforschung ist es, die Stätten wiederzufinden und zu untersuchen, wo die Menschen älterer Kulturperioden die Anwesenheit geheimnisvoller Mächte zu spüren glaubten und wo sie mit ihnen durch kultische und magische Handlungen sowie durch Opfer zum Wohle der Gemeinschaft in Verbindung traten. Für das Verständnis der alten Kulturen und für die Bestimmung ihrer Wesensart ist die Erforschung solcher heiliger Orte von größter Bedeutung.«

G. Behm-Blancke

# Von Paradiesvögeln und alten Schamanen

Neujahrstag 1990. Ich stand auf der Kuppe des Brocken, auf dem »alten Hexentanzplatz«. Seit wenigen Tagen war der Weg hinauf von den DDR-Behörden freigegeben worden. Selbst die Bewohner des kleinen Ortes Schierke am Fuß des Brocken hatten seit 45 Jahren nicht mehr auf den Berg gedurft: Sperrgebiet der Sowjetarmee. Vor wenigen Wochen waren sie einfach hinaufgezogen, die Einwohner der umliegenden Dörfer, hatten sich den Zugang erzwungen. Und so nahm auch an diesem Neujahrsmorgen eine nicht enden wollende Kette von Menschen den 8 km langen Fußmarsch den steilen Berg hinan auf sich. Alle Fahrzeuge (auch Taxen und Pferdewagen) wurden wie bisher am Ortsausgang von Schierke durch russische Soldaten abgewiesen.

Oben auf dem Brocken herrschte Volksfeststimmung. 5000 Menschen wurden pro Tag gezählt. Überall lagen leere Sektflaschen herum. Und natürlich war das westdeutsche Fernsehen auch schon da.

Mein Blick ging hinüber zum 5 km entfernten Wurmberg auf westdeutscher Seite. Dort war ich zwei Jahre zuvor auf der Suche nach den vorchristlichen Kultplätzen in der Bundesrepublik gewesen: Eine »Hexentreppe« führt zu einem durch archäologische Ausgrabungen bestätigten vorgeschichtlichen Heiligtum. Hingegen gab es bisher hier auf dem Brocken keine archäologischen Funde.

Ich beschloß, mich noch einmal auf den Weg zu machen – im Geländewagen durch Deutschland. Deutschland, das hieß

diesmal von Rügen bis Weimar, von Quedlinburg bis Dresden. Deutschland, das hieß diesmal Gespräche mit Prähistorikern von Schwerin bis Jena. Und der Titel meines Buches, an dem wir vor zwei Jahren so lange herumgeknobelt hatten, er stimmte auf einmal: Ein Führer zu den Kultplätzen *in Deutschland.*
Doch mich interessierte nicht nur das Wiederentdecken vorgeschichtlicher Heiligtümer auf dem Boden der ehemaligen DDR. Ich war gespannt darauf, ob ich auch hier die »überspitzte Angst vor allem Kultischen« antreffen würde? Wie halten es Menschen mit Religion und Kult in einem Land, in dem seit mehr als 40 Jahren offiziell der Atheismus propagiert wurde? In einem Land, in dem Religion als »Opium für das Volk« (Marx) galt. Mußten dort Religion und Kult nicht erst recht Reizwörter sein? Hat der offizielle Atheismus tatsächlich das Gefühl für das Numinose, das Verehrungswürdige, die Sehnsucht nach der Hingabe an ein »höheres Wesen« brechen können? Und wohin ist diese doch in den meisten Menschen ruhende Sehnsucht gelenkt worden? Fragen, denen ich mich in kleinen, persönlichen Begegnungen nähern wollte, an deren Beantwortung ich mich aber nur sehr vorsichtig herantraue.
Die Menschen, die ich in der Nähe alter Kultplätze traf, hielten sich sehr bedeckt. Auffällig war – im Unterschied zur Bundesrepublik –, wie gut sie sich in ihrer Heimat auskannten. Da gab es kein langes Suchen nach Menhiren, versteckten Höhlen oder zugewucherten Quellen. Die Menschen wußten genau Bescheid und konnten den Weg präzise beschreiben. In Westdeutschland hatte ich sehr viel mehr Unkenntnis über die eigene Umgebung erlebt. Möglicherweise wegen der größeren Mobilität der Einwohner: Wer mehr reisen kann, interessiert sich weniger für seinen eigenen Boden.
In den NB hingegen weiß man Bescheid, traut sich aber nicht zu werten. Vorsichtig versteckt man sich hinter offiziellen Äußerungen: Der Ausgräber hat gesagt, der Herr Professor meint . . . Nur selbst hat man keine Meinung – zumindest gibt man sie nicht zu. Religion und Kult haben eben etwas mit der inneren menschlichen Überzeugung zu tun – und die hat man gelernt, nicht preiszugeben.
Wir wissen inzwischen, daß die Kirchen in Ostdeutschland

einen sehr viel größeren Stellenwert haben als im Westen: Sie boten in all den Jahren der Unfreiheit die Bindung an eine Gemeinschaft an, in der ein Nichtmarxist Schutz und geistigen Rückhalt finden konnte; sie erwiesen sich als Kraft, die auch der offizielle Atheismus nicht hat brechen können, die im Gegenteil zu einem höchst lebendigen politischen Faktum wurde.
Doch viele, die sich nach außen nicht zu einem Glauben an ein »höheres Wesen« bekennen wollten, mögen Kraft aus ihrer Begegnung mit der Natur geschöpft haben, die für sie das Heilige, das Numinose, verkörpert. Und das geht uns tatsächlich nichts an!
Also hielt ich mich an die Prähistoriker, die von Berufs wegen eine Meinung haben müssen. Ich sprach auf meinen Fahrten mit Wissenschaftlern unterschiedlichen Alters und unterschiedlicher Linientreue. Aber die interessantesten Gespräche waren zweifellos die mit dem – bei seinen Kollegen nicht unumstrittenen – achtzigjährigen Professor Günter Behm-Blancke in Weimar, dem »Heiligtümerpapst«. Von seinen Mitarbeitern wird er »der alte Schamane« genannt. Er hat heilige Stätten gleich en gros gefunden: ein Dutzend Höhlen und noch ein Dutzend Felsspalten dazu, vollgepackt mit Opfergaben (s. Kyffhäuser). Oder gleich 90 Opferstätten in einem germanischen Seeheiligtum (s. Oberdorla). Auch das älteste Schamanengrab und das früheste christliche Priestergrab hat natürlich er entdeckt. (Da fragt man sich schon, ist das Zufall, oder ist er tatsächlich mit der »Kunst des Findens« begabt wie die Schamanen der sogenannten Naturvölker?)
So wurde der Papst auf Behm-Blancke aufmerksam, die Unesco machte ihn zu ihrem Mitglied, und der Bischof von Erfurt sitzt einmal im Monat bei ihm im Studierzimmer, um über die Rituale des vorgeschichtlichen Menschen und der Katholiken zu diskutieren. (»So unterschiedlich sind die gar nicht, denken Sie mal an den Weihrauch.«) Doch auch die strengen Marxisten aus Berlin interessierten sich für seine Heiligtümer-Forschungen und kamen regelmäßig angereist. In das üblicherweise von ihm bevorzugte »Christliche Hospiz« gingen sie allerdings nicht mit ihm zum Essen.
Bis zu Behm-Blanckes eindeutig kultisch zu interpretierenden

Entdeckungen Ende der 50er Jahre tat sich die DDR-Wissenschaft schwer mit germanischen Heiligtümern. Zu belastet war auch hier dieser Forschungszweig durch das Dritte Reich und »Wissenschaftler« wie Wirth und Teudt. Da verließ man sich lieber auf die faßbare, »begreifbare« materielle Kultur. Doch BB ging als erster – und das schon sehr früh – über die nüchternen Quellen hinaus, indem er versuchte, die geistigen Bezüge im Leben und Denken des vorgeschichtlichen Menschen aufzudecken. In seiner jahrzehntelangen Tätigkeit als Ordinarius an der Universität Jena infizierte er ganze Generationen von angehenden Prähistorikern, die inzwischen selbst erfolgreiche Ausgräber sind und ihre Funde recht freizügig im geistigen Bereich interpretieren. Von einer Angst vor der Beschäftigung mit allem Kultischen ist hier nichts zu spüren.
Zum anderen fand jeder Wissenschaftler in der damaligen sowjetisch besetzten Zone leicht einen Ausweg, wenn er sich für die Heiligtümer-Forschung interessierte: bei den Slawen. Mit ihnen und ihrer Religion, ihrem Kult durften sich DDR-Wissenschaftler natürlich gern auseinandersetzen. (BB: »Vorsichtshalber habe ich zu Anfang neben meiner Germanenforschung auch immer ein Slawenprojekt betrieben.«) Für diese Ausgrabungen und Rekonstruktionen stand genügend Geld zur Verfügung (s. Groß Raden).
Jede Diktatur kann das ihm genehme Volk bevorzugt behandeln und sich dann die Stämme aussuchen, nach deren Wurzeln es gräbt. Bei den Nazis waren es die Germanen und in der DDR eben die Slawen.
Ein drittes: Wer in der DDR als Vorgeschichtler Karriere machen wollte, mußte sich zumindest nach außen atheistisch geben. Das Ventil blieb der Beruf. Religion leben konnte so mancher nur in der Theorie, in seiner Wissenschaft, in der Beschäftigung mit der Religion der Ahnen. »Gar kein Problem«, sagt Dr. Hermann Behrens, 21 Jahre lang Direktor des Landesmuseums für Vorgeschichte Halle, »denn hinter der intellektuellen Darstellung des Stoffes mußte ja kein persönlicher Glaube stehen.«
Und die strengsten Marxisten machten es vor. Der russische Ethnograph und Religionsforscher Tokarev schrieb ein richtungweisendes Buch über die Ursprünge der Religion. Und die

russischen Völkerkundler beschäftigen sich zunehmend mit dem Schamanismus, indem sie betonen, wie wichtig es für den Erhalt der Völker sei, Menschen mit prophetischen Gaben – und Naturbeobachter – unter sich zu haben. So flüchtete mancher »aus der sozialistischen Realität in die urgeschichtliche Religion«, wie es ein DDR-Historiker der mittleren Generation formulierte.

Mit religiösen Fragen durfte man sich in der DDR sehr wohl beschäftigen, sowie man die Interpretationen mit Zitaten von Marx, Engels und Lenin verbrämte. Denn die marxistischen Atheisten interessierten sich außerordentlich für Religion als »besonderen Bereich des gesellschaftlichen Bewußtseins«, weil sie in der Religion die geistige Grundlage für eine Verdummung des Menschen sehen. Marx' berühmter Ausspruch »Religion ist Opium für das Volk« bedeutet ja in ihrer Auffassung nicht eine Vergiftung, sondern eine Einschläferung, das Eintauchen in eine Traumwelt, die Verdrängung realer Probleme. Marxisten sehen im Kapitalismus die Unterdrückung des arbeitenden Menschen. Diese Unterdrückung soll durch die Religion beschönigt, legitimiert werden, indem sie den Menschen von der nüchternen Alltagsarbeit ablenkt. Deswegen lehnen Marxisten Religion als Verdummungsmechanismus, als »illusionäre Scheinwelt« ab. Doch diese »Scheinwelt« muß man intellektuell kennen und verstehen, um sich mit ihr auseinandersetzen zu können. So durfte man unter marxistischer Überwachung auch Tabuprobleme anpacken. Denn es war ja die Religion der *anderen*.

Dies eben macht den Unterschied zu Wissenschaftlern der älteren Generation in der Bundesrepublik aus, die es »gewagt« haben, sich mit der Heiligtümer-Forschung zu beschäftigen. Wie Prof. Kimmig, Tübingen, der vom »heißen Eisen« spricht, von dem er bei allem Interesse immer die Finger gelassen habe. Oder Prof. Jankuhn, Göttingen, der mir zwar Mut zum Schreiben dieses Buches machte, aber gleichzeitig sagte: »Mir ist klar, daß mancher Kollege mich als Paradiesvogel betrachtet. Jetzt, im Alter, sieht man mir mein kultisches Interesse nach. Doch ich bin sicher, wenn ich mich schon früher so intensiv damit beschäftigt hätte, wäre mir der Professorentitel verweigert worden.«

Ein viertes: »Spinnen« DDR-Wissenschaftler mehr? wollte ich von einem Prähistoriker in Sachsen-Anhalt wissen, indem ich ihn auf recht weitgehende kultische Interpretationen von Ausgrabungsfunden hinwies. Nach kurzem Zögern sagte er: »Ja, wir spinnen mehr, weil wir weniger wissen. Wir sind in der DDR als Archäologen darauf angewiesen, Vermutungen zu formulieren, weil wir weniger Informationsmaterial besitzen und uns die Quellenstudien vor Ort im Ausland verwehrt waren. Wer weniger weiß, gerät leichter ins Spekulieren.«
Die Vor- und Frühgeschichtler in den NB sind sich darüber im klaren, daß die Kollegen in der Bundesrepublik ihr Quellenmaterial eher rational beurteilen, mit mathematischen Formeln, Statistiken und Computern arbeiten und am liebsten nur anerkennen, was beweisbar ist. »Sie interpretieren eher positivistisch. Doch Kult ist eine Glaubenssache. Und wir dürfen nicht vergessen, er war immer Teil des täglichen Lebens!«
Kultische Handlungen an besonders hervorgehobenen Stätten, dort, wo die Götter oder Mächte ein Zeichen dafür gesetzt hatten, gehörten mit Sicherheit mehr zum täglichen Leben, als es mancher Wissenschaftler – hüben wie drüben – wahrhaben möchte. Wir modernen Zivilisationsmenschen können uns doch kaum vorstellen, wie sehr der Alltag von Göttern, Geistern und Dämonen, von Zauber und Magie bestimmt war. Von Mächten, denen man sich ausgeliefert fühlte, mit denen es in Kontakt zu treten und die es günstig zu stimmen galt.
Einen Hauch von der Vorstellungswelt der Alten mag man spüren, wenn man im Halbdunkel des Behm-Blanckeschen Studierzimmers sitzt, der »alte Schamane« versunken in seinem Sessel hockt und erzählt, woraus sein Interesse für Religion und Kult entstand: ganz einfach aus der Liebe zur Natur und zu einem Onkel. Der war ein einfacher Bauer in der Nähe von Stendal. Durch ihn lernte BB, die Natur zu beobachten. Er begriff ihre Regelmäßigkeiten im Jahresablauf, entdeckte ihre Gesetzmäßigkeiten, verstand die alten Bauernregeln, den Einfluß der Mondphasen auf die Saat, der Sonne und des Wetters auf die Ernte, den Zusammenhang von Erde und Kosmos, erkannte sich als Teil der Natur, als abhängig von einem »höchsten Wesen«, einer Macht, die der Mensch nicht erklären kann, der er aber

ausgeliefert ist. Und wenn er in seiner Arbeit einen besonderen archäologischen Fund machte, bedankte er sich bei diesem »höchsten Wesen« für sein Wohlwollen.
Behm-Blancke hat seine Studenten immer gelehrt, nicht nur das Materielle zu sehen, sondern in die geistige Welt der anderen vorzudringen. Und er bedauert, daß die jungen Prähistoriker das Studium der Völkerkunde vernachlässigen.
»Durch den Vergleich könnten sie viel lernen. Die einfachsten Gebete sind immer auf Dank für das Jagdglück ausgerichtet. Und es gibt einfache Gesetze: 1. schnell töten, das Tier soll nicht leiden; 2. nicht zuviel töten; 3. die Tiere ehrfürchtig behandeln. Und wenn mal etwas nicht so gut klappt, frage ich mich, was ich falsch gemacht habe und wie ich das »höchste Wesen« wieder besänftigen kann. Durch welche Gabe ich es wieder günstig stimmen kann.
Da drehen und wenden sich die jungen Herren, um eine ›vernünftige‹ Erklärung für ihr Material zu finden. Der Mensch der Vorzeit war doch kein Vernunftwesen!«
Manche Wissenschaftler kommen mit ihren Funden zu Behm-Blancke, weil sie sich scheuen, ihr Material kultisch zu interpretieren; weil sie Angst haben, sich mit Deutungsversuchen fürchterlich zu blamieren. BB hatte nie Angst, er findet den geistigen Hintergrund des vorgeschichtlichen Menschen faszinierend: »Das Innere, das den Menschen bewegt, wie er sein Schicksal versucht zu verknüpfen, das macht das Menschsein aus und nicht, mit welcher Intelligenz er sein Werkzeug bearbeitet.«
Und zum Abschied sagte er: »Die Menschen, die geistige Hintergründe negieren, müssen Menschen sein, die sich nicht wirklich mit Menschen beschäftigen. Menschen, die die Menschen nicht lieben.«

## Arbeitsbereich Schwerin

Mit Dank an
Prof. Dr. H. Keiling, D. Becker und Fr. Dr. E. Nagel

**Fundmeldungen**
Museum für Ur- und Frühgeschichte Schwerin
Schloß
2700 Schwerin

## Der slawische Tempel von Kap Arkona

Am nördlichsten Punkt der NB, an der NO-Spitze der Insel Rügen, befand sich eines der bedeutendsten Heiligtümer der Slawen: die Tempelburg von Arkona. Svantevit, der mächtigste Gott der Ranen oder Rügenslawen, wurde hier verehrt.
Die Kultanlage lag im Innern einer im 8./9. Jahrhundert errichteten Burg. Der Burgwall ist heute noch gut im Gelände zu erkennen. Die Ausgräber stießen auf Reste von Opfermahlzeiten und von Tier- und Menschenopfern.
Der dänische Chronist Saxo Grammaticus schrieb im Jahr 1168 auf, was er damals dort gesehen und erfahren hatte: Der Gott Svantevit, ein meterhohes Holzidol, war vierköpfig dargestellt. Im Arm hielt die Kultfigur ein Füllhorn, das Symbol der Fruchtbarkeit. Ein quadratischer Holzbau, dessen Dach purpurfarben glänzte, umgab das Standbild. Im Tempel lag, behütet von den Priestern, der Schatz der Ranen. Den Tempel durften nur Priester betreten – »mit angehaltenem Atem«. Ende August wurde vor dem Kultgebäude das jährliche Erntefest gefeiert, dem mächtigen Svantevit zu Ehren. Nachdem ihm Opfer dargebracht worden waren, begann das ganze Inselvolk eine festliche Schmauserei im Namen der Religion. »Bei diesem Festmahl galt es als ehrfürchtig, die Nüchternheit hintanzusetzen. Sie zu wahren empfand man als Unrecht.« (Saxo)
Selbst der dänische König schickte dem Gott goldene Becher. Der Einfluß der Priester war groß, galten sie doch als Mittler des göttlichen Willens, den sie durch Loswurf und Roßorakel zu

erkunden suchten. So entschied das weiße Kultroß Svantevits beispielsweise über Krieg und Frieden: Dazu wurden vor dem Tempel Lanzen in den Boden gesteckt, die das Roß überschreiten mußte. Entscheidend war, welcher Fuß zuerst aufsetzte. Der Pferdefuß war es also, auf den es ankam.
1168 wurde das Heiligtum durch den dänischen König Waldemar zerstört: Er ließ Svantevit, jenes uralte Götzenbild, das von allen Slawenvölkern verehrt wurde, herausführen, ihm einen Strick um den Hals binden und mitten durchs Heer schleppen. Vor den Augen der Slawen wurde Svantevit in Stücke gehauen und ins Feuer geworfen.
Heute droht die Ostsee die Reste der alten Tempelburg vollends zu zerstören.

**Zugang**
E 22 Wismar–Rostock–Stralsund–Rügen. Kap Arkona liegt an der NO-Spitze der Insel Rügen. Gleich neben dem Leuchtturm sind noch Reste des Burgwalls zu erkennen. Den größten Teil der Kultanlage und des Burggeländes hat aber bereits das Meer verschlungen.

**Literatur**
J. Herrmann, Die Slawen in Deutschland, Berlin 1972.

## Der Schalenstein von Blengow

Auf dem Deckstein eines weitgehend zerstörten Megalithgrabes nahe dem Ostseestrand wurden mehrere deutlich ausgehöhlte Schälchen und drei Radkreuze entdeckt. Der Stein liegt heute neben der einstigen Grabkammer. Die vermutlich kultische Funktion der Schälchen wird durch die als Sonnensymbol gedeuteten Radkreuze verstärkt, die aber nur gering in die platte Seite des 2,2 m langen Granitfindlings eingetieft und schwer zu erkennen sind (bei feuchtem Wetter besser). Auffallend ist die Parallele zu schwedischen Felsbildern der älteren Bronzezeit.

**Zugang**
Von Wismar nach N, immer der Ostseeküste entlang. In Rakow nach N bis Blengow bei Rerik, dort Richtung Roggow. Der Straße durch Blengow hindurch folgen: Nach 1 km liegt rechter Hand auf einer Anhöhe der Stein.

Der »Mecklenburger Steintanz« bei Boitin

**Literatur**
E. Schuldt, Schälchen und Radkreuze auf dem Deckstein eines zerstörten Megalithgrabes von Blengow. In: Ausgrabungen und Funde 30, 1985

## Der Steintanz von Boitin

Einst soll an diesem Platz, so berichtet die Sage, eine Hochzeitsgesellschaft sehr ausgiebig und ausschweifend gefeiert haben: Es wurde getanzt, gelacht und viel getrunken. Als die Gäste mit Brot und Käse zu kegeln begannen, tauchte ein alter Mann auf und warnte die Übermütigen. Doch sie machten sich über ihn lustig. Plötzlich erfolgte ein Donnerschlag, und die gesamte Hochzeitsgesellschaft wurde zu Stein.
Denkbar ist, daß die Sage hier tatsächlich eine ferne Erinnerung an einen Schauplatz kultischer Tänze überliefert. Auf einem Hinweisschild am »Mecklenburger Steintanz« heißt es jedenfalls: »Der Platz diente vor 3000 Jahren den Germanen als Kultstätte.«
Die vier Steinkreise bestehen aus je neun frei stehenden stelenartigen Findlingen. Die Steine sind bis zu 1,90 m hoch. Ihre glatte Fläche weist stets zur Kreismitte. Der größte der Steine, die »Brautlade«, hat 13 Vertiefungen, die gern als Hinweis auf einen »urgeschichtlichen Kalenderstein« gedeutet werden. Untersuchungen wiesen sie jedoch als Überbleibsel neuzeitlicher Steinschläger aus.
Bereits 1765 wird der Steintanz von der Bevölkerung als Opfer-, Kult- oder Gerichtsstätte bezeichnet. 1928 entstand die Hypothese, daß die Steinkreise eine astronomische Bedeutung gehabt hätten. Und noch heute sind sie eines der Lieblingskinder der Archäoastronomen. Der Doppelstein in Kreis 3 gilt als Visier, von dem Ortungslinien ausgehen. Immer wieder werden Vergleiche zum englischen Stonehenge gezogen.

**Zugang**
Von Schwerin die 104 Richtung Güstrow. Links nach Tarnow. An der Kirche links Richtung Boitin. Hinter dem Ortsausgang, an der Gabelung, rechts (Hinweisschild »Steintanz«). Im Wald 2 km, dort rechts des Weges die Steinkreise (Hinweisschild).

Die slawische Kultburg im Sternberger See

**Literatur**
H. Keiling, in: Reallexikon der Germanischen Altertumskunde, Bd. 5, Berlin/New York 1984
R. Müller, Der Himmel über dem Menschen der Steinzeit. Astronomie und Mathematik in den Bauten der Megalithkulturen, Berlin/Heidelberg/New York 1970

## Der tausendjährige Tempelort Groß Raden

Als die Archäologen am 14. Juli 1973 in Groß Raden den Spaten ansetzten, ahnten sie noch nicht, daß sie den bislang besterhaltenen Tempel der Nordwestslawen freilegen würden. E. Schuldt wurde zum Entdecker der ersten slawischen Tempelanlage im Gebiet südlich der Ostsee. Die Bauweise der 7 m x 11 m großen Kulthalle konnte in nahezu allen Einzelheiten untersucht und rekonstruiert werden.
Die Außenwände waren mit knapp 3 m hohen Bohlen aus Eiche verziert, die an ihrem oberen Ende stilisierte weibliche und männliche Köpfe trugen. Ferner wurde die kultische Bedeutung

Rekonstruierter slawischer Tempel von Groß Raden

der Halle durch den schmalen Umgang mit Geländer – gesäumt von Stelen – bestätigt: Umgangstempel sind auch aus dem keltischen Bereich bekannt.
Überdies fanden die Ausgräber beiderseits des Zugangs Stelen mit Köpfen, Pferdeschädel (Kultrösser!) und einen tönernen Pokal, »der ohne Zweifel bei kultischen Handlungen benutzt worden war. Für uns war er der Pokal eines Priesters.« So Ausgräber Schuldt.
Zum erstenmal war es der Archäologie gelungen, eines der Heiligtümer mit dazugehörigem Tempelort aufzufinden, von denen in den Annalen so ausführlich berichtet wurde. Dieser Tempelort des 9. Jahrhunderts konnte nahezu vollständig rekonstruiert werden.
Nach seiner Zerstörung im 10. Jahrhundert wurde die Kultstätte in die Burg verlegt, die auf der kleinen vorgelagerten Insel errichtet wurde. Das höchste Heiligtum der slawischen Warnower (Verband der Obotriten) war offensichtlich an diesen Ort am Sternberger Binnensee gebunden.
Eine solche Tempelburg ist aus dem 11. und 12. Jahrhundert

auch aus Arkona (s. S. 332 f.) überliefert. In Groß Raden führte ein nur 1 m breiter Stieg in das große Rund der Tempelburg. Offenbar durften nur Auserwählte das Heiligtum betreten.
Das Gelände des Tempelortes ist seit alters her im Besitz der Kirche. Schuldt zieht daraus Rückschlüsse auf die Bedeutung des Kultplatzes, da im Zuge der gewaltsamen Christianisierung der slawischen Bevölkerung im 11. und 12. Jahrhundert die zerstörten alten Kultstätten häufig von der Kirche in Besitz genommen wurden.
Tempelburg und Kulthalle sind hervorragend rekonstruiert und können in den Sommermonaten besichtigt werden.

**Zugang**
Von Schwerin die 104 Richtung Güstrow. In Sternberg Richtung Groß Raden. Freilichtmuseum (Hinweisschilder). Geöffnet: 1. 5.–31. 10., außer montags.

**Literatur**
E. Schuldt, Der eintausendjährige Tempelort Groß Raden, Museum für Ur- und Frühgeschichte Schwerin, Bd. 34, 1989

## Der Schälchenstein von Görnow

Der Deckstein des Großsteingrabes (Ganggrab) ist übersät mit Dutzenden von kreisrunden, künstlich von Menschenhand eingeschlagenen Vertiefungen. In diese wurden vermutlich Opfergaben der inzwischen bäuerlichen Bevölkerung gelegt: Getreidekörner, Milch, Honig. (Noch heute gibt es in Schleswig-Holstein Schalensteine, in die die Einwohner der Umgebung kleine Gaben wie Blumen und Geldstücke legen.)

**Zugang**
Von Schwerin die 104 bis Sternberg. Hier nach N bis Groß Görnow. Die Hünengrabstraße Richtung Klein Görnow. Brücke über die Eisenbahnlinie überqueren. Das Ganggrab befindet sich rechts der Straße auf einem Hügel (davor Feldweg). Am Grab Hinweisschild.

**Literatur**
E. Schuldt, Die mecklenburgischen Megalithgräber, Berlin 1972

# Die Kulthalle von Parchim

Auf der höchsten Stelle der jungslawischen Marktsiedlung bei Parchim wird zur Zeit eine Kulthalle freigelegt und rekonstruiert. Der Spaltbohlenbau von 12,6 m x 11,4 m Länge stand am Ende eines sorgfältig mit Stangen begrenzten Sandweges. Er ähnelt in seinem Grundriß dem Tempel von Groß Raden (s. S. 336 ff.). Auch hier gab es einen Umgang, wie wir ihn aus dem keltischen Bereich kennen.
Das Innere der Kulthalle war sauber mit Sand beschichtet. In der Mitte lagen große Steine. Die ausgegrabenen Pfostenreste weisen auf kräftige Pfähle in Steinpackungen hin (Götterbilder?). Auch am Zugang zum Tempel fanden sich Pfostenreste, dazu zwei Lanzenspitzen und eine Kastrierzange: Aus den alten Chroniken ist bekannt, daß weiße kastrierte Hengste beim Weissagen als Medium dienten, indem sie über Lanzen geführt wurden.
Um 1100 wurde die befestigte Marktsiedlung zerstört. Sie lag an einer wichtigen von Magdeburg an die Ostsee führenden Handelsstraße. Vom Chronisten Ebo wissen wir, daß in Verbindung mit dem Markt einst religiöse Feste »mit Vergnügungen, Schmausen und Götzenverehrung« abgehalten wurden.
Die Überreste der Anlage sind heute – nach ihrer Freilegung – gut zu erkennen. Zur Zeit finden hier Ausgrabungen statt.

**Zugang**
E 26 Hamburg–Berlin. Ausfahrt Neustadt-Glewe, 191 nach Parchim, hier östlich, am alten Wasserturm vorbei, Richtung Siggelkow bis zur Elde, vor der Brücke links am Ufer entlang. Nach gut 1 km zu Fuß halblinks durch das Wiesengelände nördlich des Dorfes Neuburg. Links vom Schilf ist der Ausgrabungsbereich mit der z. T. rekonstruierten Kulthalle. (Vorsicht: Auf der Wiese sind Bullen!)
Dieser im ehemaligen Moor wunderschön gelegene Ausgrabungsbereich ist unbedingt zu schützen!

**Literatur**
H. Keiling, in: Zeitschrift für Archäologie 19, Berlin 1985

## Die Fischerinsel im Tollensesee

Götter, Geister und Dämonen spielten eine wichtige Rolle im Leben der Slawen. Eines der eindrucksvollsten Zeugnisse ihres Kultes wurde auf der Fischerinsel im Tollensesee bei Neubrandenburg gefunden: ein doppelköpfiges Holzidol von gut 1,70 m Höhe, gearbeitet aus einem Eichenstamm. Mit diesem Götterbildnis aus einer Siedlung des 11./12. Jahrhunderts wurde zum ersten Mal ein mehrköpfiges hölzernes Kultbild nachgewiesen, wie es in mittelalterlichen Chroniken zuweilen beschrieben wird (s. Arkona, S. 332 f.).
Etwas südlicher: in der Lieps, auf der größten Insel, dem Hanfwerder, wurde ein Kultgebäude freigelegt.

**Zugang**
Von Berlin die E 251 nach N, Richtung Neubrandenburg. Ca. 14 km südwestlich von Neubrandenburg liegt linker Hand der Straße, am Südende des Tollensesees, die Fischerinsel. Das doppelköpfige Holzidol steht im Museum für Ur- und Frühgeschichte Schwerin.

**Literatur**
E. Gringmuth-Dallmer, A. Hollnagel, in: Zeitschrift für Archäologie 5, Berlin 1971

## Der Schloßberg bei Feldberg

Da geraten selbst die Archäologen ins Schwärmen: Einer der schönsten Plätze in Mecklenburg, meinen sie, sei dieser Geländesporn über dem Luzinsee. Dort befand sich während des 7./8. Jahrhunderts innerhalb einer befestigten Siedlung eine Kultstätte.
C. Schuchhardt vermutete auf dem Schloßberg gar das von Adam von Bremen und Thietmar von Merseburg überlieferte Heiligtum Rethra, die berühmte lutizische Tempelburg – die aber trotz 200jähriger Bemühungen bis heute nicht bestimmt werden konnte. Auch ohne gleich an die Akropolis zu denken, wie C. Schuchhardt es tat, diese Moränenkuppe liegt tatsächlich wunderschön im Waldgelände des Forstreviers Feldberger Hütte.

Reste des slawischen Burgwalls sind noch gut zu erkennen. Das als Kultstätte mit Tempel angesehene Gebäude war gegenüber der Siedlung durch einen flachen Graben abgegrenzt. Vor über 1000 Jahren führte von hier ein Pfad zu dem 27 m tiefer gelegenen See.

**Zugang**
Von Berlin E 251 nach N. In Fürstenberg nach O, Richtung Prenzlau. In Lychen nach N. Bei Feldberg, 2,4 km nordöstlich Ortsmitte, erhebt sich der Schloßberg über dem breiten Luzinsee (mit Steilhang zum See).

**Literatur**
J. Herrmann, Die Slawen in Deutschland, Berlin 1972

## Arbeitsbereich Potsdam

**Fundmeldungen**
Museum für Ur- und Frühgeschichte
Schloß Babelsberg
1502 Potsdam-Babelsberg

## Der Opferplatz von Buchow-Karpzow

Der Mühlenberg am Westrand der Wublitzniederung muß unseren Ahnen ein »von Natur aus« heiliger Platz gewesen sein. 1979 wurde der schon seit langem als Fundstelle neolithischer Kulturreste bekannte Platz ausgegraben. In neun Gruben mit dicker Brandschicht fanden sich neben der großen Menge tierischen Knochenbrandes auch unverbrannte Rinderkiefer, ein Halsring, eine Steinaxt, Tongewichte und Keramikscherben. Besonders diese Kombination läßt auf eine kultische Funktion der Stätte schließen. Die Opfergefäße wurden bewußt vor ihrer Niederlegung zertrümmert: Was den Göttern geweiht war, sollte der Mensch nicht mehr benutzen . . .
Östlich von Buchow-Karpzow wurde ein zweiter Opferplatz entdeckt. Direkt östlich einer Grabkammer, in der man zahlrei-

che Perlen aus Knochen und Bernstein fand, lag vor 4500 Jahren ein Kultplatz mit elf Opfergruben. Es kamen Überreste von mit Bernsteinperlen geschmückten Rindern, einer Trommel, Gefäßscherben, Beile und Amazonenäxte zum Vorschein.

**Zugang**

E 55 (westlicher Autobahnring Berlin), Ausfahrt Potsdam-Nord, nach NW, Richtung Wustermark; in Buchow-Karpzow 750 m nach N zum Mühlenberg.
Die Totenhütte mit Kultplatz und Gruben befand sich östlich des Ortes: nördlich des Weges nach Priort.

**Literatur**

F. Plate, in: Veröffentlichungen des Museums Potsdam 18, 1984

## Die slawische Kultstätte bei Saaringen

Von den ursprünglich über 100 slawischen Grabhügeln in der Niederung nördlich von Saaringen sind noch rund 40 erhalten. In dem am Westrand liegenden Rondell sieht J. Herrmann eine slawische Kultstätte. Die Hügel stammen aus der Zeit des 7. bis 9. Jahrhunderts.

**Zugang**

E 30 Hannover–Berlin. Ausfahrt Brandenburg. In Brandenburg nach NO, Richtung Nauen. Rechts der Straße liegt Saaringen. 0,6 km nördlich davon, am Westrand des Ortes, wurde das Hügelgräberfeld entdeckt.

**Literatur**

J. Herrmann, in: Archeologia Polski 16, 1971

## Die Opferschächte von Lossow

Bei Lossow, einem Vorort von Frankfurt an der Oder, kamen in bis zu 7,5 m tiefen Schächten Überreste von Menschen- und Tieropfern zum Vorschein. 60 solcher Opferschächte wurden in der »Schwedenschanze« am Fluß bisher entdeckt. Der Kultplatz der früheren Eisenzeit war durch Steilhänge und Abschnittswälle in Form eines unregelmäßigen Vierecks geschützt.

Die Menschen- und Tieropfer wurden zusammen mit Schmuck und Keramik vor ca. 2700 Jahren in die Schächte versenkt. Sowohl die Tiere (Rinder, Pferde, ein Hirsch, ein Schaf, ein Hund) als auch die Menschen waren zerstückelt worden, ehe man sie in die Tiefe warf.
Versenkungsopfer an unterirdische Mächte sind nachweisbar vom Fels- und Schachthöhlenkult in Naturhöhlen der Jungstein- und Bronzezeit – vorwiegend Jugendliche und Frauen wurden geopfert – über die Mooropfer der Germanen bis zu den künstlich ausgehobenen Opferschächten in den spätkeltischen Viereckschanzen, die bis zu 35 m tief waren. Auf Grund der Beigaben ist zu vermuten, daß hier weiblichen Gottheiten gehuldigt wurde, die es günstig zu stimmen galt.
Ähnlich wie die griechischen Göttinnen Demeter, Gäa, Hekate oder Persephone-Kore mag man sich auch die Gottheiten von Lossow als in Höhlen und Klüften wohnend vorgestellt haben. In den tiefen Erdschächten trat man mit ihnen in Verbindung und versuchte sie durch Opfer zum Wohl der Gemeinschaft zu beeinflussen. Auch den damit verbundenen Kannibalismus kennen wir aus der griechischen Mythologie (Tantalussage u. a.). Die Zerstückelung von Menschen und Tieren nach ihrer Tötung, aber vor ihrer Versenkung, läßt auf rauschhafte Erregungszustände unter dem Einfluß von Drogen schließen. (In Lossow wurde u. a. Schlafmohn nachgewiesen.)

**Zugang**

Von Berlin E 30 nach Frankfurt/Oder, Ausfahrt Frankfurt/Oder. Die 112 nach SO, Richtung Eisenhüttenstadt bis Lossow; 1,5 km östlich von Lossow, gleich an der Eisenbahnlinie Frankfurt–Guben, direkt am westlichen Oderufer. (Die Eisenbahn verläuft hier parallel.)
Die Opferschächte sind zwar zugeschüttet, die alten Wälle der »Schwedenschanze an der Steilen Wand« sind jedoch z. T. noch gut zu sehen.

**Literatur**

H. Geisler, Notbergung auf dem Burgwall bei Lossow. In: Ausgrabungen und Funde 14, 1969
S. Griesa, in: Beiträge zum bronzezeitlichen Burgenbau in Mitteleuropa, Berlin/Nitra 1982
G. Behm-Blancke, Zur Funktion bronze- und früheisenzeitlicher Kulthöhlen im Mittelgebirgsraum. In: Ausgrabungen und Funde 21, 1976

## Arbeitsbereich Halle

Mit Dank an Dr. D. Kaufmann und Dr. D. Müller

**Fundmeldungen**
Landesmuseum für Vorgeschichte
Richard-Wagner-Str. 9–10
4020 Halle

### Menhire bei Benzingerode

Geheimnisvoll majestätisch ragt dieses Prachtexemplar von Menhir fast 4 m inmitten einer Talebene in die Höhe. An seinem Fuß abgebrannte Feuer müssen von den ihn wie einen weiten Ring umgebenden Berghöhen aus großer Entfernung zu sehen gewesen sein.
Auf einer kleinen Kuppe – mitten im Acker – steht er an seinem ursprünglichen Platz. Stein und Umgebung wurden im Sommer 1938 von germanentümelnden Forschern untersucht. Das Landesmuseum Braunschweig führte die Grabung durch.
Einem Blankenburger Wünschelrutengänger wurde dabei Gelegenheit gegeben, seine Kunst zu beweisen. Im Beisein des Landesarchäologen Dr. Tode, eines weiteren Zeugen und eines Notars aus Blankenburg wurden die Ausschläge der Stahlrute vor der Grabung in einen Plan eingezeichnet. Die Wünschelrute schlug immer an denselben Stellen aus, auch wenn man dem Rutengänger die Augen verband und ihn ziellos herumführte. Obwohl die Grabungen an diesen Stellen »nichts Besonderes« ergaben, wurden »heilige Ortungslinien« in sie hineingeheimnist, an denen die lokale Überlieferung bis heute festhält.
(Mit Dank an Prof. R. Busch für die Hinweise)

**Zugang**
Die B 6 von Goslar Richtung Halle: über Bad Harzburg und Wernigerode nach Benzingerode. Dort am Ortsausgang links, Richtung Silstedt. Kurz nach der Abzweigung macht die Straße einen Bogen nach links. Hier aber

Der Menhir von Benzingerode

Der Königsstein: Teil der »Teufelsmauer«

den Schotterweg geradeaus fahren. Nach ca. 50 m rechts den Feldweg hinein, auf den Menhir zu, der von weitem sichtbar ist.

Etwa 1 km Luftlinie vom Menhir von Benzingerode entfernt steht an der alten Straße nach Derenburg – heute ein Feldweg – ein weiterer 3 m hoher Menhir, der sogenannte *»Hünenstein«*. Er wurde gegen 1866 an seinen jetzigen Standort gebracht: wahrscheinlich weil er beim Pflügen eines der umliegenden Äcker gestört hatte.

**Zugang**
Von Benzingerode kurz weiter auf der 6 Richtung Heimburg. Vor der über den Bach führenden Brücke nach links, dem Feldweg am Bach folgen, nach ca. 1 km steht nach einer Linkskurve linker Hand gleich am Weg der »Hünenstein«.

Ein dritter Menhir befindet sich auf dem alten Dorfplatz von *Börnecke,* der »Prinzenhöhe«. Er steht direkt am Rand einer Mauer, wirkt aber keineswegs so eindrucksvoll wie die beiden zuvor erwähnten.

**Zugang**
Weiter auf der 6 von Blankenburg Richtung Quedlinburg: links nach Börnecke.

**Literatur**
W. Schrickel, Westeuropäische Elemente im Neolithikum und in der frühen Bronzezeit Mitteldeutschlands, Leipzig 1957
J. Pätzold, Untersuchungen am Menhir von Benzingerode. In: Strena Praehistorica (Jahn-Festschrift), Halle 1948

## Der Königsstein bei Westerhausen

Ob bronzezeitliches Sonnenheiligtum oder nicht, ein schöner Platz ist diese von Weißdorn geschützte, von Birken umsäumte Hügelkuppe allemal. Ein schmaler Pfad führt um die Felsengruppe herum. Sie gilt als Teil der »Teufelsmauer«, einer Gesteinsaufwerfung, die südlich von Quedlinburg (linker Hand der Straße Thale–Quedlinburg) besonders beeindruckend ist. In den

Sonnenscheibe – Symbol eines bronzezeitlichen Sonnenkults

Felsen an der NO-Seite – im Volksmund wegen seines Aussehens »ruhendes Kamel« genannt – sind Scheiben von etwa 1,60 m Durchmesser eingeschlagen, die als Symbole eines bronzezeitlichen Sonnenkultes gewertet wurden.
Zwei etwa elfjährige Mädchen, die ich nach »den Scheiben« fragte, wußten gleich, was ich suchte: Wenn sie vormittags dort oben spielen, stecken sie einen Stock in das kleine Loch in der Mitte, »und so wissen wir, wie spät es ist«.
Den Hinweis auf diesen Platz fand ich im Quedlinburger Schloßmuseum, wo Symbole eines bronzezeitlichen Sonnenkultes ausgestellt und gedeutet werden: Radkreuze, Spiralen und Sonnenbarken. Die in den Felsen eingehauenen Scheiben sind demnach »höchstwahrscheinlich personifizierte Sonnengottheiten«. Etablierte Wissenschaftler bewerten das Ganze etwas distanzierter und schwächen deshalb ab: »Quedlinburger Heimatforscher vermuteten am Königsstein bei Westerhausen ein Sonnenheiligtum und sahen die großen, aus dem anstehenden Felsen herausgehauenen kreisrunden Sandsteinplatten als Sonnenscheiben an. Für diese Annahme haben sich aber bisher keine stichhaltigen Beweise erbringen lassen.«

**Zugang**
Von Börnecke Richtung Westerhausen. Linker Hand liegt die beeindruk-kende Felsgruppe auf einer Hügelkuppe. Die »Sonnenscheiben« befinden sich auf dem östlichsten Felsen an der NO-Seite.

## Das Fels- und Quellheiligtum bei Halberstadt

Einheimische erzählten mir, daß man früher Wasser aus der Ypsilanti-Quelle holte, wenn man »Brause« machen wollte. Es galt als besonders gesund.
Noch 1913 »sprudelten [dort] kleine unterirdische Vulkane kochend das Wasser hervor«, so eine zeitgenössische Beschreibung. Nach der Grundwassersenkung durch Bohrungen des Wasserwerks ist die Quelle versiegt. Aber der Quelltopf ist noch erkennbar, und der alte Stein mit dem eingemeißelten Namen steht nach wie vor oberhalb des ehemaligen Quellaustritts.
Der Prähistoriker Fritz Geschwendt sieht in der Mineralquelle, die in ein weites steinernes Quellbecken gefaßt ist, ein vorchristliches Quellheiligtum. Die beiden Felsgruppen nahe der Quelle werden schon lange als »vorgeschichtliches Sonnenheiligtum« gedeutet. Im Mittelalter wurde dort ein Kapellenraum eingemeißelt. Für Geschwendt ist die Nachbarschaft dieser bizarren – christianisierten – Felsen und der heilkräftigen Quelle ein Hinweis auf einen bedeutenden alten Kultbezirk.
Vergleichsmöglichkeiten gibt es in Fülle: vom Inselfelsen Mont Saint-Michel und seiner altverehrten Quelle bis zum zweigipfeligen Berg Diaphorti in Arkadien, der ein Heiligtum des Zeus trug und von wo sich ein heiliger Hain bis zu einer im Tal sprudelnden Quelle erstreckte, die einer Nymphe geweiht war.

**Zugang**
Von Westerhausen Richtung N. Kurz vor Halberstadt, vor dem Großsilo, linker Hand der Straße in die Schrebergartensiedlung folgen. Von der Parzelle »Molkengrund« führt hinter dem Einfamilienhaus rechter Hand der Straße ein schmaler Weg zu dem noch gut erkennbaren Quelltopf der Ypsilanti-Quelle.
Folgt man der Straße weiter, gelangt man zum Wasserwerk. Oberhalb liegt der sagenumwobene Klusfelsen: 350 m nach SW, von der Quelle aus gesehen. Die kleinere Felsengruppe daneben wird *»Teufelsstuhl«* genannt.

**Literatur**
F. Geschwendt, Ein Felsen- und Quellenheiligtum im Nordharzgau. In: Die Kunde, N. F. 22, 1971

## Der Lehof von Quedlinburg

Der Bronzeschatz im Schloßmuseum von Quedlinburg stammt vom Lehof, einer Erhebung am nördlichen Stadtrand. Die Gegenstände, die hier an beherrschender Höhe am Rand der Bodeaue vor 3000 Jahren deponiert wurden – Ringe und Ketten, Schwert, Meißel und Sichel – deuten auf Weihegaben an eine Gottheit hin, zumal Siedlungsreste fehlen. Der Lehof dürfte also ein altes Bergheiligtum gewesen sein, an dem Opfer niedergelegt wurden.

**Zugang**
Die 6 Bad Harzburg–Halle: In Quedlinburg stadtauswärts nach N., am Kreiskrankenhaus vorbei. Der zweite Weg nach links führt auf den Fels zu, der steil nach NO abfällt.

Südwestlich von Quedlinburg, bei *Thale,* befinden sich der sagenumwobene *Hexentanzplatz* und die *Roßtrappe* (Wegweiser). Der Abdruck des »hurtigen Rosses«, auf dem des Harzkönigs Tochter vor dem Riesen Bodo geflohen sein soll, ist tief in den Felsen eingegraben. Da die Delle künstlich eingemeißelt ist, wird der Stein als alter Opferstein angesehen, die Sage als Tradierung einer ursprünglich kultischen Stätte und die Wallanlage der Roßtrappe als vorgeschichtliches Heiligtum gedeutet.

**Zugang**
Thale, Kr. Quedlinburg, Bez. Halle. Schon Straßenzufahrtsschilder.

**Literatur**
D. Schünemann: Die »Alte Taufe« auf dem Deister in Niedersachsen und die »Opferschale« auf dem Maimont bei Lembach im Elsaß – zwei prähistorische Objekte? In: Die Kunde, NF 40, 1989
Ders., Bemerkungen zur »Roßtrappe« bei Thale im Harz. In: Jahresschrift für mitteldeutsche Vorgeschichte, Bd. 74, 1991 (im Druck)

## Die Gegensteine von Ballenstedt

Auch der Schatzfund vom Großen Gegenstein wird in einem kultischen Zusammenhang gesehen. Der Große und der Kleine Gegenstein, zwei Bergkuppen nordwestlich von Ballenstedt, trugen bronzezeitliche Höhensiedlungen, deren Wälle noch zu erkennen sind. Die Menschen hatten sich dafür die landschaftlich imponierendsten Plätze der ganzen Umgebung ausgesucht.

**Zugang**
Von Thale über Gernrode nach O, Richtung Ballenstedt. Dort 2 km nach NW

**Literatur**
B. Schmidt, W. Nietzschke, in: Ausgrabungen und Funde 22, 1977

## Das Ringheiligtum von Quenstedt

Nach der neuesten $C^{14}$-Datierung ist die Kultstätte bei Quenstedt 6000 Jahre alt. Die ehemalige Rondellanlage (s. Rekonstruktionsversuch) ist noch als Bodenverfärbung auf dem Gipfelplateau der »Schalkenburg« erkennbar.
Das »erste neolithische ›Woodhenge‹ in Mitteleuropa«, wie es die Ausgräber Hermann Behrens und Erhard Schröter nennen, bestand aus fünf ovalen Ringen: Pfosten, die parallel zueinander im Abstand von 5 bis 6 m in den Boden gerammt waren. Der größte Durchmesser lag bei knapp 100 m. Etwa 5000 Baumstämme sind für den Bau der Pfostenanlage verwendet worden. In der Ausrichtung der drei »Eingänge« (wovon einer zum Steilhang führt, also nicht als Eingang benutzt worden sein kann) werden astronomische Überlegungen der Erbauer gesehen: Mitarbeiter des Raumflugplanetariums Halle nahmen astronomische Vermessungen vor. Sie verschoben bei ihren Berechnungen den beweglichen Himmelsnordpol um 6000 Jahre zurück und kamen zu dem faszinierenden Ergebnis, daß die »Eingänge« als Visurlinien zur Himmelsbeobachtung genutzt worden sein können, die Tore also Zeitmarken im Jahreslauf waren.

Das Ringheiligtum von Quenstedt, der bedeutendste jungsteinzeitliche Kultplatz in der DDR, lag erhaben auf einem in der Landschaft aufragenden Bergsporn.

**Zugang**

Von Quedlinburg die 6 Richtung Halle bis Aschersleben, hier nach S bis Quenstedt. Auf der 180 etwa 500 m nach S. Dann 100 m nach Westen bis zum einzelstehenden Gehöft. Der Weg von dort Richtung NW führt auf den Bergsporn »Schalkenburg« zu, eine tafelbergähnliche Höhe mit dreiseitigem Steilhang.

**Literatur**

H. Behrens, Ein hohes Radiokarbondatum für ein mitteldeutsches neolithisches Woodhenge. In: Archäol. Korrespondenzblatt 14, 1984
H. Behrens u. E. Schröter, Das erste neolithische »Woodhenge« in Mitteleuropa. In: Das Altertum 25, 1979
E. Schröter, Die »Schalkenburg« bei Quenstedt, Kreis Hettstedt, eine frühneolithische Rondellanlage. In: Religion und Kult in ur- und frühgeschichtlicher Zeit, Berlin 1989

# Die Queste bei Questenberg

Im Kreis Sangershausen sind bei Questenberg die Wälle einer vorgeschichtlichen Wallburg im Gelände noch gut zu erkennen. Auf der höchsten Felsenklippe steht das Lebensbaumsymbol, ein 10 m hoher Eichenstamm, der heute noch zu Pfingsten

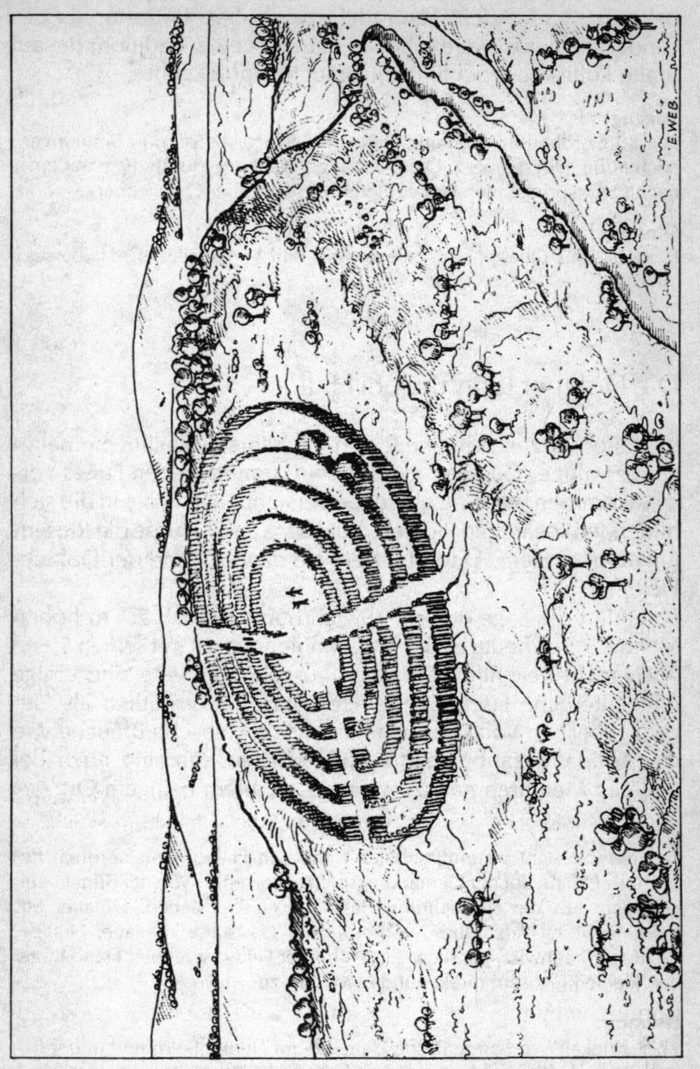

Rekonstruktionsversuch des Ringheiligtums von Quenstedt

bekränzt wird. Auch wenn nicht beweisbar: Prähistoriker des Landesmuseums Halle sehen in dem Fest eine Tradition, die auf uralte kultische Fruchtbarkeitsbräuche zurückgeht.

**Zugang**
Die 80 Nordhausen Richtung Halle. Vor Sangershausen, in Bennungen, nach N bis Questenberg. Die ehemalige Wallburg Queste liegt auf einer nach O vorspringenden Höhe, gleich westlich über Questenberg.

**Literatur**
E. Kiehl, Das Questenfest – Gegenwart und Vergangenheit, Halberstadt 1990

## Die Dölauer Jungfrau bei Halle

In grauer Vorzeit soll eine Riesin nach ihrem Einkauf einmal in ein gewaltiges Gewitter geraten sein; um trockenen Fußes voranzukommen, warf sie die soeben erstandenen Brote in die sich bildenden seeartigen Pfützen. Zur Strafe dafür wurde die Riesenjungfrau zu Stein. Und nun steht sie da, am Rand der Dölauer Heide.
So erklärt die Sage den im 19. Jahrhundert noch 7,5 m hohen Menhir. Auch heute ist der Braunkohlenquarzit mit seinen 5,8 m noch recht beachtlich. In seine ausgehöhlte Seite sind einige mittelalterliche Eisennägel eingeschlagen: vermutlich als Gegenzauber. Im Volksglauben haben sich kultische Bräuche wie der Antipathiezauber hartnäckig gehalten. Sie sind auch bei anderen Menhiren nachzuweisen – an altem heiligem Ort.

**Zugang**
Der Menhir steht in unmittelbarer Nähe von Halle: 1 km nördlich des Ortsteils Dölau, auf der Gemarkungsgrenze zu Lettin. Von der Burg Giebichenstein aus die 80 Richtung Halle–Neustadt–Eisleben. Dölauer Str. links, Richtung Salzmünde, vorbei an der Gaststätte »Dölauer Heide«, Richtung Brachwitz; nach ca. 1 km führt der Feldweg rechter Hand hinter den kleinen Häusern direkt auf den Menhir zu.

**Literatur**
W. Schrickel, Westeuropäische Elemente im Neolithikum und in der frühen Bronzezeit Mitteldeutschlands, Leipzig 1957

Der Menhir »Dölauer Jungfrau« bei Halle

## Der Petersberg bei Petersberg

Als Bergheiligtum aus slawischer Zeit wird die das Land überragende Kuppe im Saalkreis heute angesehen. Die Wallanlagen auf der N-Seite sind noch gut zu erkennen.
Die Sage weist auf die ursprüngliche Bestimmung hin: Der Teufel sei hier ausgetrieben worden, hat man im Mittelalter gemunkelt. Und flugs baute man eine Klosteranlage auf den Berg.
Einen weiteren Hinweis auf ein vorchristliches Bergheiligtum gibt der Name: Peters- oder Michael-(Michels-)berge sind immer stark verdächtig, heidnische Kultstätten gewesen zu sein. Sie wurden dann durch die christliche Kirche übernommen und unter dem Zeichen des Kreuzes umfunktioniert.
Der Menhir auf der Rückseite des Landesmuseums Halle stammt aus *Krosigk* am Petersberg.

**Zugang**
Von Halle nach N, Richtung Köthen. Der Ort Petersberg liegt am Hang des Petersberges.

**Literatur**
P. Grimm, Die vor- und frühgeschichtlichen Burgwälle der Bezirke Halle und Magdeburg, Berlin 1958

## Die Dolmengöttin von Langeneichstädt

Seine Venus nennt Detlef Müller scherzhaft die von ihm ausgegrabene steinerne Göttin. Und sie ist tatsächlich besonders schön. Eine Sternstunde im Leben eines Vor- und Frühgeschichtlers muß es gewesen sein, als dieser Fund im Frühjahr 1987 beim Abheben der Decksteine einer Grabkammer zum Vorschein kam. Mit 1,76 m erreicht die Menhirstatue, die hier ihre Zweitverwendung gefunden hatte, heutige Menschengröße. Tiefe Einritzungen lassen das stark stilisierte Bild einer weiblichen Gottheit erkennen. Der untere Teil des oval bearbeiteten und geschliffenen Menhirs wird auch als Phallussymbol gedeutet: Die Statue könnte also ein androgynes Wesen symbolisiert

haben. Auf dem Scheitel sitzt ein sauber herausgearbeitetes Schälchen, wie wir es von den Schalensteinen kennen. Die aus dem Mittelalter bekannten Wetzrillen (Sympathiezauber) sind hier bis ins Neolithikum zurückzuverfolgen.
Die Verwendung der Statue beim Bau des Steinkammergrabs sollte vermutlich die Bestatteten durch den Kontakt mit dem Menhir, der mit der Bildseite dem Grabraum zugewandt war, aufwerten und magisch stärken. »Dies gemahnt«, so Ausgräber Müller, »an den Zusammenhang eines solchen Kultbildes mit der Welt der Lebenden und Toten zugleich und erinnert in einzigartiger Weise daran, daß die unterirdischen Mächte auch jene der Fruchtbarkeit waren.«
Die Menhirstele mit der Dolmengöttin steht nun im Museum Halle. Die megalithische Grabkammer jedoch, in deren Eingangsbereich Schmuck, Trommeln, durchbohrte Tierzähne und Keramik (Opferungen) gefunden wurden, ist noch im Gelände zu besichtigen.

**Zugang**

Von Halle Richtung SW über Bad Lauchstädt, Schafstädt nach Langeneichstädt. Neben der »Eichstädter Warte«, einem weithin sichtbaren mittelalterlichen Wachtturm, stößt man auf das Megalithgrab.

**Literatur**

D. Müller, Grabkammer vom mitteldeutschen Typ mit Menhir von Langeneichstädt, Kreis Querfurt. In: Ausgrabungen und Funde 33, Berlin 1988
Ders., Jungsteinzeitliches Steinkammergrab an der »Eichstädter Warte« bei Langeneichstädt, Kreis Querfurt. In: Querfurter Heimatkalender 1989/90

## Die Trojaburg von Steigra

»Die Trojaburgen lassen Beziehungen zur Sonnenverehrung und zum Götterkult erkennen. Trojaburg nennt man die zu spiraligen Labyrinthen um eine erhöhte Mitte geordneten Steinsetzungen der Bronzezeit. Auch kultische Begehungen auf heiligen Bergen sind uns vielleicht in diesen Steinen überliefert.
Die Trojaburg bei Steigra, wohl die einzige erhaltene, blieb der Zerstörung entzogen, weil die Bauern jährlich um Ostern die Ringe neu aufsteckten.« Soweit das »Wörterbuch der deutschen

Volkskunde« von 1936. Noch heute werden von der Bevölkerung die im Rasen zu einer Spirale ausgelegten Steine gepflegt. Flurumgänge haben in der Gegend um Steigra bis in unsere Zeit stattgefunden. Irrgärten sind alte Kultdenkmale: Aus dem Innern der Labyrinthe wurde die vom Winter gefangengehaltene Sonne befreit.
Eine Nachbildung des Rasenlabyrinths von Steigra befindet sich an der Rückseite des Landesmuseums für Vorgeschichte in Halle.

**Zugang**
Von Langeneichstädt fährt man Richtung Nebra. Am nördlichen Stadtrand von Steigra liegt das Rasenlabyrinth (Hinweisschild).

**Literatur**
Wörterbuch der deutschen Volkskunde, Stichwort »Trojaburg«, Leipzig 1936

## Die Kannibalenhöhlen im Kyffhäuser

Der Traum des jungen Prähistorikers und Völkerkundlers Behm-Blancke ging in Erfüllung: so ein richtiges Heiligtum im sagenumwobenen Kyffhäuser zu entdecken, dem Berg, in dem der alte Kaiser Barbarossa sitzt (s. S. 56 ff.). Zusammen mit der germanischen Kultstätte von Oberdorla (s. S. 362 f.) war die Erforschung der Höhlen von Bad Frankenhausen wohl der Höhepunkt im archäologischen Leben des achtzigjährigen Professors, der immer noch jeden Tag an seinem Schreibtisch im Weimarer Ur- und Frühgeschichtsmuseum sitzt.
Das »uralte Kannibalennest«, das er ausgrub, besteht aus 20 Höhlen und Spalten, in denen Opfergaben lagen. Behm-Blancke gelang es nachzuweisen, daß hier vor rund 3000 Jahren Menschen aus religiösen Gründen Menschen opferten: die höchste Gabe an die Gottheit, die es gnädig zu stimmen, zu versöhnen galt.
Doch ihm gelang noch ein weiterer Nachweis: Die geopferten Menschen wurden von der Kultgemeinde rituell verzehrt. Vorwiegend gebraten, zum Teil auch gekocht. Die zahlreichen Menschenknochen mit Schnitt- und Brandspuren stammen

überwiegend von Kindern und Jugendlichen. Über hundert Menschen sind hier den verehrten Mächten dargebracht worden. Mit Keulen und Beilen getötet, mit Bronzemessern in einzelne Teile zerlegt. Der sakrale Kannibalismus vereinigte die Gottheit und ihre Kultgemeinde im heiligen Mahl, das auf den Vorplätzen der Höhleneingänge stattfand.

Über viele hundert Jahre war dieser Kultbezirk im Kyffhäuser für die Bewohner Thüringens, des Harzes, Hessens und des Salinengebietes um Halle von zentraler Bedeutung, die erst mit dem Vorstoß der Germanen endete.

Priester(innen) müssen die Kulthandlungen geleitet haben, in denen nach dem rituellen Opfermahl die Knochen der verzehrten Menschen feierlich in die Höhlenspalten versenkt wurden; zusammen mit Spinnwirteln, Nadeln, Schmuck, nach der Ernte geschnittenem Stroh, Fackeln, geschnitzten Holzstäben, Salz, geröstetem Getreide und schnurartig zusammengedrehten Menschenhaaren.

Im Mittelpunkt dieses Zentralheiligtums eines größeren Stammes stand eine nur von Fackeln zu erhellende Höhle tief im Innern des Berges. Die Funde bezeugen »eigentümliche Riten« zur Verehrung von zwei weiblichen Wesen, die eine heilige Einheit bildeten.

(Vgl. Demeter/Kore mit ihrem reinen Frauenfest, die dann in den Mysterien von Eleusis verehrt wurden.)

**Zugang**

An der Westseite des Kosakenbergs, 2,5 km nordwestlich von Bad Frankenhausen

Die 80 Halle–Nordhausen. In Sangershausen nach Bad Frankenhausen. Straße Richtung Sondershausen, 900 m nach Ortsausgangsschild Kreuzung mit Feldweg (links graues Gehöft). Hier nach rechts, an der einzelstehenden hohen Kastanie vorbei. 800 m dem Weg folgen. Die Eingänge zum Höhlensystem liegen hinter einer scharfen Rechtskurve rechter Hand im Steilhang unterhalb des Plateaus.

Vorsicht! Gefährlich!

**Literatur**

G. Behm-Blancke, Höhlen – Heiligtümer – Kannibalen, Leipzig 1958

Ders., Heiligtümer, Kultplätze und Religion. In: Archäologie in der Deutschen Demokratischen Republik. Leipzig/Jena/Berlin 1989

## Arbeitsbereich Dresden

Mit Dank an Prof. Dr. W. Coblenz und Dr. R. Spehr

**Fundmeldungen**
Landesmuseum für Vorgeschichte
Japanisches Palais
8060 Dresden

### Der Burzelberg bei Hohburg

Auf dem waldreichen Burzelberg müssen schon früh Menschen gesiedelt haben. Seine Steilhänge boten relative Sicherheit und die beiden hochliegenden Quellen ideale Lebensbedingungen. Etwa 360 v. Chr. wurde um die Stammburg der latènezeitlichen Bevölkerung ein Ringwall aus Steinen und Eichenbalken errichtet, der entlang des gerodeten Plateaus führte und auch die Quellen schützte.
Für eine von ihnen war ein ovales Wasserbecken in den Felsen geschlagen worden, zu dem eine Steintreppe hinabführte. Bei der N-Quelle fand man in einer tiefen Grube zahlreiche Pferdezähne. Weitere Gruben mit Brandopfern deuten auf kultische Handlungen hin. (Vgl. Opferschächte in den spätkeltischen Viereckschanzen zwischen Böhmen und der Bretagne etwa aus derselben Zeit.)
Man kann davon ausgehen, daß der Burzelberg in der Spät-Latènezeit nicht mehr als Siedlung, eher als Versammlungs- und Ritualort gedient hat.

**Zugang**
Von Leipzig die 6 nach O, Richtung Dresden. In Wurzen Richtung NO bis Hohburg. Der Burzelberg befindet sich 2 km nördlich von Hohburg, am N-Rand der Hohburger Berge.

**Literatur**
R. Spehr, in: Ausgrabungen und Funde 26, 1981

## Der Berg Oybin

Traumhaft liegt sie, diese bronzezeitliche Wallanlage mit der Kloster- und Burgruine auf steiler Felsenhöhe.
Bereits 1827 hat K. Preusker auf den Berg mit dem so geheimnisvollen Namen als vermutlichen Opferplatz hingewiesen. Die Funktion als Kultplatz ist zwar archäologisch bisher nicht nachgewiesen worden, doch muß es sich um eine „von Natur aus" heilige Stätte gehandelt haben. Auch Sagen lassen darauf schließen, daß sie für unsere Vorfahren eine besondere Bedeutung besessen haben mag.
Nicht weit von hier, an den *Thomassteinen*, sind Felszeichnungen entdeckt worden.

**Zugang**
Von Dresden Richtung O auf der 6, 98, 96 bis Zittau. Dort nach SW bis Oybin, am westlichen Ausläufer des Ortes bergan.

**Literatur**
K. Preusker, Oberlausitzische Alterthümer, Görlitz 1827
R. Moschkau, in: Beiträge zur Völkerforschung, Leipzig 1961

## Der Schafberg bei Löbau

Die Befestigung auf dem Löbauer Berg aus derselben Zeit und Kultur wie Oybin sieht W. Coblenz im gleichen Zusammenhang. Doch auch hier kann eine Kultstätte, ein ehemaliges Bergheiligtum, nur vermutet werden. Archäologisch festgestellt wurde eine durch einen Steinwall befestigte Bergsiedlung.
Ein Wall mit Tor und Terrasse sowie bastionsartige Felsgruppen umgeben das 5,2 ha große Gipfelplateau. An seinem Rand entspringen mehrere Quellen; im Innern befindet sich eine künstlich ausgebaute Zisterne.

**Zugang**
Von Dresden Richtung O; die E40 über Bautzen bis Löbau. Von dort auf die nordöstliche Kuppe des Löbauer Berges, auf den Gipfel des Schafbergs.

**Literatur**
Persönliche Mitteilung von Prof. Coblenz
K. Simon, T. Gerlach, in: Ausgrabungen und Funde 32, 1987

## Arbeitsbereich Weimar

Mit Dank an Prof. Dr. G. Behm-Blancke und W. Gall

**Fundmeldungen**
Museum für Ur- und Frühgeschichte
Humboldtstr. 11
5300 Weimar

### Die germanische Kultstätte von Oberdorla

Das Arbeitszimmer des »Entdeckers« dieses großen germanischen Seeheiligtums ist nicht gerade klein. Aber einen leeren Platz in DIN-A-4-Größe zu finden, um auf einem Block Notizen machen zu können, ist schier unmöglich: Jeder Zentimeter ist mit Styroporplatten bedeckt, jede Platte ein Heiligtum – Modelle von Opferstätten, die der Weimarer Professor Behm-Blancke im Moor von Oberdorla ausgegraben hat. Und davon gab es – seinen eigenen Angaben zufolge – 90!
Seinen bedeutendsten Fund nennt er dieses germanische Pantheon: Seit 25 Jahren arbeitet er an der umfassenden wissenschaftlichen Veröffentlichung des Fundkomplexes, das die Symbole und Heiligtümer vieler germanischer Gottheiten in sich barg. Allein 60 verschiedene hölzerne Idole konnte er bergen; darunter eine gut erhaltene, 6 m hohe hölzerne Säule, eine Irminsul.
Im 6. Jahrhundert v. Chr. wurde die Kultstätte eingerichtet. Aus dieser Zeit ist das Idol einer Göttin mit graviertem Halsreifen erhalten. Auf einem Feueraltar, der von einem halbrunden Wall umgeben war, wurden im Frühjahr Speiseopfer dargebracht: Gaben an die Fruchtbarkeitsgöttin. Daneben befand sich ein

Hunderte von Kröten »bewachen« den Schilfgürtel im germanischen Seeheiligtum von Oberdorla

umwalltes Rundheiligtum, in dessen Zentrum vor einer Steinstele Ziegen geopfert wurden.
Weitere Opferstätten mit Idolen und Altären waren durch Ruten abgegrenzt.
Vor Christi Geburt bildete sich im heiligen Moorgebiet (durch Erdfall) über Nacht ein kleiner See – ein Vorgang, der den Menschen damals als göttliches Zeichen erscheinen mußte. Dieser »heilige See« wurde für die nächsten Jahrhunderte das religiöse Zentrum des gesamten germanischen Gaus. Am Ufer des Sees gab es zahlreiche Heiligtümer, die durch die erhaltenen Holzteile gut rekonstruiert werden konnten. Auch die kultischen Handlungen der Priester(innen) im »Tempel der Götter« lassen sich nachvollziehen. Neben Kultmahlzeiten, Speise- und Tieropfern konnten auch Menschenopfer nachgewiesen werden: an einer Opferstätte (Nordseite des Heiligtums), die dem Kriegsgott geweiht war. Es war die Zeit der Auseinandersetzungen zwischen Hermunduren und Chatten. An der Werra lieferten sich die beiden Stämme erbitterte Kämpfe, über die Tacitus berichtet hat.

Am Rand des »heiligen Sees«: die alte Gerichtsstätte von Oberdorla

Keltische und römische Einflüsse prägten die Götterverehrung in den nächsten Jahrhunderten. In einem isolierten großen Heiligtum wurde eine Göttin verehrt, die mit der römischen Diana verglichen werden kann. Im 3. Jahrhundert wurden ihr Hirsch, Eber und Wildvögel geopfert. Auch einen Sarg mit dem Skelett eines Mädchens hat man gefunden: offenbar eine Priesterin der Göttin.

Im 4. Jahrhundert wurde das »Diana«-Heiligtum zerstört und im 5. Jahrhundert durch zwei Schiffsheiligtümer abgelöst. Vermutet wird ein Zusammenhang der Kultschiffe (mit Opfergaben), die Richtung Sonnenaufgang weisen, mit dem Auftauchen der Angelsachsen in Thüringen. (Vgl. das germanische Heiligtum von Damp in Angeln mit seiner noch heute gut erkennbaren Schiffssetzung).

Noch im 10. und 11. Jahrhundert hat die einheimische Bevölkerung hier an alter heiliger Stätte ihre Opfer dargebracht, obwohl diese Gegend längst als christianisiert galt. Die christliche Kirche antwortete auf dieses zähe Beharren im Heidentum mit der Errichtung eines Archidiakonats in Oberdorla, was auf die Bedeutung des Kultplatzes schließen läßt.

**Zugang**

Von Eisenach Richtung N. Kurz vor Mühlhausen (linker Hand Oberdorla) rechts nach Niederdorla abbiegen. Links vom Weg liegt – von einem Schilfgürtel umgeben – das abgetorfte Moor mit dem kleinen See.

**Literatur**

G. Behm-Blancke, Das germanische Tierknochenopfer und sein Ursprung. In: Ausgrabungen und Funde, 10, 1965

Ders., in: Die Germanen, Berlin 1976

Ders., Heiligtümer, Kultplätze, Religion. In: Archäologie in der Deutschen Demokratischen Republik, Leipzig / Jena / Berlin 1989

(Das in früherer Literatur als Seeheiligtum von Niederdorla bezeichnete Moor gehört heute zu Oberdorla).

Der Menhir von Buttelstedt

## Der »Wetzstein« bei Buttelstedt

Zwei Riesen schlugen auf benachbarten Bergen Heu. Aber der eine hatte seinen Wetzstein vergessen. Als seine Sense stumpf wurde, rief er dem anderen Riesen zu, er möge ihm seinen Wetzstein leihen und ihn herüberwerfen. Der tat wie geheißen, doch er zielte zu kurz. Der Wetzstein blieb mitten im Acker stecken. Und da steht er noch heute. Auch wenn der Menhir inzwischen an den Rand der Fernstraße nach Weimar gerückt ist.

**Zugang**
Von Weimar die 85 Richtung Bad Frankenhausen. 600 m hinter dem Ortsausgang Buttelstedt steht der Menhir linker Hand an der Straße.

**Literatur**
Hinweis von Dr. D. Müller, Halle

## Der Opferplatz von Oelknitz

Auf dem Sandberg, nordöstlich von Oelknitz, wurde vor 10 000 bis 12 000 Jahren ein »Herr« oder eine »Herrin der Tiere« verehrt. Damit der Jagdglückspender auch fleißig Hilfe bei der Jagd leistete, wurden ihm in der Freilandsiedlung auf der kleinen Terrasse über der Saale-Aue Opfer gebracht: stilisierte Frauenfigürchen aus Elfenbein, als Phallus markierte Steine, Geröll mit Einritzungen, die wohl Pferde, Fisch und Zwitterwesen symbolisierten.
Zwischen den Zelten aus zusammengenähten Pferdefellen befanden sich ein Opferplatz mit Stele und zahlreiche kleine Gruben, wovon einige vermutlich Opfergruben waren.
Inmitten der Siedlung lagen noch zwei säulenförmige Sandsteinblöcke. In den einen war ein Wildpferd eingeritzt, in den anderen eine große Vulva. Die eiszeitlichen Wildpferdjäger verehrten hier in einem Kultbezirk die »Mutter der Tiere«.

**Zugang**
E40 Weimar–Dresden, Ausfahrt Jena. Dort nach S bis Rothenstein. Da Bahnübergang zum Ortsteil Oelknitz gesperrt, weiter die 88 Richtung Rudolstadt. Links nach Schöps abbiegen und bis Jägersdorf fahren. Dann links, 2 km bis Oelknitz. Hinter Ortsausgangsschild Feldweg rechts, wieder rechts. Am Fuß des bewaldeten Abhangs entlang bis zum Ende des befahrbaren Wegs. Linker Hand Sandberg. Von dort führt ein Fußpfad über den kleinen Bach bis zur Terrasse (mit der alten roten Ausgräberhütte).

**Literatur**
Die Ergebnisse der Ausgrabungen sind – bis auf die Beurteilung des Knochenmaterials durch R. Musil – noch nicht veröffentlicht.

## Der Bärenkeller von Garsitz

Für eine Besiedlung erscheinen die Bedingungen in der 25 m langen Tropfsteinhöhle denkbar ungünstig. Die Menschen, die vor rund 12 000 Jahren die Höhle begingen und zahlreiche Gegenstände im hintersten Teil deponierten, suchten den Bärenkeller offenbar aus kultischen Motiven auf.

Ein Frauenfigürchen aus Elfenbein stand an einem kleinen Feuer tief im Innern der Höhle. Zu Füßen des Idols lagen Holzkohlestückchen, Scherben, Tierknochen sowie Feuersteinmesser und -spitzen, Speere und Stäbe aus Elfenbein und Rengeweih. Die Tierreste vor der Kulthöhle sind wohl als Überbleibsel von Opfermahlzeiten der Jäger und Sammler zu deuten.

**Zugang**

Von Weimar die 85 nach S bis Rudolstadt. Die 88 nach W bis Königsee, ausgeschildert bis Garsitz. Geradeaus, »Auf dem Gebörne«, befindet sich die Bärenkellerhöhle (Zwergenloch) an einem steilen Hang, wenige Meter unterhalb der Hochfläche.
Landschaftlich sehr schön. Der Eingang zur Höhle ist abgesperrt. Schlüssel in Garsitz.

**Literatur**

R. Feustel, in: Alt-Thüringen 11, 1970/71
D. Walter, Thüringer Höhlen und ihre holozänen Bodenaltertümer, Weimar 1985

# Anhang

# Zeittafel der Kult(ur)stufen

(Ungefähre Daten, in Norddeutschland sind die einzelnen Stufen zeitlich später anzusetzen.)

Jungpaläolithikum **(Altsteinzeit):**
bis etwa 10000 v. Chr.
Jäger und Sammler. Jagdzauber und Bildmagie, Verehrung eines höchsten Wesens als Jagdglückspender; kultische Deponierungen in Höhlen, Flüssen und Teichen; Höhlenmalereien, Plastiken, jagdzauberische Idole.

Mesolithikum **(Mittelsteinzeit):**
etwa 10000 bis etwa 6. Jahrtausend v. Chr.
Ende der Eiszeit, umherziehende Jägerhorden, Fischer, erste Kulturen mit Bodenanbau und Tierzucht. Weiterhin kultische Versenkungen als Jagdopfer der Renjäger; Kultpfähle, schematisierte Tier- und Menschenbilder und -plastiken; kreis- und strahlenförmige Zeichen an Felswänden (Ahnen- und Totengeisterkult?).

Neolithikum **(Jungsteinzeit):**
etwa 6. Jahrtausend bis etwa 2000/1800 v. Chr.
Bauern und Hirten, im Norden weiterhin Jäger. Bäuerliche Fruchtbarkeitsriten (im Orient Kult der Großen Göttin, der Erd- und Muttergöttin); Jahreskreisfeste mit Umzügen und Opferfeiern, Niederlegung von Weihegaben zur Fruchtbarkeit von Menschen, Tieren und Pflanzen an naturheiligen Orten; weibliche Statuetten (Ahnmütterkult?); Erdwerke mit Wall und Graben als zeremonielle Einhegungen; blutige und unblutige Höhlenopfer, ritueller Kannibalismus in Schachthöhlen; Steinkult: Menhire, Steinkreise- und alleen (Megalithkultur als Ahnen-, Himmels-, Sonnenkult?); vermutlich hochentwickelter Priesterstand.

**Bronzezeit:**
etwa 2000/1800 bis etwa 750 v. Chr.
Aufblühen von Handwerk und Handel. Fortgesetzte Verehrung naturheiliger Orte, Schachthöhlenkult und Versenkungsopfer: kultische Deponierungen in Höhlen, Flüssen und Mooren, an Quellen und auf Bergen; neu: Brandopfer von Tieren, die sich zusammen mit zerbrochenen Tongefäßen zu Aschenaltären auftürmen können (Brandopferplätze); Geschirropfer an heiligen Felsen; Schalensteine.
Ab der Bronzezeit verschiedene Kategorien der Verehrung und des Opfers, die erst im Laufe des Frühmittelalters durch das Christentum verdrängt und verboten – aber nicht beseitigt – wurden.

**Vorchristliche Eisenzeit:**
etwa 750 v. Chr. bis Christi Geburt
In Süddeutschland keltische, in Norddeutschland (schon germanische?) Stämme mit hochentwickeltem Priesterstand. Weiterhin Quell-, Fluß- und Mooropfer, heilige Haine, Felsen und Berge, Schalensteine, Brandopferplätze der frühen Kelten. Ab dem 5. Jahrhundert v. Chr. keltische »Viereckschanzen«.

**Nachchristliche Eisenzeit:**
ab Christi Geburt
Weiterhin Moor-, Quell-, Fluß- und Bergheiligtümer und heilige Haine. Wieder Brandopferplätze keltischer Tradition in Süddeutschland; neu: steinerne gallorömische Umgangstempel, große steinerne Kultbezirke an den alten naturheiligen Orten, Heiligtümer der keltisch-germanischen Muttergöttinnen.
Nach der Völkerwanderungszeit Einwanderung der *Slawen* in das wohl von den Germanen zu großen Teilen verlassene Gebiet zwischen Elbe und Oder. Zum Teil Übernahme der germanischen Kultstätten; Gebete, Opfer, magische Handlungen, Opferpriester und Wahrsager, heilige Bäume, Haine, Berge, Wasser, Steine; zentrale Heiligtümer; umfangreiche Tempelbauten besonders im 11./12. Jahrhundert.
Christliche Verbote (z. T. bei Todesstrafe) der »heidnischen« Kulte und der Verehrung von überlieferten heiligen Stätten.
782 im »Blutgericht von Verden« Sieg Karls d. Gr. über die heidnischen Sachsen.

# Literatur


### Suche nach den Wurzeln

Colpe, C. (Hg.): Die Diskussion um das »Heilige«, Darmstadt 1977

Dahlberg, B. (Hg.): Connexions New Age, Katzenelnbogen 1987

Jankuhn, H. (Hg.): Vorgeschichtliche Heiligtümer und Opferplätze in Mittel- und Nordeuropa, Göttingen 1970

Mitchell, J.: Die Geomantie von Atlantis. Wissenschaft und Mythos der Erdenergien, München 1986

Pieper, W. (Hg.): Starke Plätze, Löhrbach o. J.

Pietschmann, H.: Das Ende des naturwissenschaftlichen Zeitalters, Frankfurt a. M./Berlin/Wien 1983

Purner, J.: Radiästhetische Untersuchungen an Kirchen und Kultstätten, Dissertation Universität Innsbruck, 1981

Schiran, U. M.: Menschenfrauen fliegen wieder. Die Jahreskreisfeste als weiblicher Initiationsweg, München 1988

Schleip, H. (Hg.): Zurück zur Naturreligion? Wege zur Ehrfurcht vor allem Leben, Freiburg 1986

Thellier, E.: Erdmagnetismus und Archäologie. In: Germania 30, 1952

Wilpert, C. B. (Hg.): Der Flug des Bumerang, Hamburg 1987

### Begriffsbestimmung »Opfer«

Colpe, C.: Theoretische Möglichkeiten zur Identifizierung von Heiligtümern und Interpretation von Opfern in ur- und parahistorischen Epochen. In: Vorgeschichtliche Heiligtümer und Opferplätze in Mittel- und Nordeuropa, Göttingen 1970

Hauck, K. (Hg.): Frühmittelalterliche Studien: Jahrbuch des Instituts für Frühmittelalterforschung der Universität Münster, Bd. 18, »Opfer«-Kolloquium, Berlin 1984

Kirchner, H.: Bemerkungen zu einer systematischen Opferfundforschung. In: Studien zur europäischen Vor- und Frühgeschichte (Jankuhn-Festschrift), Neumünster 1968

Pauli, L./Glowatzki, G.: Frühgeschichtlicher Volksglaube und seine Opfer. In: Germania 57, 1979

Torbrügge, W.: Über Horte und Hortdeutung. In: Archäologisches Korrespondenzblatt 15, 1985

### Kult und Religion der Steinzeit

Bandi, H.-G.: Zur Frage eines Bären- oder Opferkultes im ausgehenden Altpaläolithikum der alpinen Zone. In: Helvetia Antiqua (Festschrift E. Vogt), Zürich 1966

Gersbach, W.: Der Röthekopf bei Säckingen in Baden. In: Beiträge zur Prähistorie Oberbadens, Freiburg 1925
Hahn, J./Müller-Beck, H.: Eiszeithöhlen im Lonetal. Führer zu archäologischen Denkmälern in Baden-Württemberg, Bd. 3, Stuttgart 1985
Honoré, P.: Das Buch der Altsteinzeit, Düsseldorf/Wien 1967
Maringer, J.: Vorgeschichtliche Religion, Zürich/Köln 1956
Müller-Beck, H./Albrecht, G. (Hg.): Die Anfänge der Kunst vor 30 000 Jahren, Stuttgart 1987
Müller-Karpe, H.: Handbuch der Vorgeschichte, Bd. 1: Altsteinzeit, München 1966
Ders.: Handbuch der Vorgeschichte, Bd. 2: Jungsteinzeit, München 1968
Pörtner, R.: Bevor die Römer kamen, Düsseldorf/Wien 1961
Rust, A.: Urreligiöses Verhalten und Opferbrauchtum des eiszeitlichen Homo sapiens, Neumünster 1974 (Besprechung von J. Maringer in: Germania 53, 1975)
Ders.: Vor 20 000 Jahren – Rentierjäger der Eiszeit, Neumünster 1972
Zotz, L.: Das Paläolithikum in den Weinberghöhlen von Mauern, Bonn 1955

**Kulthöhlen**

Behm-Blancke, G.: Höhlen, Heiligtümer, Kannibalen. Archäologische Forschungen im Kyffhäuser, Leipzig 1962
Ders.: Zur Funktion bronze- und früheisenzeitlicher Kulthöhlen im Mittelgebirgsraum. In: Ausgrabungen und Funde 21, 1976
Geschwinde, M.: Höhlen im Ith. Urgeschichtliche Opferstätten im südniedersächsischen Bergland, Hildesheim 1988
Geyer, M./Moser, M./Walter, E.: Prähistorische Forschungen in Schachthöhlen Oberfrankens. In: Die Höhle, H. 2, Wien 1970
Kunkel, O.: Die Jungfernhöhle bei Tiefenellern. Eine neolithische Kultstätte auf dem Fränkischen Jura bei Bamberg, München 1955
Ders.: Die Jungfernhöhle – eine neolithische Kultstätte in Oberfranken. In: Neue Ausgrabungen in Deutschland, Berlin 1958
Leja, F.: Zum aktuellen Stand der Schachthöhlenforschung auf der Frankenalb, Vortrag am 11. 4. 1987 an der Universität Erlangen-Nürnberg
Maier, R. A.: Urgeschichtliche Opferreste aus einer Felsspalte und einer Schachthöhle der Fränkischen Alb. In: Germania 55, 1977
Moser, M.: Opferhöhlen. In: Der Zwiebelturm, Nr. 11, Regensburg 1969
Parke, H. W.: Athenische Feste, Mainz 1987
Rolle, R.: Zum Problem der Menschenopfer und kultischen Anthropophagie in der vorrömischen Eisenzeit. In: Neue Ausgrabungen und Forschungen in Niedersachsen, Bd. 6, Hildesheim 1970
Schauer, P.: Urnenfelderzeitliche Opferplätze in Höhlen und Felsspalten. In: Studien zur Bronzezeit (Festschrift W. A. v. Brunn), Mainz 1981

**Rausch und Drogen**

Berg, S./Rolle, R./Seemann, H.: Der Archäologe und der Tod, München/Luzern 1981

Duerr, H. P.: Traumzeit. Über die Grenze zwischen Wildnis und Zivilisation, Frankfurt a. M. 1984

Eliade, M.: Schamanismus und archaische Ekstasetechnik, Zürich/Stuttgart 1957

Hopf, M.: Bilsenkraut. In: Reallexikon der Germanischen Altertumskunde 1978

Leuner, H.: Über die historische Rolle magischer Pflanzen und ihrer Wirkstoffe. In: Vorgeschichtliche Heiligtümer und Opferplätze in Mittel- und Nordeuropa, Göttingen 1970

Thurnwald: Rausch. In: Reallexikon der Vorgeschichte, Bd. 11, Berlin 1927/28

**Megalithkultur, Menhire**

Gödel, O.: Menhire, Speyer 1987

Kirchner, H.: Die Menhire in Mitteleuropa und der Menhirgedanke, Mainz 1955

Müller, R.: Der Himmel über dem Menschen der Steinzeit. Astronomie und Mathematik in den Bauten der Megalithkulturen, Berlin/Heidelberg/New York 1970

Müller-Karpe, H.: Handbuch der Vorgeschichte, Bd. 3: Kupferzeit, München 1974

Reden, S. von: Die Megalithkulturen, Zeugnisse einer verschollenen Urreligion, Köln 1982

Röder, J.: Pfahl und Menhir, Neuwied 1949

**Schalensteine**

Duerr, H. P.: Traumzeit. Über die Grenze zwischen Wildnis und Zivilisation, Frankfurt a. M. 1984

Liniger, H./Schilt, H.: Der astronomisch geortete Schalenstein ob Tüscherz (Biel). In: Jb. der Schweiz. Ges. für Ur- und Frühgeschichte 59, 1976

Röschmann, J.: Schalensteine. In: Offa 19, 1962

Struve, K. W.: Zur Verbreitung, Datierung und Deutung der Schalensteine. In: Die Heimat, 83. Jg., Neumünster April/Mai 1976

**Aschenaltäre und Brandopferplätze**

Czysz, W./Maier, R. A.: Rätischer Brandopferplatz in der Lechstauanlage »Forggensee«. In: Das archäologische Jahr in Bayern, 1983

Krämer, W.: Prähistorische Brandopferplätze. In: Helvetia Antiqua (Festschrift E. Vogt), 1966

Maier, R. A.: Aschenaltäre. In: Reallexikon der Germanischen Altertumskunde, 1973

Marold, E.: Brandopfer. In: Reallexikon der Germanischen Altertumskunde, 1978
Menke, M.: Brandopferplatz auf der Kastelliernekropole von Pula, Istrien. In: Germania 48, 1970
Meuli, K.: Griechische Opferbräuche. In: Phyllobolia für Peter von der Mühll, Basel 1946
Rutkowski, B.: Untersuchungen zu bronzezeitlichen Bergheiligtümern auf Kreta. In: Germania 63, 1985
Simon, E.: Die Götter der Griechen, München 1980
Spindler, K.: Die frühen Kelten, Stuttgart 1983

**Die keltischen »Viereckschanzen«**

Drexel, F.: Templum. In: Germania 15, 1931
Kimmig, W.: Götter-Druiden-Heiligtümer. Zeugnisse keltischer Religionsausübung. In: Jahrbuch der Wittheit zu Bremen, Bd. 20, 1976
Moreau, J.: Die Welt der Kelten, Stuttgart 1958
Noelle, H.: Die Kelten und ihre Stadt Manching, Pfaffenhofen 1974
Planck, D.: Die Viereckschanze von Fellbach-Schmiden. In: Der Keltenfürst von Hochdorf, Stuttgart 1985
Schwarz, K.: Zum Stand der Ausgrabungen in der spätkeltischen Viereckschanze von Holzhausen. In: Jahresbericht der bayerischen Bodendenkmalpflege, München 1962
Ders.: Die Geschichte eines keltischen Temenos im nördlichen Alpenvorland. In: Ausgrabungen in Deutschland 1, Mainz 1975
Vries, J. de: Keltische Religion, Stuttgart 1961
Ders.: Kelten und Germanen, Bern/München 1960

**Heilige Quellen, Brunnen, Seen und Flüsse**

Wie zuvor und:

Geschwendt, F.: Der vor- und frühgeschichtliche Mensch und die Heilquellen, Hildesheim 1972
Maringer, J.: Flußopfer und Flußverehrung in vorgeschichtlicher Zeit. In: Germania 52, 1974
Muthmann, F.: Mutter und Quelle. Studien zur Quellenverehrung im Altertum und im Mittelalter, Basel/Mainz 1975
Torbrügge, W.: Vor- und frühgeschichtliche Flußfunde. In: 51.–52. Bericht der Römisch-Germanischen Kommission 1970–1971, Berlin 1972
Wegner, G.: Die vorgeschichtlichen Flußfunde aus dem Main und dem Rhein bei Mainz, Kallmünz 1976
Zimmermann, W. H.: Urgeschichtliche Opferfunde aus Flüssen, Mooren, Quellen und Brunnen Südwestdeutschlands. In: Neue Ausgrabungen und Forschungen in Niedersachsen, Bd. 6, 1970

**Matronenheiligtümer**
Wie zuvor und:
Der kleine Pauly, Lexikon der Antike, München 1979
Matronen und verwandte Gottheiten. Ergebnisse eines Kolloquiums, veranstaltet von der Göttinger Akademiekommission für die Altertumskunde Mittel- und Nordeuropas. Beihefte der Bonner Jahrbücher, Bd. 44, Köln 1987
Petrikovits, H. v.: Troiaritt und Geranostanz. In: Beiträge zur älteren europäischen Kulturgeschichte, Bd. 1 (Festschrift R. Egger), Klagenfurt 1952
Simek, R.: Lexikon der germanischen Mythologie, Stuttgart 1984
Vermaseren, M.: Der Kult der Kybele und des Attis im römischen Germanien, Stuttgart 1979

**Germanen**
Wie zuvor und:
Asmus, G.: Vorchristliche Überlieferungen im christlichen Kult. In: Die Kunde, N. F. 23–24, 1972/73
Baetke, W.: Die Religion der Germanen in Quellenzeugnissen, Frankfurt a. M. 1937
Behm-Blancke, G.: Gesellschaft und Kunst der Germanen, Dresden 1973
Dieck, A.: Gesichtsmasken aus menschlicher Oberschenkelhaut im vor- und frühgeschichtlichen Europa. In: Die Kunde, N. F. 26–27, 1975/76
Jankuhn, H.: Archäologische Beobachtungen zu Tier- und Menschenopfern bei den Germanen in der römischen Kaiserzeit. In: Nachrichten der Akademie der Wissenschaften in Göttingen I. Phil.-Hist. Klasse, Nr. 6, 1967
Ders.: Spuren von Anthropophagie in der Capitulatio de partibus Saxoniae? Ebd., Nr. 3, 1968
Ders.: Archäologische Beobachtungen zur Religion der festländischen Angeln. In: Studien zur Sachsenforschung 1, Hildesheim 1977
Krüger, B.: Die Germanen, Berlin 1976
Laur, W.: Theophore Ortsnamen und Kultstätten. In: Studien zur europäischen Vor- und Frühgeschichte (Jankuhn-Festschrift), Neumünster 1968
Much, R.: Die Germania des Tacitus, Heidelberg 1967
Polomé, E. C.: Germanentum und religiöse Vorstellungen. In: H. Beck, Germanenprobleme in heutiger Sicht, Berlin/New York 1986
Tacitus: Germania, Stuttgart 1959
Teudt, W.: Germanische Heiligtümer, Jena 1936
Vries, J. de: Altgermanische Religionsgeschichte, Berlin 1970

**Slawen**
Brückner, A.: Die Slaven, Tübingen 1926

Filipowiak, W.: Der Götzentempel von Wolin, Kult und Magie. In: Beiträge zur Ur- und Frühgeschichte II, 1982
Gieysztor, A.: Opfer und Kult in der slawischen Überlieferung. In: Frühmittelalterliche Studien, Bd. 18 (»Opfer«-Kolloquium), Berlin/New York 1984
Goldmann, K.: Rethra, das wendische Delphi Mecklenburgs. In: Ausgrabungen in Berlin, 7/1986
Groß, H.-D.: Dom und Domhof Ratzeburg, Königstein i. T. 1974
Herrmann, J.: Die Slawen in Deutschland, Berlin 1972
Müller, A. von: Die Archäologie Berlins, Bergisch Gladbach 1986
Struve, K. W.: Starigard – Oldenburg. In: 750 Jahre Stadtrecht Oldenburg in Holstein, Oldenburg 1985

# Bildnachweis

Fotos Gisela Graichen und
S. 45 Prähistorische Staatssammlung München
S. 47 Prähistorische Staatssammlung München
S. 52 aus: B. Tromnau, Rentierjäger der Späteiszeit in Norddeutschland. Wegweiser zur Vor- und Frühgeschichte Niedersachsens, H. 9
S. 77 Archäologisches Landesmuseum Schleswig
S. 86 Bayer. Landesamt für Denkmalpflege, Luftbildarchäologie: Foto O. Braasch, Archiv-Nr. 7932/001; SW2847-7. Freigegeben durch die Reg. von Obb.: Nr. GS 300/0039-85
S. 89 aus: Ausgrabungen in Deutschland, RGMZ Mainz, Monographien, Bd. 1,1, 1975
S. 92 aus: Bittel, Kimmig, Schieck, Die Kelten in Baden-Württemberg, Stuttgart 1981 (mit Dank an Prof. Kimmig)
S. 101 aus: Führer zu vor- und frühgeschichtlichen Denkmälern, Bd. 33, Mainz 1977 (Rheinisches Landesmuseum Trier)
S. 115 Archäologisches Landesmuseum Schleswig
S. 139 aus: Hahn, Müller-Beck, Taute, Eiszeithöhlen im Lonetal. Führer zu archäologischen Denkmälern in Baden-Württemberg, Bd. 3, Stuttgart 1985
S. 142 aus: Müller-Beck, Albrecht, Die Anfänge der Kunst vor 30000 Jahren, Stuttgart 1987
S. 149 Landesdenkmalamt Baden-Württemberg. Freigegeben durch Regierungspräsidium Stuttgart Nr. 000/56950/27.02.88
S. 151 Landesdenkmalamt Baden-Württemberg
S. 188 Prähistorische Staatssammlung München
S. 193 Bayer. Landesamt für Denkmalpflege Luftbildarchäologie: Foto O. Braasch, Archiv-Nr. 8130/011; SW4252-26. Freigegeben durch die Reg. von Obb.: Nr. GS 300/0110-85
S. 207 Bodendenkmalpflege Hamburg
S. 244 Dr. D. Schünemann, Verden
S. 252 (oben) Rheinisches Landesmuseum Bonn
S. 289 Rheinisches Landesmuseum Trier
S. 293 Staatliches Konservatoramt Saarbrücken
S. 296 Staatliches Konservatoramt Saarbrücken
S. 304 Archäologisches Landesmuseum Schleswig
S. 312 Archäologisches Landesmuseum Schleswig
S. 313 Archäologisches Landesmuseum Schleswig
S. 319 Archäologisches Landesmuseum Schleswig
S. 352 Erhard Schröter, Halle/Saale
S. 353 Landesmuseum für Vorgeschichte, Halle (Zeichnung: Elisabeth Weber)

# Ortsverzeichnis

Halbfett gesetzte Ziffern beziehen sich auf Abbildungen.

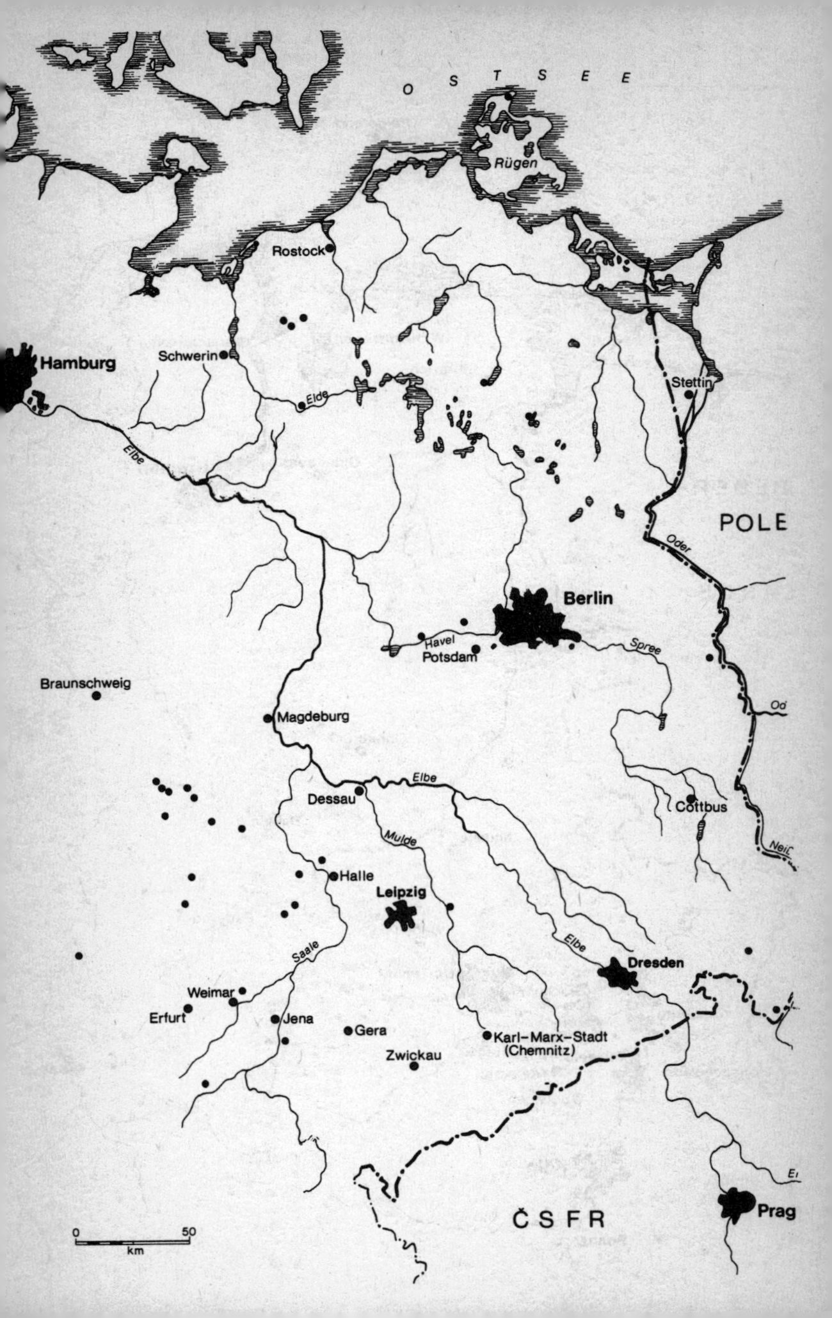

O S T S E E
Rügen
Rostock
Hamburg
Schwerin
Elde
Elbe
Stettin
POLE
Oder
Berlin
Havel
Potsdam
Spree
Braunschweig
Magdeburg
Od
Elbe
Dessau
Cottbus
Mulde
Halle
Leipzig
Saale
Elbe
Dresden
Weimar
Erfurt
Jena
Gera
Karl-Marx-Stadt
(Chemnitz)
Zwickau
Prag
ČSFR
0
50
km

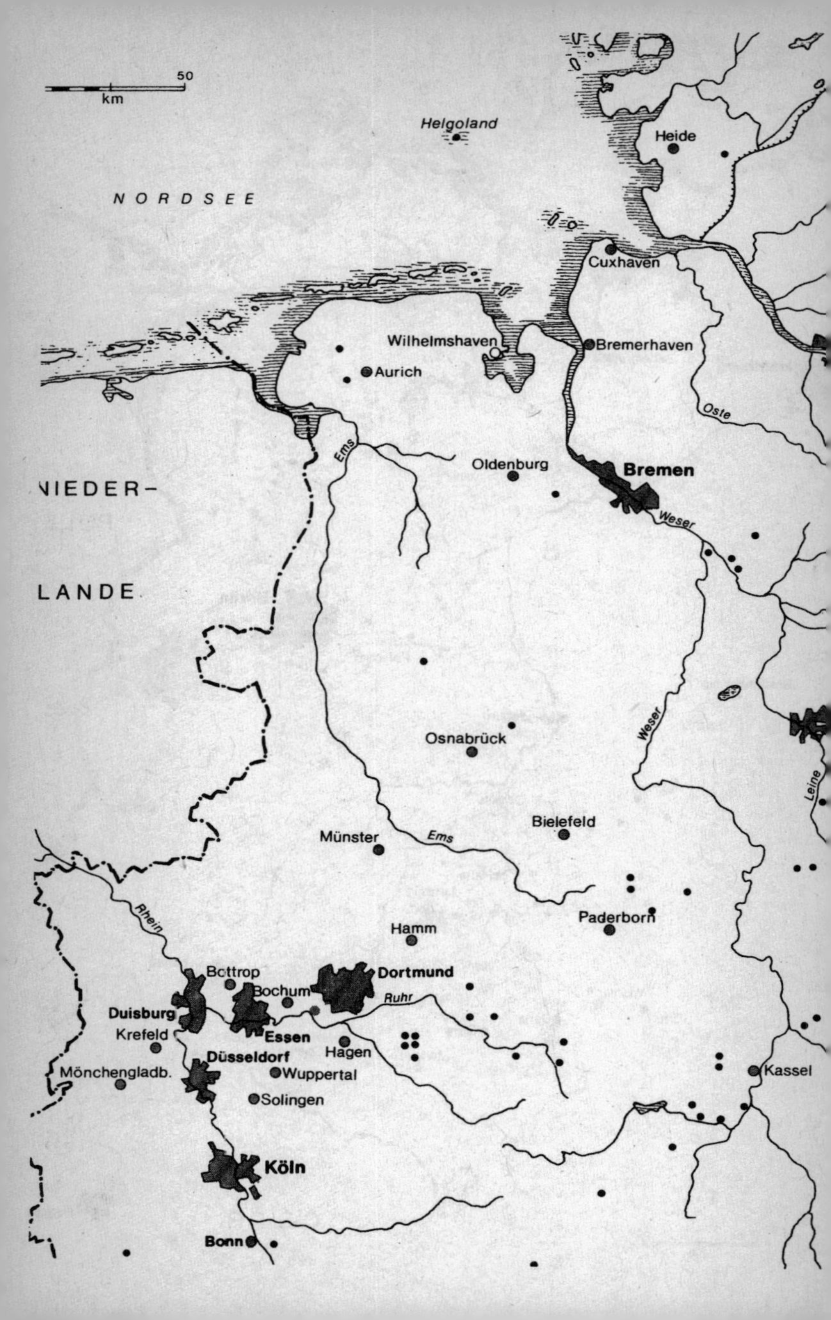
50
km
Helgoland
NORDSEE
Heide
Cuxhaven
Wilhelmshaven
Bremerhaven
Aurich
Oste
Ems
Oldenburg
Bremen
NIEDER-
Weser
LANDE
Weser
Osnabrück
Leine
Bielefeld
Münster
Ems
Paderborn
Rhein
Hamm
Bottrop
Dortmund
Bochum
Ruhr
Duisburg
Essen
Krefeld
Hagen
Düsseldorf
Kassel
Mönchengladb.
Wuppertal
Solingen
Köln
Bonn

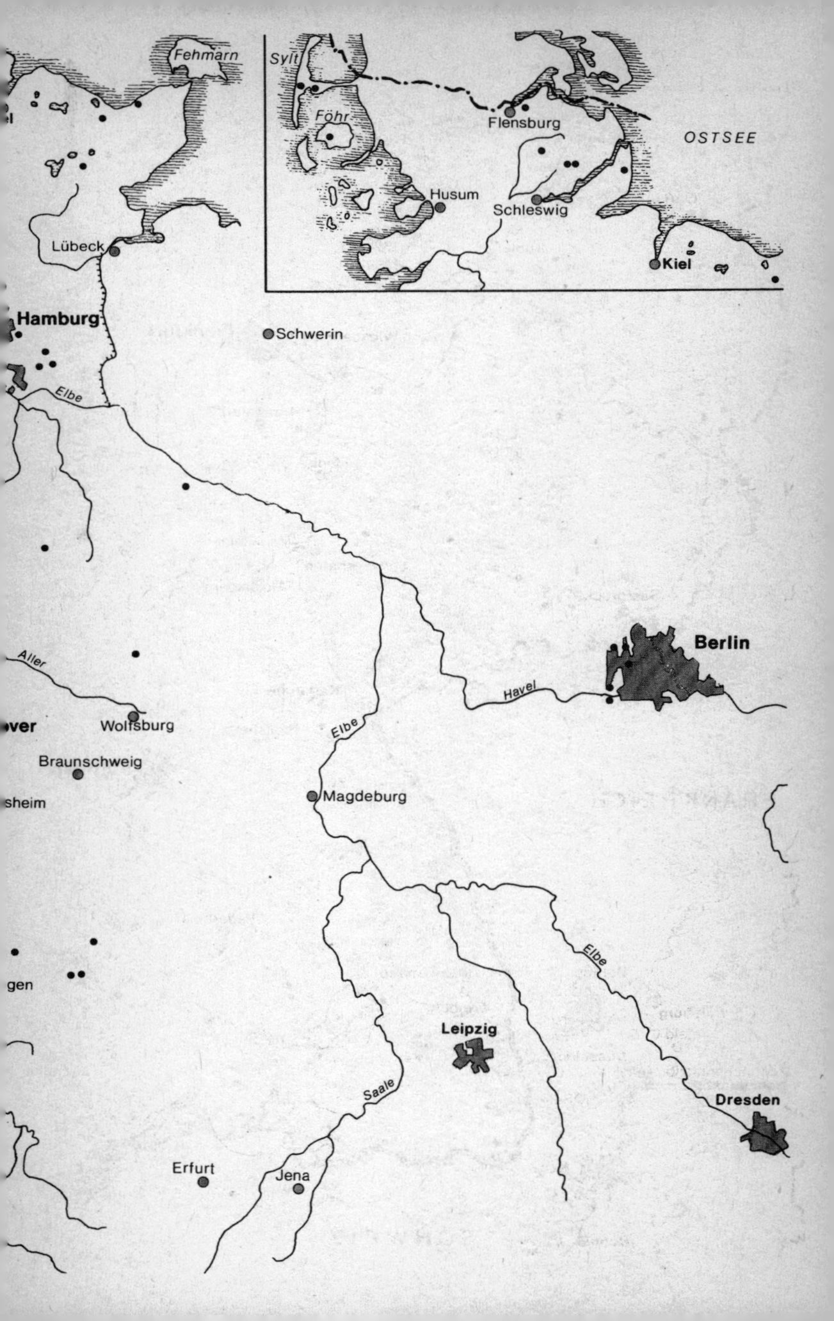

Fehmarn
Sylt
Föhr
Flensburg
OSTSEE
Husum
Schleswig
Kiel
Lübeck
Hamburg
Schwerin
Elbe
Aller
Wolfsburg
Braunschweig
Berlin
Havel
Elbe
Magdeburg
Elbe
Leipzig
Saale
Dresden
Erfurt
Jena

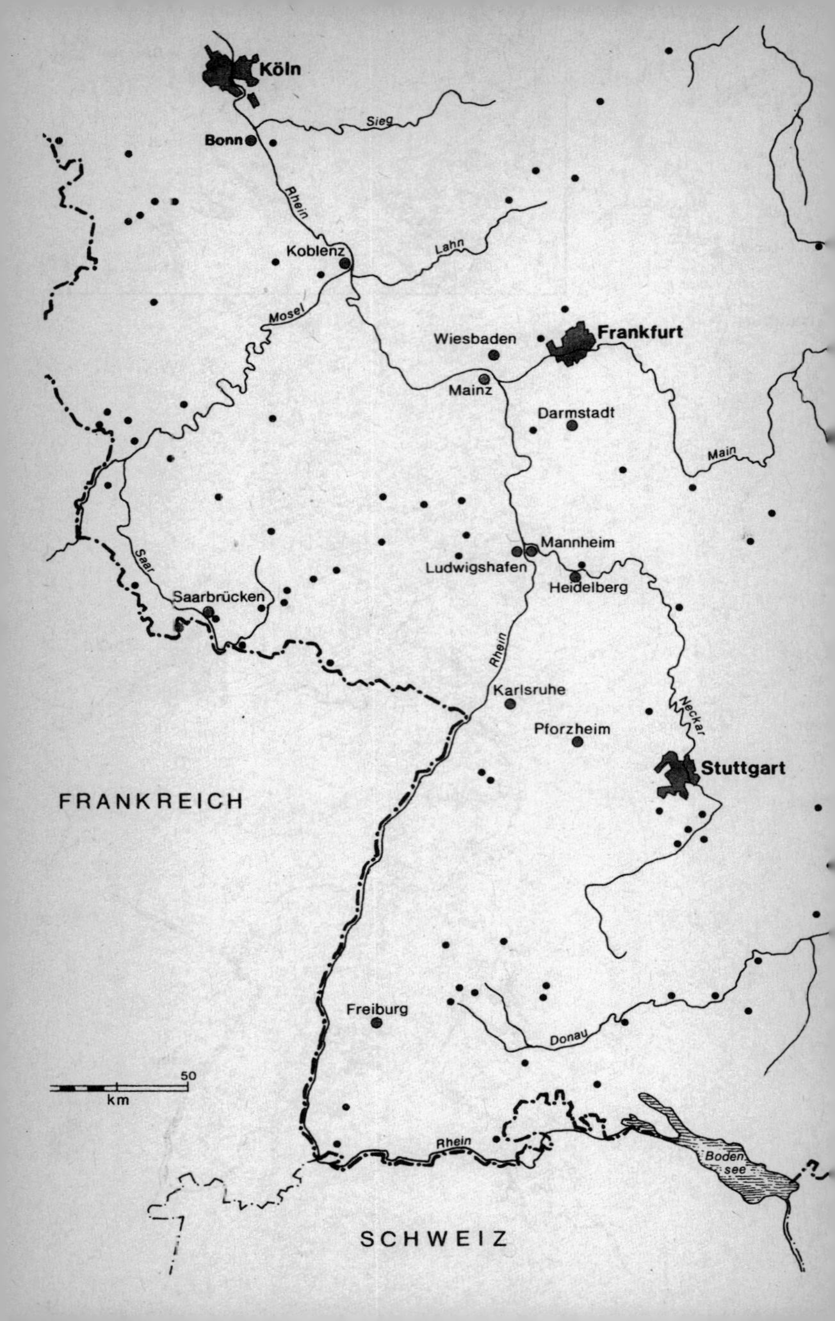
Köln
Sieg
Bonn
Rhein
Koblenz
Lahn
Mosel
Wiesbaden
Frankfurt
Mainz
Darmstadt
Main
Saar
Mannheim
Ludwigshafen
Heidelberg
Saarbrücken
Rhein
Karlsruhe
Neckar
Pforzheim
Stuttgart
FRANKREICH
Freiburg
Donau
50
km
Rhein
Boden
see
SCHWEIZ

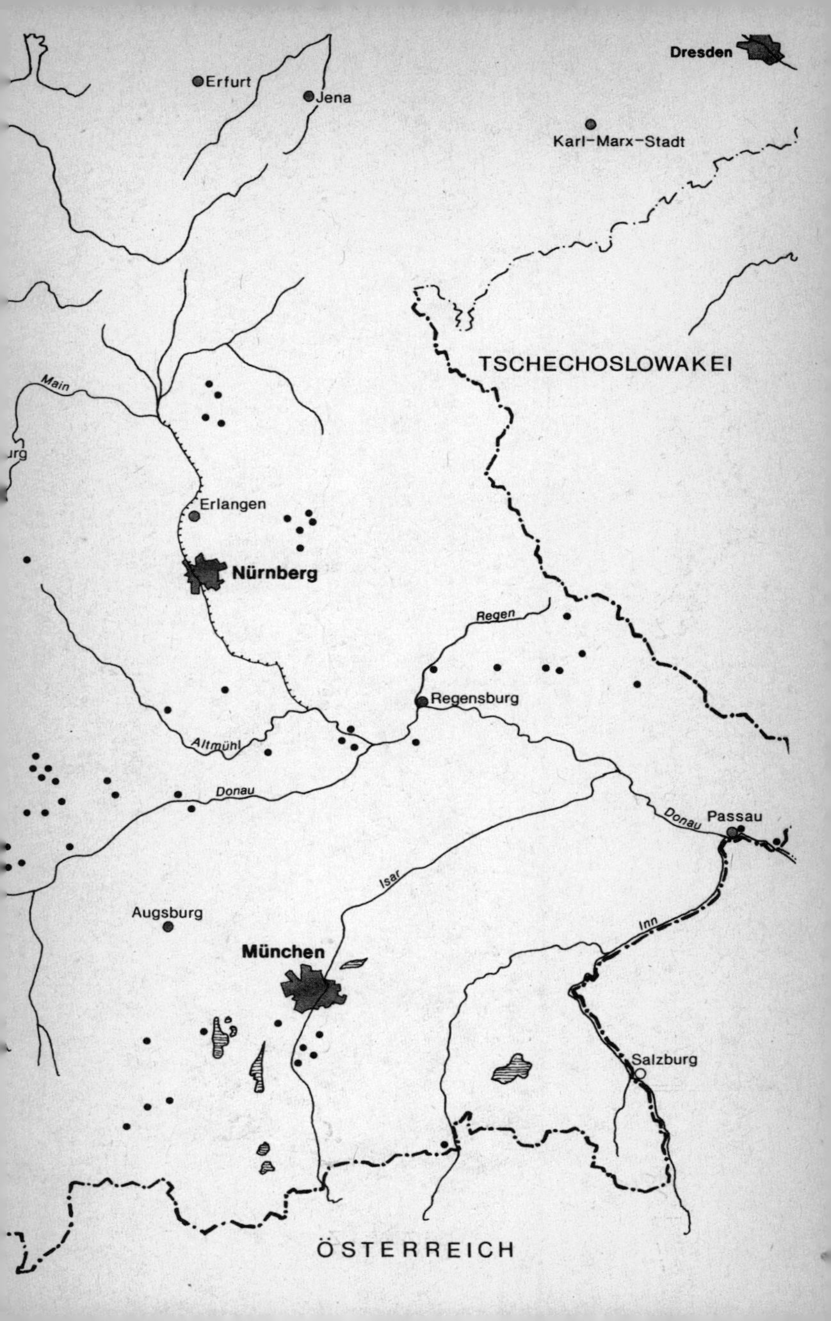
Dresden
Erfurt
Jena
Karl-Marx-Stadt
TSCHECHOSLOWAKEI
Main
urg
Erlangen
Nürnberg
Regen
Regensburg
Altmühl
Donau
Donau
Passau
Isar
Inn
Augsburg
München
Salzburg
ÖSTERREICH

# Westliche Pfade

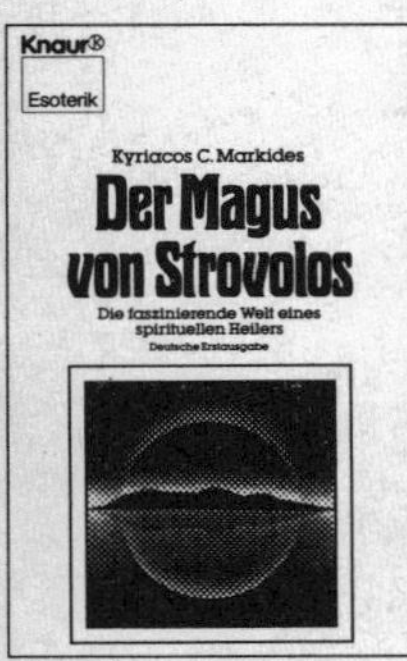


(4174)

(4191)

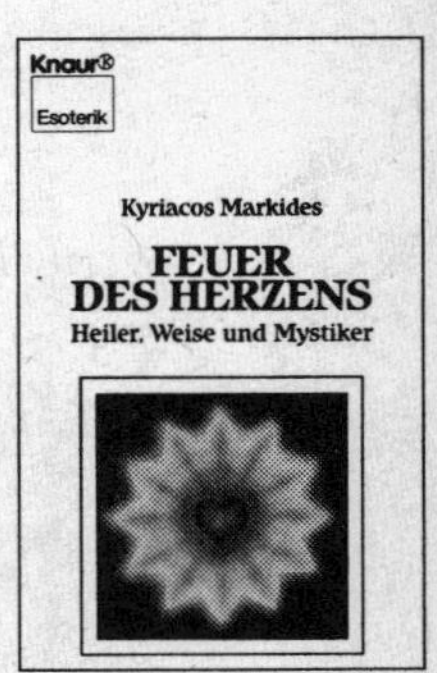


(4268)

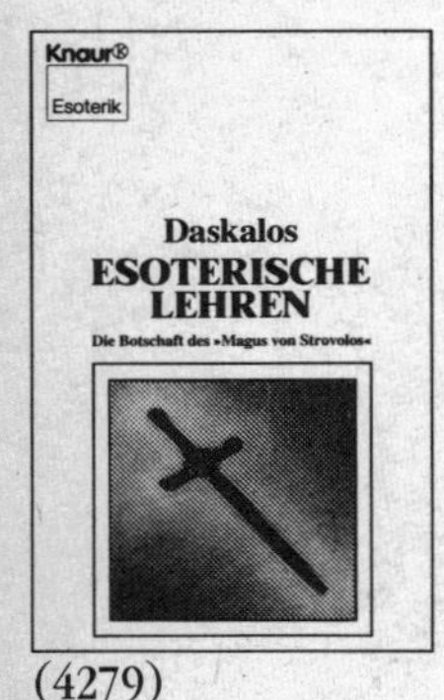


(4279)

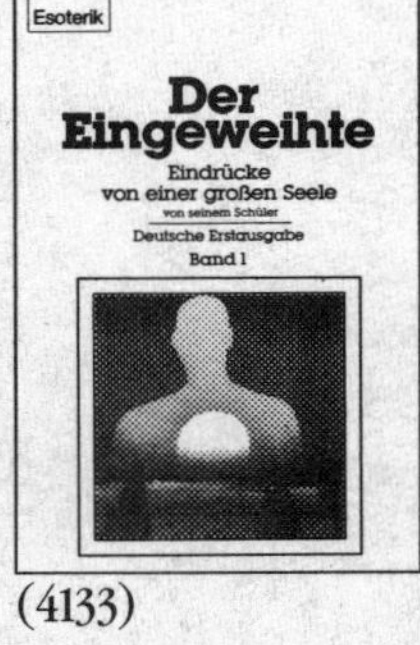


(4133)

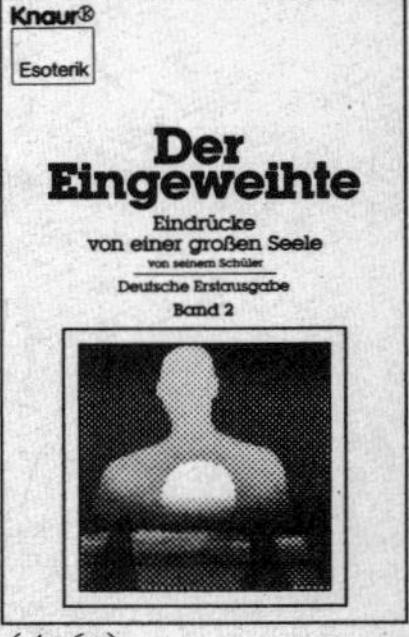


(4163)

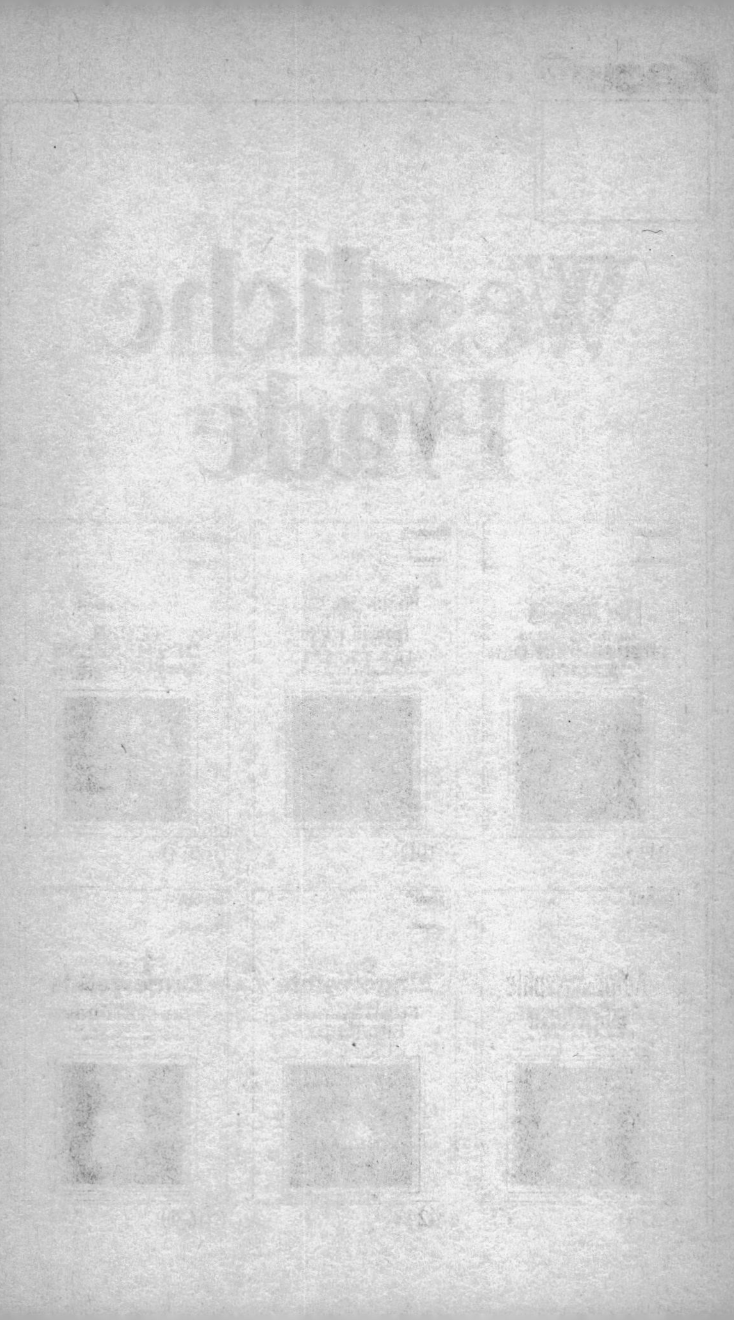

# Westliche Wege

(4143)

(4171)

(4211)

(4173)

(4248)

(4241)

# Hoimar von Ditfurth

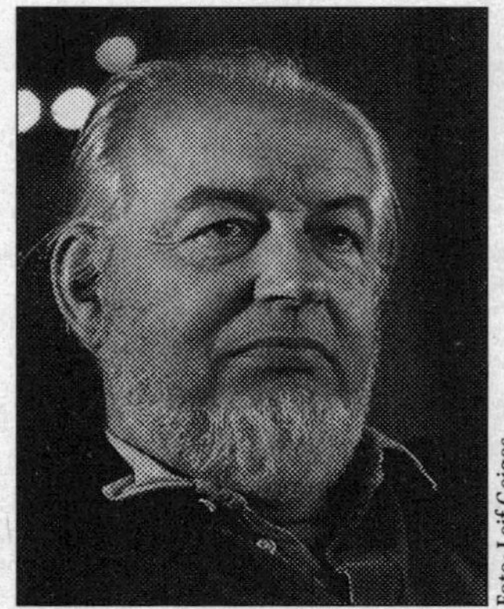

Foto: Leif Geiges

(3852)

(4049)

(4803)